普通高等教育"十四五"金融学类专业产教融合系列规划教材
总主编 杨力

Finance

商业银行市场营销

主　编／周珊珊　黄燕
副主编／刘松　费伦苏

立信会计出版社
LIXIN ACCOUNTING PUBLISHING HOUSE

图书在版编目(CIP)数据

商业银行市场营销 / 周珊珊,黄燕主编. —上海：立信会计出版社，2022.1
普通高等教育"十四五"金融学类专业产教融合系列规划教材
ISBN 978-7-5429-6975-0

Ⅰ.①商… Ⅱ.①周…②黄… Ⅲ.①商业银行—市场营销学—高等学校—教材 Ⅳ.①F830.33

中国版本图书馆 CIP 数据核字(2021)第 254033 号

策划编辑　窦瀚修　张善涛
责任编辑　张善涛

商业银行市场营销
SHANGYE YINHANG SHICHANG YINGXIAO

出版发行	立信会计出版社
地　　址	上海市中山西路 2230 号　　邮政编码　200235
电　　话	(021)64411389　　传　　真　(021)64411325
网　　址	www.lixinaph.com　　电子邮箱　lixinaph2019@126.com
网上书店	http://lixin.jd.com　　http://lxkjcbs.tmall.com
经　　销	各地新华书店
印　　刷	上海万卷印刷股份有限公司
开　　本	787 毫米×1092 毫米　　1/16
印　　张	15.25
字　　数	325 千字
版　　次	2022 年 1 月第 1 版
印　　次	2022 年 1 月第 1 次
书　　号	ISBN 978-7-5429-6975-0/F
定　　价	48.00 元

如有印订差错,请与本社联系调换

普通高等教育"十四五"金融学类专业
产教融合系列规划教材

编委会

总 主 编：杨 力

副总主编：张 云

编委会成员（按姓氏笔画排序）：

王 蓓　刘全宝　杨 宜　吴力权　吴卫星

郑海伟　孟 昊　胡金焱　徐永林　黄 巍

总　序

党的十九大报告指出："建设教育强国是中华民族伟大复兴的基础工程。"当前，我们正处于实现中华民族伟大复兴的关键时期，面对世界百年未有之大变局和"两个一百年"奋斗目标历史交汇的关键节点，高等教育作为"一个国家发展水平和发展潜力的重要标志"（习近平，2016）应当主动把握历史发展的关键时期，做到超前识变、积极应变和主动求变。文科教育培养人的自信心、自豪感、自主性，是形成国家民族文化自觉的主战场、主阵地、主渠道，理应在历史发展的关键时期有所作为。2020年11月，全国有关高校和专家齐聚中华文化重要发祥地山东，共商新时代文科教育发展大计，发布了《新文科建设宣言》。对于推动文科教育创新发展、提升国家文化软实力具有重要意义。金融学类专业作为新文科的重要组成部分，需要主动肩负新的时代使命，应对时代挑战，革新金融学科教育体系、培养特色金融人才，积极融入新文科建设。

上海立信会计金融学院地处上海国际金融中心腹地，具有近百年的办学历史，被业界誉为"未来金融家摇篮"，是上海高水平地方应用型高校建设试点高校。金融学院坚持以立德树人为根本任务，贯彻落实"三全育人"，不断深化产教融合人才培养模式，"金融学"和"金融工程"专业先后入选国家一流本科专业建设点。当前，金融学院积极对标国家"双万计划"建设目标，持续深化本科教育教学改革，不断加强学科专业建设，彰显"诚信为本、学验并重"办学特色，主动对接上海国际金融中心建设，为国家新时代金融事业发展培养高水平应用型金融人才。通过精心策划和深入论证，特推出"十四五"金融学类专业产教融合系列规划教材。本系列教材突出校企合作、产教融合的人才培养特点，主题涵盖现代商业银行经营、国际结算、外汇交易实务、互联网金融、金融科技发展、绿色金融、金融理财规划、金融投资实战、金融专业实验与金融发展史等领域，由高校专业教师与行业专家共同编写，较全面地反映了金融行业发展现状，体现了金融学科发展趋势。本系列教材具有

以下特点:

第一,突出校企协同,紧贴金融市场发展前沿。本系列教材采取校企合作开发模式,编委会成员和编写团队由高校专业教师、金融行业专家共同组成,体现了学校与企业相协同、理论与实践相结合。本系列教材以金融理论为基础,以金融行业岗位专业知识与能力要求为编写准则,依托企业资源,充分发挥行业专家丰富实践经验、掌握一手前沿信息的优势。本系列教材的内容反映了国内外金融市场发展的最新趋势、热点领域和重大理论前沿发展,可帮助在校学生、社会金融从业人员进一步加深对金融领域前沿发展的了解,提高对现代金融运行机制、规律的认识。

第二,秉承"学验并重"办学特色,对标应用型人才培养目标。"学验并重"是理论教学与实验教学并举、理论学习与实验实践互补的教学模式,是立信多年凝练而成的鲜明办学特色。加强金融实验教学建设符合应用型本科院校人才培养定位,满足金融市场和金融机构人才需求,契合金融专业课程特色和教学目标。本系列教材包含多本金融实验教材,从具体软件工具与金融的结合运用,到金融专业综合模拟实验,全面融入了金融实务和操作模块,为学生系统掌握金融学分析方法,提升实践运用能力提供有效指导。

第三,彰显学科融合发展趋势,探寻金融行业创新路径。本系列教材不断突破既有的学科边界,围绕互联网金融、金融科技、人工智能、绿色金融等新兴技术和先进理念展开,积极响应新文科建设对跨学科融合的现实要求,突出科技创新与金融创新的有机融合,充分阐述金融业新业务模式与服务内涵,面向金融业发展的现状和未来提供有价值的学术引领和知识规范。在展现多学科融合发展趋势的同时,引导读者积极探索金融市场创新路径,致力于培养学生的创新意识和创新能力。

本系列教材凝结了编委会全体专家的殷切关怀,吸收了学校金融学院和兄弟院校同仁们的教学研究成果以及行业专家的宝贵从业经验,系列教材的顺利出版正得益于各位专家的共同努力。在此对各位编委会成员、业界专家学者和主编参编作者们的辛勤工作,致以最诚挚的谢意!同时,还要感谢立信会计出版社的领导和编辑老师们的大力支持和辛劳付出。最后必须要说明的是本系列教材具有筚路蓝缕的探索性质,受各种因素制约,仍不可避免存在着不足,诚恳期望得到大家的批评指正,促使我们在今后的教学与研究过程中不断得到完善,共同推进金融学科教育事业的发展。

前　言

商业银行是金融、经济和社会生活的重要支柱,商业银行对于优化市场资源配置、促进经济增长起着重要的作用。近年来金融大数据、金融科技等新兴技术对商业银行的影响越来越大,如何适应市场的需求,适应技术的发展,不断提高服务水平,对商业银行的市场营销创新提出了巨大的挑战。同时,商业银行的市场营销活动应该是谨慎的,很多创新性营销方法需谨慎使用,甚至需要肩负更多的社会营销责任。

在技术和市场快速变化的同时,商业银行不断进行着金融创新,市场营销方法也在不断更新。但是目前相关课程和教材建设则显得相对滞后,主要表现为与具体实务案例脱节、与金融科技发展脱节。商业银行营销的概念和方法也不能简单地从一般生产企业的营销完全嫁接过来,需要根据商业银行产品和环境变化的特征,来研究其特点和内容。

在本书的编写中,编者与多家商业银行的专家进行了深入的探讨和交流。具有丰富金融市场研究经验的华夏银行总行资深产品专家费伦苏博士,深入参与了本书的设计和编撰。中国建设银行贵州分行、中国银行上海分行、上海银行等金融机构的相关专家也深度参与了本书的编写。

本书由周珊珊博士和黄燕博士担任主编,刘松博士和费伦苏博士担任副主编,具体编写任务分工如下:

第一章、第二章　　　　　刘松

第三章、第四章、第七章　黄燕

第五章、第六章、第八章　周珊珊

本书在概述商业银行市场营销基本原理的基础上,着重介绍了商业银行市场营销环境分析、商业银行目标市场营销、商业银行产品策略、商业银行营销定价策略、商业银行促销与渠道策略、金融客户关系管理以及普惠金融市场营销。本书引入大量案例，将理论知识立体、形象地展现，并充分考虑商业银行在金融科技时代背景下所面临的新变化，使学生了解商业银行市场营销问题研究的现状，了解市场需求的变化趋势及其规律性，掌握观察和分析商业银行市场营销问题的正确方法。

在本书的编写中参考了大量的相关资料，在编写参考书目及资料来源时如有疏忽，欢迎予以指正，编写组成员将不胜感激。

最后，感谢上海立信会计金融学院领导的关心和指导，感谢立信会计出版社的编辑老师们的辛勤劳动和付出。

编　者

2021年11月

目　录

第一章　商业银行市场营销概述 ··· 1
第一节　商业银行市场营销的概念和内容 ······························ 5
第二节　商业银行市场营销理论 ·· 16
第三节　我国商业银行市场营销的发展和趋势 ······················· 26

第二章　商业银行营销环境分析 ·· 37
第一节　商业银行市场宏观营销环境 ··································· 39
第二节　商业银行市场微观营销环境分析 ····························· 51
第三节　商业银行市场营销环境SWOT分析 ·························· 59

第三章　商业银行目标市场营销 ·· 66
第一节　商业银行市场细分 ·· 69
第二节　商业银行目标市场选择 ·· 80
第三节　商业银行市场定位 ·· 86

第四章　商业银行产品策略 ·· 97
第一节　商业银行产品概述 ·· 100
第二节　商业银行产品组合策略 ·· 112
第三节　商业银行产品的生命周期策略 ································ 120

第五章　商业银行产品定价策略 ·· 126
第一节　商业银行产品定价概述 ·· 128
第二节　商业银行产品定价程序与方法 ································ 135
第三节　商业银行定价策略的实施与调整 ····························· 140

第六章　商业银行促销和渠道策略 ····································· 150
第一节　商业银行促销策略 ······································· 152
第二节　商业银行分销渠道策略 ····································· 164

第七章　商业银行客户关系管理 ······································· 178
第一节　商业银行客户关系管理概述 ···································· 180
第二节　商业银行客户满意度和忠诚度管理策略 ····························· 186
第三节　商业银行客户价值管理策略 ···································· 189
第四节　基于大数据的客户关系管理 ···································· 195

第八章　普惠金融市场营销 ··· 207
第一节　普惠金融营销概述 ··· 208
第二节　普惠金融市场营销策略 ····································· 211
第三节　小微金融市场营销 ··· 217

参考文献 ··· 233

第一章　商业银行市场营销概述

知识目标

(1) 掌握市场和市场营销的核心概念。
(2) 掌握商业银行市场营销的概念和特点。
(3) 市场营销组合理论的发展历程。
(4) 了解我国商业银行市场营销的演进、发展历程和未来趋势。

能力目标

(1) 培养分析识别商业银行市场营销的本质的能力。
(2) 培养运用市场营销组合理论分析银行营销组合的能力。

关键词

市场营销　商业银行市场营销　市场营销组合理论

知识框架

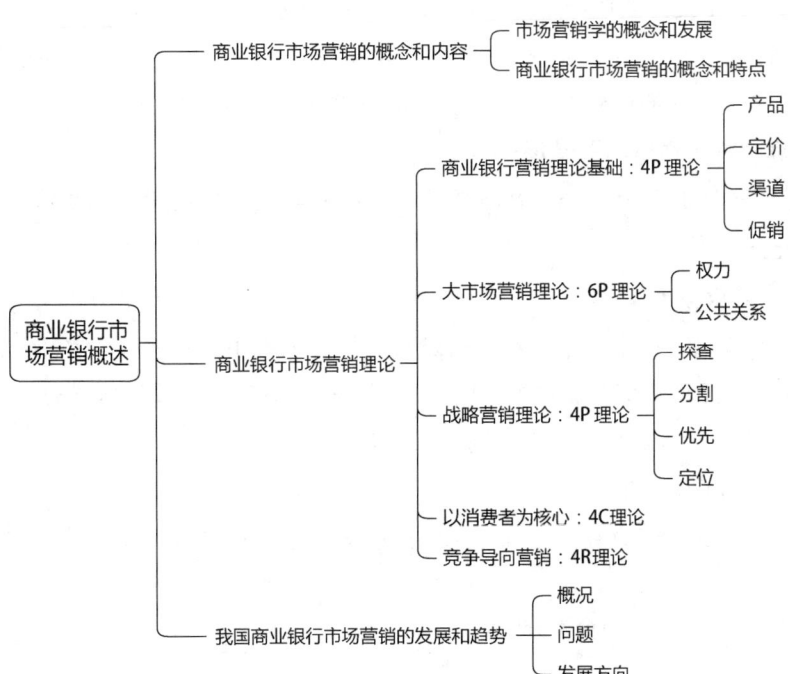

本章导言

市场营销是商业银行经营活动中最重要的一个环节。在过去一百年来,市场营销理论随着市场经济的变化不断演变,经历了产品为导向到客户需求导向的转变。本章从市场营销、商业银行市场营销概念的演变出发,归纳总结出商业银行市场营销的概念和特点。随后对市场营销理论发展脉络进行了梳理,并通过分析我国商业银行市场营销的现状,发现我国商业银行市场营销在营销组织、产品创新、信息系统建设方面的不足之处,最后对其将来的发展做了一些展望。

导入案例

案例1-1 中国邮政储蓄银行周口分行的社会营销实践

一、基本情况

中国邮政储蓄银行有限责任公司(以下简称"邮储银行")成立于2007年,是在原邮政储蓄管理体制基础上改制而来,2019年12月在上交所挂牌上市。邮储银行拥有近4万个营业网点,服务个人客户超过6亿户,从成立之初,银行的战略定位就是服务"三农"、城乡居民和中小企业,致力于为中国经济转型中最具活力的客户群体提供普惠金融服务。2020年邮储银行净利润641.99亿元,居全国上市银行第八位,是中国领先的大型零售银行。2020年邮储银行新增涉农贷款1 496.76亿元;新增金融精准扶贫贷款180.65亿元;新增普惠型小微企业贷款1 480.62亿元,这三项新增总额超过新增公司贷款[①]。2016~2020年邮储银行不良贷款率持续低于0.88%,是全国为数不多的不良率在1%以下的银行之一。可见,邮储银行在扶贫贷款营销、普惠金融实践中实现了商业可持续经营,并在农村振兴、城乡融合发展中发挥了积极的作用,体现了社会责任价值。

二、差异化产品和新的营销渠道

以周口分行为例,邮储银行在产品差异化、营销渠道、渗透性定价和促销方式方面都有鲜明的特色。

1. 小额贷款服务

周口分行从2007年开始为需要生产经营周转资金的小微商户和种植养殖农户等提供最高额度15万元的小额贷款服务,产品使用担保人担保的方式,特别是为农户、商户组成联保小组的联保方式解决农户条件的欠缺问题。

2. 再就业小额担保贷款

2010年,邮储银行周口分行开拓了"政府营销渠道",与市人社局合作为有劳动能力

---

① 《中国邮政储蓄银行2020社会责任报告》。

和就业愿望的再就业人员及创业人员开办再就业小额担保贷款,贷款由人社局下属小额担保管理中心提供担保,担保金专户的利息作为贴息发放给小额贷款人①。银行对人社局下属小额担保管理中心相关人员进行金融知识培训,指导他们开展宣传、初审工作,每年都有40%以上的再就业贷款通过人社局推荐。该产品实现了首次与政府资金的"有机结合",为金融扶贫贷款与政府部门的再次合作提供了基础。

3. 惠民扶贫贴息小额担保贷款

2014年,邮储银行周口分行在全省率先推出扶贫贷款新品种——"惠民扶贫贴息小额担保贷款"。该贷款由财政提供专项担保基金和到户扶贫贴息资金贴息,向有发展生产目的贫困户和企业发放。贫困户在公务员、教师、个体户或村干部群体中找一个保证人,就可申请扶贫贴息小额担保贷款,贷款期限为1年,一般贫困户可贷金额为5万元,养殖户可贷10万元。贷款年利率按9%执行,到期后财政、扶贫部门将按年息5%的标准向农户贴息。由于贫困户文化程度偏低,周口分行借助网点优势开展与贫困户"面对面"的营销,并布设贴合乡村情况的墙体广告和喇叭宣传等,业务开办后取得良好效果,成为人民银行在全省推广的特色产品。

4. 免担保的"惠农易贷"

"惠民扶贫贴息小额担保贷款"业务开办2年后,周口分行该项目的放款规模却出现了明显的下滑,放款量不足上年同期的五分之一。通过深入调研客户需求,发现原来是很多贫困户难以找到合适的担保人。根据这个情况,在国家政策和上级行的支持下,周口分行推出差异化创新信贷业务——"惠农易贷",对符合条件的建档立卡贫困户给予更大资金支持便利:贷款执行基准利率,财政全额贴息,无需担保人。贷款额度最高5万元,贷款最长期限也延长至36个月,还款方式根据建档立卡贫困户的资金回流情况确定,包括多种还款方法。

5. 贫困县的"卢氏模式"扶贫贷款

2017年,周口分行在市内7个贫困县开办"卢氏模式"扶贫贷款业务,服务群体为建档立卡贫困户,扶贫贷款为建档立卡的贫困户提供最高5万元,最长3年,基准利率的扶贫贷款,符合条件的贷款还能获得贴息支持。新的担保方式(县政府风险补偿金、省农信担保、省担保集团按照30%、40%、20%比例承担风险,银行仅承担10%风险)有效地降低了银行风险,提高了客户经理的放贷积极性。

三、邮储银行营销服务体系创新

2017年,因在贷款营销组织方面的创新②,扶贫贷款"卢氏模式"在河南省推广。卢氏

---

① 银行按担保金专户金额10倍比例放大发放贷款,高校毕业生最高贷款额度10万元,妇女最高贷款额度8万元,其他符合条件的人员最高贷款额度5万元,合伙经营和组织起来就业的最高贷款总额度50万元。

② https://www.henandaily.cn/content/fzhan/2017/1116/75728.html

模式解决了以下问题：农户贷款笔数多、数额小，是典型的零售贷款，但由于贫困地区交通闭塞，与同样数额的批发贷款相比，银行需投入更多的精力、人工和时间。邮储银行卢氏县支行贷款的人工成本高达3%，但扶贫小额信贷执行4.35%的基准贷款利率，银行的利润空间很小。

出于降低成本的考虑，卢氏模式构建了"三级联动、政银融合"的贷款服务体系。"政银融合"是把行政和金融人力资源整合到三级金融服务网络中，这样可以大大地节约银行营销的人力成本。"三级联动"是县金融服务中心、乡金融服务站、村金融服务部构成金融服务网络共同营销审核贷款：村金融服务部负责贫困户贷款的受理初审，乡金融服务站负责审核把关，县金融服务中心负责推荐担保，县合作银行接到担保通知后放款截至2018年年底，周口分行协助全市建成县级服务中心11个、乡级金融服务站188个、村级金融服务部4 719个，其触角伸入全市的各个村落，覆盖率100%。农户足不出户，自贷款受理之日起不超过4个工作日就能拿到贷款，带贫企业、经营主体不超过15个工作日就能拿到贷款。

四、案例分析

社会营销概念是由杰拉尔德·蔡尔曼和菲利普·科特勒在1971年首先提出来的，这一概念促使环境保护、计划生育、改善营养、使用安全带等社会问题和营销学完美地结合起来，并得到世界各国和有关组织（如国际开发署、世界卫生组织和世界银行）的广泛重视。随后，科特勒将社会营销概念扩展成为社会责任营销概念，引导企业把社会问题、社会目标作为营销战略问题来对待。

社会责任营销有广义和狭义两方面的范畴：广义的社会责任营销是企业在产品生产、流通和分销的各环节，以履行一定的社会责任、解决一定的社会问题、追求企业和社会共同、长远和谐发展作为营销目标。狭义的社会责任营销是指企业主动承担一定的社会责任（如为慈善机构捐款、保护环境、建立希望小学、扶贫），同时借助新闻舆论和广告宣传，来改善企业的名声、提高企业形象和品牌知名度、增加客户忠诚度，最终增加销售额的营销方式。可见，广义社会责任营销将社会责任嵌入业务，通过营销手段达到促进社会发展的目的，也是本例中邮政储蓄银行的定位。而狭义的则是通过主动承担具体的社会活动，达到营销企业形象的目的。

通过营销改变消费者的行为，社会营销在这个意义上和其他商业营销是一样的。本案例中，邮储银行通过社会营销的一系列工作策略，改变了消费者在工作和生活上的困难状况、促进了就业、改善了贫困户的生活、提高困难群体的积极性，使他们更好地为全社会服务。可见，社会营销是营销的高级阶段，在危急时刻、民众恐慌时刻或是群众需要的时刻，社会营销带来的真情、关怀、保障的力量对于品牌、企业所产生的影响是巨大的。

（资料来源：本文整理）

思考：(1) 商业银行市场营销包含哪些内容？什么是社会营销？

(2) 邮政储蓄银行在营销产品、渠道、组织方面有什么特殊之处？

第一节　商业银行市场营销的概念和内容

市场营销是随着生产的迅猛发展出现的，产品的多样化和供过于求促进了市场营销的发展。从银行产品发展过程来看，因为银行产品相对单一，"银行营销"概念的出现稍晚于一般的工商行业营销。因此，要掌握银行营销的本质，最好的办法是先了解市场营销的本质和内容。

一、市场营销学的概念和发展

(一) 市场营销观念的发展

一般来说，有了市场也就有了市场营销，但市场营销学成为一门独立的学科是在20世纪初①，并经历了传统营销观念到现代营销观念的发展过程。

1. 传统营销观念

以企业生产为中心、以产品为中心可以说是市场营销学最原始、传统的观念。20世纪初，一些经济学家和企业家建立了一系列组织来深入研究市场营销学，有远见的企业家利用广告推销和价格促销来解决商品滞销问题。但是广告和降价的出发点都是产品，也就是说生产什么就销售什么，但这种观念只有在产品供不应求、产品成本过高，可以通过生产中技术进步来降低售价的情况下是可行的。因此这一时期的企业常常迷恋自己的产品，并不太关心产品在市场是否受欢迎，是否有替代品出现②。

传统上的营销属于经济学的范畴，但是经济学往往着重于效用、资源、分配、生产等研究，其中核心是短缺，在市场供过于求的时候，经济学中对营销的研究是片面的。

2. 现代营销理念

营销走向管理学范畴是一个历史飞跃，因为如果产品不能适销对路，无论怎么推销和促销也是无济于事的。第二次世界大战之后，营销观念向现代营销观念转变，这个转变的背景是买方市场日益明显，市场供过于求。此时，仅以推销术为主的市场营销很难适应企业的需要，对客户潜在需求的研究超越生产成为营销的重心。企业开始对市场进行调查、分析和判断消费者的需求和愿望、设计和生产适销对路的产品、有策略地制定营销方案，

---

① 营销概念形成阶段为19世纪末到20世纪30年代，发展阶段为20世纪30年代到二战结束，二战之后是以顾客需求为中心的革新阶段，20世纪60年代开始是市场营销学和企业管理理论、经济学、心理学、社会学、运筹学、统计学等学科的融合阶段。

② 吴健安，郭国庆. 市场营销学[M]. 北京：高等教育出版社，2004.

以达到打压竞争对手、实现企业效益的双重目的。

从20世纪60年代起,市场营销学开始与企业管理理论相结合,菲利普·科特勒在《营销管理》著作中提出了现代市场营销理论,他强调市场营销的管理导向,把市场营销发展成为指导企业经营决策的学科①,形成了现代市场营销的概念、方法与理论体系,如4P营销理论的出现。

20世纪70年代至80年代,市场营销学与经济学、心理学、社会学、运筹学、统计学等学科相融合,拓宽了研究的领域,社会营销、服务营销、宏观营销、大市场营销、战略营销、全球营销、本土化营销、客户关系营销、内部营销等新概念不断出现,现代市场营销进入应用阶段。

从20世纪90年代初起至今,国际经济和贸易呈现出全球化和一体化的趋势,企业面临着空前激烈的国际竞争和政治环境,随着科技的不断进步,市场营销理论和实践也不断创新以适应这些变化,创新是这个阶段的主旋律,表现在:①市场营销发展迅速、深受重视;②绿色营销、定制营销、网络营销、4C理论等新理念、新理论不断涌现;③市场营销学在协同、分化扩展中不断完善和创新,学科开始细分,出现服务市场营销学、国际市场营销学、非营利组织营销学等新的学科分支;④社会责任营销、社会化营销观念兴起,企业开始以消费者满意以及社会公众的长期福利作为企业营销的目的和责任;⑤消费者更多地参与营销价值的创造中来。在移动互联网和大数据等新技术的帮助下,众多的消费者行为数据可以帮助客户社群的消费者实现自我价值(见表1-1)。

表1-1 传统营销观念与现代营销观念的区别

营销观点	出发点	中心	方式	目的
传统	工厂	现有产品	推销及促销	获取利润
现代	市场	顾客需要	整体营销	在满足顾客兼顾社会利益的同时获取利润

(二)市场营销的概念

市场营销是一个不断进步的概念。1980年,菲利普·科特勒认为营销应该是满足需求和欲望的过程。2018年,他扩展了营销的定义:"营销是公司激励顾客、建立强有力的客户关系、创造顾客价值的过程,并且在整个过程中公司从顾客中获得收益作为回报。"

科特勒的市场营销概念中蕴含了对市场的定义,市场营销的目的就是获得所需所欲之物,即满足个人或集体的需要和欲望,市场=人口+购买力+购买欲望。营销活动并不是从产品销售时才开始的,也不是以产品销售的成功而终结,它是从研究客户需求到满足客户需求的全过程。科特勒认为成功的公司其产品能够超过现有顾客的需要,而伟大的公司应该能够创造市场,通过构思新产品、服务、生活方式和方法,以提高顾客的需求水平。

---

① 菲利普·科特勒在《营销管理》著作中提出了现代市场营销理论。

2008年,美国市场营销协会(AMA)认为:营销是创造、沟通、传递、交换对顾客、客户、合作伙伴和整个社会具有价值的提供物的一系列活动、组织、制度和过程。

我们可以从上述市场营销概念、实践和观念的发展,总结出现代市场营销的几个基本特点:

(1)市场营销是涉及生产、分配、交换、消费全过程的动态管理。它不仅仅需要研究流通环节的经营活动,还包括产品进入流通市场前的调研、细分、产品、定价、渠道等活动,更为重要的是,还需考虑产品退出流通市场后的许多营销活动,如产品使用状况追踪、售后服务、信息反馈等。

(2)市场营销是需要全员参与的整体营销,它包括内部营销和外部营销,企业内部的营销管理要求各职能部门围绕提高企业整体竞争力而加强互相联系。

(3)市场营销以满足消费需要为出发点,以创造需求为目标。客户关系营销需要尽可能多地了解现有客户,并持续地、尽可能地用产品和服务来满足他们,甚至要超出他们的期望,帮助客户实现自我价值。

(4)市场营销以盈利能力为最终目的。企业应注重长远利益,培植比竞争者更好地满足客户需要的盈利能力,才能使企业增强对环境变化的适应性,提升核心竞争力,长期地、最大限度地实现企业持续发展所确定的各项目标。

(5)市场营销应该是社会营销。在环境恶化、资源短缺、人口爆炸、世界性通货膨胀、社会服务被忽视等等人类生存环境变化的时代,一个企业仅仅立足于满足个体消费者需要是不够的,还要考虑消费者及社会的长远利益,即把企业利益、消费者利益与社会利益有机结合起来。

二、商业银行市场营销的概念和特点

(一)商业银行营销理念的发展过程

商业银行营销作为一个专门的分类始于20世纪70年代,正如科特勒提出的缓慢学习理论一样,西方银行组织缓慢地理解营销观念[①],商业银行经历了"促销和推销→微笑服务→细分和创新→市场定位→分析、规划和控制"这5个阶段。

1. 商业银行营销观念导入阶段:广告和促销

银行业出现之初,银行家们普遍认为与客户用不着营销,客户们要办业务自然会过来。但是在第一次世界金融危机之后,美国商业银行处于强监管之下[②],存贷款利率被设

---

① [美]菲利普·科特勒. 营销管理分析、计划、执行和控制(第8版)[M]. 上海:上海人民出版社,1997:44.
② 经济危机前,美国商业银行是混业经营,不仅经营存贷业务还同时经营证券发行、代理、投资等投行业务。商业银行资金来源渠道多样,很多资金是通过高利息得到的。1928年危机的导火索是股票市场崩盘,很多商业银行因投资失败纷纷倒闭,并引发了全球的经济危机。在这之后,美国联邦政府监管当局根据当时的现实经济状况颁布了一系列金融法规包括1935年《银行法》等,开始干预商业银行的营销活动,把整个金融体系放在政府的监管之下。

置上限,商业银行不得不面临争夺同质资源的竞争,营销管理在银行领域成为一个新概念。1958年全美银行联合会议首次提出金融业应该展开市场营销,标志着商业银行市场营销观念的诞生。

2. 营销观念传播阶段:微笑服务

从20世纪60年代开始,银行家们改变了坐等客户上门的经营模式,从市场营销学中吸收了以客户为中心的观念。一些商业银行开始对职员进行培训,要求员工微笑服务,营造温暖、友好的环境来吸引留住客户。但是微笑服务很快便为竞争者所复制,其领先优势的寿命很短。当整个银行业服务水平比以前有了大幅度提升后,客户很难根据服务态度来选择哪一家银行了。

3. 市场细分和产品创新阶段

20世纪70年代起美国迎来了金融自由化时代[1],很多商业银行针对本行产品特征开展大量的营销推广活动,但如果一家商业银行为所有顾客提供全方位服务显然是不经济的。对市场进行细分成了明智选择,如将客户细分为富有客户群、青年群体、老年群体,再通过产品设计、差异化定价、特定渠道广告宣传或推广吸收这些特定层面的顾客。需要注意的是,细分和创新的背景是西方国家金融管制的放松,因为创新的金融产品和服务可以巧妙绕过金融管制。而且和微笑营销不同的是,一家商业银行如果能始终不断地创新,它就能一直处于领先地位。

4. 商业银行定位阶段

当所有的商业银行都做广告、都微笑服务、都进行细分市场和创新,很显然看上去又无法区别了。许多大型商业银行把营销上升到了银行文化建设的新高度,这个阶段,商业银行营销完成了一个转变:即从简单营销方法→广泛运用营销思想。商业银行定位是20世纪80年代[2]的重要营销理念之一,因为没有一家商业银行能够同时成为所有顾客心目中的最佳银行,商业银行必须有所选择地同其他竞争者区别开来,成为某一细分市场中的较佳银行。定位可以帮助顾客了解竞争银行之间的真正差异,这样顾客就能挑选对他们最适宜的、能为他们提供最大满足的银行。另外,这一时期人们对于在金融领域应用营销技巧和营销工具的兴趣日益增长,涌现了大量银行营销的杂志和出版物,从英国的《国际银行营销杂志》到美国的《银行零售业务杂志》,数量众多。

5. 商业银行现代营销观念扩展期

20世纪90年代后西方银行业迅速发展,工商业市场营销的精髓渐渐渗透到银行业,银行家们逐渐认识到营销管理不仅是广告、促销、服务、创新或定位,为了保持优势地位银

---

[1] 20世纪70至80年代,由于竞争加剧和科技快速进步,美国迎来了金融自由化时代,金融创新进入了新的高潮,商业银行开始使尽浑身解数无论在理念上还是方法上都不断创新。

[2] 商业银行营销发展时期的年代划分并不是特别明显,实际上,20世纪80至90年代的现代市场定位和营销观念扩张期几乎是同时的。

行必须从整体来推进营销。因此,商业银行市场营销成为有效协调内部各部门和反馈外部市场信息的分析、规划、控制的系统。各家银行加强对营销环境的调研和分析,制订合适的战略目标和经营策略,制订中长期和短期营销计划,落实和控制营销方案。同时还不断尝试服务营销、交易营销、关系营销、整合营销、网络营销、移动营销等新概念和新路径。

案例1-2　Ing Direct 银行——移动营销

美国最大的在线商务银行 Ing Direct 为了让没有能力就学的儿童能有读书上课的机会,和联合国儿童基金会合作开发了一款手机与电脑结合的 App。当你连上网站,你会发现,许多儿童孤独地站在那里,因为他们无家可归,这时你可以帮助他们。你只需要花0.79欧元下载手机 App,并将手机对准网站右下角的橘色区域,你就可以看到孩子开始向前走了,接着你的手机里就会出现一所学校,网站里的孩子会穿入手机并拥抱学校。Ing Direct 会将此付费应用所得的款项赠予联合国儿童基金会的教育项目。

(资料来源：https://www.shichangbu.com/know_info/3782.html)

(二)商业银行市场营销的概念和意义

1. 商业银行市场营销的概念

从营销发展历史可知,几乎每隔十年都会出现一些新的营销热点实践,正是这些新概念、热点和实践,激发了营销理论和概念的发展,增进了商业银行对市场现象的理解、预测和控制能力。

1972年《银行家》杂志对商业银行营销的定义是：商业银行营销是指把可盈利的银行服务引向经过选择的客户的一种管理活动。具体来说,商业银行营销是银行以金融市场为导向,利用自己的资源优势,把银行产品和服务销售给特定客户,以实现银行的盈利目标的一系列管理活动。此定义是在前述市场营销概念的定义基础上得出的,过程性、盈利性、整体性以及以顾客为中心等市场营销的理念均有体现。

2. 商业银行市场营销的意义

营销是商业银行建立竞争优势的必要过程,它始于顾客需求,贯穿生产设计、分配、交换和消费的全过程。毫无疑问,营销使商业银行能更好把握市场发展机会,为银行带来稳定的利润来源。而且,优质的营销服务以及宣传活动的开展,也有利于银行在社会公众心目中树立良好的形象,取得社会公众的信赖和好感,提升银行的价值。

但是,由于商业银行是金融、经济和社会生活的重要支柱,吸收存款、发放贷款业务具有稳定金融环境、优化资源配置、促进经济增长的作用,国家对商业银行的监督和管理更为严厉和细致。因此,商业银行的市场营销活动应该是谨慎的,很多的创新性营销方法需谨慎使用,甚至需要肩负更多的社会营销功能。因此,商业银行营销的概念和方法不能简单地从一般生产企业的生产营销完全嫁接过来,根据商业银行产品和环境变化的特征,来研究银行营销的特点和内容是十分必要的。

（三）商业银行市场营销的特点

1. 商业银行产品和服务的特点

商业银行产品是银行向金融市场提供的，能满足个人消费者、企业、政府机构需求的，且是他们愿意购买、使用和消费的金融工具和金融服务。它包括存款、贷款、大额可转让存单、票据贴现、各种中间业务、各种金融衍生工具等。银行业作为最早出现的一种商业活动，其产品和业务不同于一般的企业产品，具有自己独特的内容和行为特征。

（1）同质性。不同商业银行产品的同质性较强，它们在功能和价格方面大同小异，各行类似产品相互之间具有很强的替代性。商业银行产品功能往往有较大的同质性，这决定了其产品具有可分性，如某个品种的贷款，往往多家商业银行都在经营，客户可以分别到不同的商业银行获得贷款。解决这个问题的办法之一是为客户提供满足特定、多需求、高质量的产品组合，创造产品组合的竞争优势。

（2）产品易被模仿。经营相同业务的商业银行，虽然有不同的服务方式和程序，但商业银行产品和服务的内容相似，较难形成自己特色。目前我国尚未出台金融产品专利法案，监管机构出于风险防范的考虑，也会要求商业银行产品的相关信息要公开和透明，这也为竞争对手模仿提供便利条件。由于产品和服务方式极易被模仿，产品的生命周期被大大缩短加剧了竞争，就更需要通过营销管理树立金融企业的整体形象。

（3）无形性。存款、贷款、结算、代理、保管、咨询等商业银行产品多为在约定的时间交付、提供一些资金或服务的承诺，这些服务较难以通过直观、形象的方式向消费展示，而只能运用抽象的数字、分析和推测来说明产品的益处和功能。由于无形性，商业银行产品的营销方式和渠道安排与传统产品有很大的不同。多设营销网点、上门推销曾经是商业银行主要的营销方式。尽管如此，金融客户仍然可以通过地点、人员、设备、标识、符号、宣传材料等要素来了解和判别银行的营销质量。所以，金融企业要想将营销的无形性转变为有形性，可通过环境、设备和诸多金融工具来实现银行产品生产与包装的实体性内容，使产品有形化。

（4）产品业务交错。随着商业银行业务电子化程度的提高，许多商业银行业务可以做到时空分离。对一个网点来说，除了为在本网点开户的客户办理业务外，还为大量的非本网点开户的客户服务，如储蓄通存通兑，经常服务的对象其账户往往开在兄弟行，这里就有个主办和代办的问题。还有商业银行产品关联较大，各类产品之间的特殊关系和相互派生的特质，如贷款可以产生存款、开立信用证可促成保证金账户的开设等，这些也要求银行内部要解决好各支行之间的利益分配问题，即价值分享和服务上的统一规范。再如客户贷款融资的需求还需要产品部门的严格审查，这需要银行内部销售人员、结算服务人员和产品审批部门互相合作、协调运作。

(5) 渠道多样化。随着 ATM 机、电话银行、自助银行、网上银行等相继登场,部分业务甚至全部业务可以实现自助化。银行业务自动化程度越来越高,对银行产品的市场营销既是挑战,也是机遇。

2. 商业银行营销的特点

商业银行是经营金融产品和信用的特殊企业,因此商业银行营销不仅具有一般的市场营销特征,还有更多的营销特点和理念。要理解商业银行营销这一概念,需要从以下几个方面认识。

(1) 商业银行营销是服务营销。商业银行产品易被复制,各行的产品在价格、品种、收益形式上都大同小异。而且客户无法通过物理特性来感知产品功能,因此在购买时需要通过文字或面对面等方式与客户交流,当客户经理向客户提供产品的时候,服务成为营销的关键。在现代营销学的发展过程中,商业银行营销几乎和服务营销同时发展。

案例 1-3 花旗银行——服务营销的"领头羊"

花旗银行的营销活动坚持以顾客现实和潜在的需求为导向,精心设计易为顾客所接受的产品,选择适当的传播媒介,并注意传播过程中信息的双向沟通。

花旗银行(Citibank)迄今已有近 200 年的历史,在 20 世纪 90 年代的几次品牌评比中,它名列金融业榜首,被誉为"金融界的至尊"。花旗银行的骄人业绩无不得益于其 1977 年以来服务营销战略的成功实施,那时候大多数银行家仅仅强调产品的盈利性和安全性,很少关注银行服务。1977 年,花旗银行副总裁肖斯塔克(G. Shostack)[①]拉开了银行服务营销实践的序幕,她描述了服务营销与有形产品营销的本质区别,认为只把产品营销理论直接转换应用到服务领域,并不能解决服务产品的营销问题,服务营销需要新的理论来支撑。服务营销的核心理念是顾客满意和顾客忠诚,通过顾客来促进相互有利的交换,最终实现营销绩效的改进和银行的成长。

花旗银行率先从消费品龙头企业宝洁公司引入营销经理制,树立起营销理念。一方面不断创新金融产品满足不同客户的需要,奉行服务至上。如今银行有五百多种金融产品,是真正的金融百货公司。另一方面,花旗银行把庞大的市场细分,将自己定位到了中产阶级及高收入的消费人群中,而且非常重视与客户建立良好的信任和依赖关系。客户经理经常上门服务,鼓励员工与客户充分接触交流,并为他们创造多种与客户接触的机会。

可以说,在同行中花旗银行的营销是领先一步的。在全球金融市场步入竞争激烈的买方市场后,花旗银行更加大了它的银行服务营销力度。通过对银行服务营销理念的进

---

① 1977 年,肖斯塔克发表了《从产品营销中解放出来》。

一步深化,将服务标准与当地的文化相结合,在加强品牌形象的统一性时,又注入了当地的语言文化,从而使花旗银行成为行业内国际化的典范。

(2) 商业银行营销是整合营销。由于各商业银行产品同质化严重,商业银行客户对商业银行产品的了解和选择很大程度上是基于对商业银行的了解。商业银行通过自身外在形象的塑造,以恰当的方式将自身的产品推销给客户,使顾客易于认同和接受。因此商业银行需要通过自身形象(营业场所、服务设施、服务质量、信誉良好等)的塑造以合适的方式将自身的产品推销给客户。而且商业银行产品业务交错,为改变部门条线之间各自为战、单打独斗的局面,不能单靠某一项营销策略与措施,需将商业银行各部门及营销组合各因素整合起来,采取综合的服务营销策略与措施。

整合营销是整合各种营销手段,统一目标和形象产生协同效应,实现与顾客的双向沟通,建立起银行与客户长期密切的关系。科特勒认为整合营销发生在两个层次:①不同的营销功能——销售力量、广告、产品管理、市场研究等必须共同工作;②营销部门必须和企业的其他部门相协调[①]。成功的整合营销能够使营销工具与品牌体系紧密结合起来,以一种协调一致的方式向客户传达信息,对市场、对客户形成吸引力,更有效地达到营销的目的。

案例1-4 某农商银行网点零售业务营销渠道的整合营销实践

近年来,对于很多用户来说网点零售业务营销不再具有吸引力和新鲜感。此时如果其他银行或金融机构推出新的创意和改革方案,将会大大吸引用户的青睐,导致本行客户减少。因此,银行在进行全网营销渠道整合时,就需要加强网点零售业务营销渠道的整合与优化,通过网点的布局、产品的创新、组合营销、渠道整合等,来加强银行的营销渠道,从而提升银行自身营销的竞争力。

某农商银行拥有的渠道很多,除了线下物理网点外,还开拓了很多线上营销渠道,诸如手机银行、电话银行、网络银行、微信银行、直销银行等各种各样的线上营销渠道。多数情况下,农商银行是将线上和移动端渠道作为物理网点的补充而设立的,但是也会不可避免地存在一些农商银行盲目地追赶潮流情况,如某下属A支行在各个渠道上面相互隔绝,互不相容,造成渠道建设单兵突进,系统维护成本很高,而且浪费了人力和资源,形成不了合力和"拳头效应",难以给客户带来良好体验,无法吸引优质客户。另外,农商行另外一家B支行则做得比较好,该支行充分利用营销渠道,各个渠道之间形成紧密的合作,互为补充,对线上和线下渠道进行优化和整合都获得了有效的结果。他们通过发挥不同的渠道优势,来完成客户获取、产品销售、服务交付、关系经营等多重目标,并让客

---

① 吴健安.市场营销学[M].北京:高等教育出版社,2000.

户真正体验到凡是线下能办的业务、产品和服务,线上也能够满足,并且能够带来更好的效果。

线上线下营销渠道如何更好地融合,发挥出有效营销的作用呢?获得整合效果的B支行调查发现:①传统的物理网点是大而全的综合性网点,这样的网点在农村仍有存在的必要和价值,但是网点需要向智能化、轻型化方向转型。通过提供更多的自助化机器,如快速存款机、远程柜员机、存取款一体机等来满足用户更多的产品服务需求;②银行可以减少人员浪费,从而腾出人力,致力于搞营销,维护客户关系,让客户感受到冰冷机器之外的更加温暖的服务;③在网点布局上面,充分分析和研究用户的需要,根据用户的分布特点来对银行网点进行定位、对银行规模和功能进行准确地规划。例如,银行在城市周围人流量较多的核心商务区建立一些核心网点、服务中心、理财中心;在远离城市的郊区建立一些自助化的服务网点,为用户带来更加便利的银行服务。

(资料来源:徐卫东,孙军正.互联网时代的银行营销[M].北京:煤炭工业出版社,2018:191.)

(3)商业银行营销需要更强的创新和专业能力。由于商业银行产品和服务方式极易被模仿,产品的生命周期被大大缩短,商业银行只有不断创新、不断设计新产品才能持续地保持领先。商业银行营销的创新更强调特色服务、个性化服务、情感服务,更要在附加产品上做文章,更注重形象建设,力求从服务质量上体现银行间的差异性。特别要注意加强对创新的科技和服务产品的品牌管理,要及时申请注册商标等以防侵权。

商业银行营销需要更强的专业能力,因为商业银行产品兼具技术形态和知识形态属性,这些专业性、技术性的业务与财务、计算机、网络乃至整个社会的金融经济紧密相关。为了满足类别多、成分杂、需求千差万别的客户的需要,商业银行员工必须具有较高的文化素质、广泛的专业知识和良好的沟通技能,既能解答顾客的各种问题,又能充当顾客的投资顾问或参谋,帮助顾客做好投资分析、投资判断和投资预测,同时还要协助处理和解决顾客关注的问题,提高客户满意度。

案例1-5 美国运通公司服务标识专利和金融科技专利

美国运通公司是最早开始实施社会责任营销的金融机构。1981年,公司旅游服务部把"社会责任营销"作为一项服务标识,向美国国家专利局申请注册①。公司根据运通信用卡的使用情况向"爱丽斯基金会"捐赠资金,客户每使用一次运通卡捐赠1美分,每开通一张运通卡捐赠1美元。两年后,运通公司将活动捐赠的170万美元用于修复美国的精神象征——自由女神像。2017年10月中旬,美国运通提交基于区块链技术的个性化客

---

① 万后芬.市场营销学[M].武汉:华中科技大学出版社,2011.

户奖励系统专利①。在该系统下,公司给客户提供特定类型的奖励,包括积分、数字货币或与产品相关的指定商品。

(资料来源:自行整理)

(4) 商业银行营销更关注关系营销。传统商业银行以卖出商业银行产品为目的,而现代商业银行不仅限于达成一笔交易,其销售目标的实现寄希望于客户持续、反复地购买,营销的目标是将老顾客由简单的买卖关系变成经营伙伴关系。虽然客户资源的多少和优劣关系到商业银行的生存和发展,但商业银行的客户种类较多,这些客户都对商业银行经营有着不同程度的制约,而各类客户的服务及管理均可以通过关系营销来完成。所以关系营销是指以建立、维护、促进、改善和调整关系为核心进行的营销策略。

对于商业银行来说,要想突破机关单位、学校这样层级分明、管理制度完善且严格的组织,最好的方式就是采用关系营销。真正的关系营销并不是请客吃饭、走后门,不是社会的腐败和违规。事实上,以信任、利益和情感搭建起来的关系,更牢固和经济。在以关系为中心的营销战略中,需要对客户区别管理,银行与客户关系的保持取决于相互信任,以及商业银行能否提供可靠的财务顾问服务。对客户提供咨询服务一般由银行员工提供,但随着银行服务自动化的增强,与客户面对面联系的机会正在逐步减少。商业银行一方面仍需重视在营业网点设置业务知识全面的专业人员提供咨询服务;同时,在移动互联网时代,关系的建立和维护就变得更加简单,商业银行可以通过网络银行服务、微信营销服务和各种关系维护小技巧达到建立长期稳定该客户关系的目的。

案例1-6 A银行的关系营销实践

2003年以来,A银行所在省市的各级政府大力实施"招商引资"政策,引进很多大型优质项目。面对这种形势,A行通过公共关系营销和客户关系营销在实践中取得了业务的主动。

A行了解到市政府已经与B集团签订合作协议,准备筹建C公司的信息后,紧锣密鼓地展开多方咨询,初步认定项目具有很好的营销价值。为争得主办行地位,该行加大对市政府及关键政府部门的公关力度,对具有影响力的重要人物逐个拜访,宣传本行的业务优势,坦诚展示业务合作的良好愿望和意向,争取他们的影响力,最终通过真诚和执著赢得了政府的信任和支持。

其次,注重"权力人物"在决策中的关键作用。A行精心准备业务合作意向方案,在其他银行尚未行动前,通过异地同行和友人的帮助,对项目出资人——B集团决策层进行了公关和营销,B集团表示愿意重点考虑。当得知B集团派出了以财务总监为首的一行人

---

① http://www.5bite.com/post/1694.html。

到本市来选择项目经办行时,A行马上跟进联系获得推介本行的机会。A行详细全面地介绍了自身业务发展状况,极力推介本行服务理念,展示网点优势、网络优势和信贷资源优势,提出了针对项目的特色信贷服务,并真诚表示"先做朋友,后做项目",使B集团从中层执行者到上层决策者,最终确定了A行为C公司基本账户开户行和业务主办行。

随后,在C公司的筹建过程中,A行发挥属地优势,积极协调各方关系,给予了许多人文关怀和帮助,密切了银企关系,加深了感情,巩固了合作基础。当竞争者频频发动攻势,甚至给予更为优惠的条件要求建立合作关系时,C公司均予以拒绝。

与C公司建立合作关系后,A行在充分了解企业困难后,将2 000多平方米的办公楼租赁给C公司,并积极做好车辆调配,以满足C公司的用车需求,解决了企业的燃眉之急。A行领导发挥与政府的协调关系,尽最大努力为C公司协调政府各部门之间的关系,争取更多的优惠政策,赢得客户的充分信任。2004年,C公司所有账户集中开立于A行,注册资金和项目资本金划入A行,F行发放项目贷款2 500万欧元,配套人民币流动资金贷款5 000万元。

[资料来源:根据大市场营销:克服目标市场进入障碍的有效方法——F行对DY公司的营销案例[J].农村金融研究,2007(05):63.]

(5)商业银行营销受法律法规限制更多。由于金融行业的特殊性和重要性,商业银行营销除了需要遵守一般的工商、行政、税务及市场方面的法规外,还需要服从金融法规、宏观经济和金融政策的调控和管理。2013年以前,商业银行产品必须在符合金融法规的前提下制定价格。2015年以后,中国人民银行对商业银行存贷款利率都不设置上下限,但存款利率上限仍需考虑行业自律机制,利率在我国尚未完全市场化。此外,贷款的投向和条件也经常受货币信贷政策、金融业务制度以及金融监管等的限制,宏观环境比较严格。

案例1-7 资管新规对商业银行营销的影响

2018年4月27日,中国人民银行、中国银行保险监督管理委员会、中国证券监督管理委员会、国家外汇管理局联合印发了《关于规范金融机构资产管理业务的指导意见》(以下简称资管新规),对商业银行理财业务以及资管业务提出了更严格的规范和监管,规定了:①银行理财业务转移到银行表外,并且不得承诺保本,打破了银行对理财客户本金的刚性兑付;②规范信托贷款,关闭银信通道业务,避免将风险资产通过信托渠道转移到表外以逃避资本监管。

在资管新规出台前,银行理财业务(不论是保本理财还是非保本理财)一直存在着隐藏性的"保本"承诺,这也是银行理财业务在近10年得以迅速发展的原因之一。现在理财业务只能在商业银行的表外业务中进行且不保证本金的话,聪明的投资者会发现失去银行信用支撑的银行理财产品和普通的基金和投资计划并没有任何的不同。虽然这些规定都是为了规避金融风险和规范金融市场,但是也使得商业银行理财业务和贷款业务客户流失,业务规模大幅下降。

(6)营销渠道短而直接。普通企业产品渠道的环节一般比较多,与中间商联系较多,不直接面向最终消费者;而金融机构产品的营销渠道短而直接,一般都直接面向客户。因此,设立直接的经营机构和营业网点是金融机构以往扩大业务、占领市场通常采用的分销渠道策略。这一特点,也使得金融机构从业人员的素质直接影响到银行的形象。因此对银行来说,成功的内部营销是成功的外部营销的前提。

第二节 商业银行市场营销理论

"二战"后大量的营销实践为市场营销学的形成奠定了基础,营销理论经历了产品导向的营销组合理论(4P)→大市场营销理论(6P)→战略营销理论(10P),到顾客导向的4C→4R理论。商业银行营销理论虽然须加入银行视角的考虑,但是就其理论基础而言,仍是以传统的市场营销组合4P理论为主轴。

一、商业银行营销理论基础:4P理论

营销组合理论(Marketing Mix)产生于20世纪50年代,该理论将影响企业营销活动的因素划分为可控因素与不可控因素两大类。外部环境如政治、经济、文化等为不可控因素。可控因素指的是企业为了达到市场营销的目标,针对不同的市场环境所采取的能够满足目标市场需求的市场营销要素。1960年,麦卡锡套用了营销组合理论,将营销组合中的主要可控因素定义为4P,即产品(product)、价格(price)、渠道(place)、促销(promotion),简称4P,营销的过程就是设计满足需求的产品、制定合理价格、将产品运到正确的地点、发展有效的促销策略,达到取悦客户和创造利润的目的。

4P理论还主张将可控制的4个基本要素进行营销组合,为了方便分析和应用,在每个P的组成因素中选择4个变量形成P的次组合:产品(质量、品种、包装、品牌);价格(基价、折扣、付款时间、信贷条件);分销(渠道、网点、储存、运输);促销(广告宣传、营业推广、人员推销、公共关系)。市场营销就是运用这16个因素的组合成为一个整体营销策略方案,去迎合千变万化的外界环境,并全面影响消费者。

(一)产品

产品是商业银行营销的开始,同时也是营销的结果——顾客是否接受并大量消费商业银行产品。按照菲利普·科特勒的定义,凡能提供给市场以引起人们的注意、获取、使用或消费,从而满足人们某种欲望或需要的一切东西都是产品。商业银行一旦确认了其

在市场的定位,就应开始向目标客户群提供能满足其现实和潜在需要的产品。现代商业银行非常注重产品的研究、开发,几乎所有的大银行都成立了专门的产品研发机构和部门,一大批优秀的商业银行精英、金融分析师和产品专家通过分析和把握商业银行需求内在的特征和变化要求,设计符合消费者欲望的产品。

(二) 价格

如何定价是一门学问,更是一项实质性的营销技术,同一产品可能会有多种价格。例如,一位专业银行管理和营销方面的大学教授,他拥有一套成熟、行之有效的商业银行信贷产品策划方案及一个成形的产品。他可以通过讲台教学的方式传授给他的学生,由此获得职业报酬;他也能通过科研课题的方式与某商业银行合作,由此而得到额外的课题经费;他还可以组建专家咨询机构,对外提供专业咨询并将产品广泛推广到多家商业银行。可想而知,采用第三种方法教授可以获取成倍于前两者的劳务回报。显然,同一产品,采取不同的销售渠道,采用不同的定价方式,其获取的收入与利润有很大的区别。

商业银行产品的价格受很多因素的影响,其中市场供求关系是最主要的因素。而成本、费用、风险、顾客关系、政策、竞争对手的价格、产品的风险程度等也决定了产品的价格。以信贷产品定价为例,贷款的价格往往可以由利率、费率、风险、隐含价格等要素构成,其产品定价的方法和策略有很多,但最具典型意义的定价方法有:①成本导向定价法:成本加成法、盈亏平衡法、边际成本法;②竞争导向定价法:随行就市定价法、产品差别定价;③顾客导向定价法:反向定价法、客户关系定价法、需求差别定价法。

(三) 渠道

渠道是解决商业银行产品能否快捷、顺畅地传送到消费者手中的问题,它直接关系到商业银行的市场占有率以及银行资金成本和营业收入,是现代商业银行营销的关键问题。传统商业银行的分销渠道主要依赖分支机构、网点的建设,而现代商业银行的分销渠道则非常丰富,归纳起来主要有三大类型:直接渠道、间接渠道和策略联盟。直接渠道主要是指商业银行自身开发,直接与客户联系,将各种信贷产品提供给客户的销售渠道,如分支机构、自设网络银行、ATM及客户销售终端等。间接渠道则主要指商业银行委托银行以外的其他机构或企业代理销售银行金融产品的渠道。策略联盟则是银行与其他金融机构或非金融机构之间利用各自优势相互代理、合作而形成的销售渠道,是一种现代商业银行信贷产品营销中被广泛采用,且低成本快速对外扩张的销售渠道。

(四) 促销

无论是工商企业,还是商业银行都需要将其产品和服务介绍、宣传、推广到市场中去。从一般形式上看,商业银行与工商企业的促销方式并没有大的区别。促销方式一般可分为广告、人员推销、营业推广、公共关系及定向营销等几种方式,但实际上,商业银行和工商企业的促销有较大的差别。例如,西方商业银行在20世纪60至70年代将广告促销行为作为商业银行的主要促销手段。进入 90 年代以后,人员推销在金融企业,特别是商业银行的重要地位与作用日渐显现。因为商业银行产品无形性和易模仿等特性,消费者无法用视觉、听觉等去体验商业银行产品和服务,难以区分不同银行的产品和服务。因此,现在很多商业银行主要依靠优良的客户服务帮助顾客了解其与竞争对手的区别,销售人员必须清楚地解释商业银行产品和服务的特性功能以及能给客户带来的好处,以换取客户的信任和购买。与这种促销行为相辅相成的银行客户经理制度的建设与推广也就成为当今商业银行普遍采用的一种营销模式。

在 4P 理论流行的 20 世纪 50 至 70 年代,是卖方市场向买方市场转变、市场竞争压力较小的时期,因此 4P 理论仅仅是从生产方出发,是典型的产品导向营销,没有考虑外部的环境因素如消费者和市场。但是,4P 理论开启了现代市场营销理论的序幕,从此,营销管理成为公司管理的一个部分,渗透到了比销售更广的领域,4P 理论是营销管理理论的基石。

二、大市场营销理论:6P

1986 年,科特勒在《哈佛商业评论》发表《大市场营销》,提出了"大市场营销"的概念:为了成功地进入特定市场,在策略上必须协调地运用政治、经济、心理和公共关系等手段,以取得外国或地方有关方面的合作和支持(见表 1-2)。因此,他在 4P 组合的基础上增加了权力(political power)和公共关系(public relations)两个因素。

(一) 权力

大市场营销离不开政治的技能和策略,在进入封闭或半开放半封闭的市场最有效的办法是:找到掌握决策权的人,如有权力的企业高级职员、立法部门和政府官员。需要注意的是,不管市场发育程度如何,无论是西方的完善的市场,还是不完全的市场经济环境下,权力因素对市场营销的影响都是存在的。权力营销的实质就是巧妙地运用掌权人的影响力和营销者自身的技巧和方法,有效地促进营销目标的实现。

(二) 公共关系

公共关系是指通过传播大量有说服力的材料,促进社会上人与人之间或人与企业之间、企业与企业之间的亲善友好关系。在传统的营销理念中,公共关系原本属于 4P 中的"促销"。但随着它在营销中地位的日益重要,人们把公共关系和权力一起与营销战术的"4P"因素并列,营销组合的"4P"也就发展成为"6P"。可以说,如果说权力是一个在企业身后推的策略,那么公共关系则是一个在前拉动的策略。因为只靠权力一种策略,还不足以使公司进入一个市场并巩固其市场地位,通过公共关系传播的银行美好形象可以持续地保持银行的市场地位。公共关系营销的主要方式有新闻宣传、公共关系广告、社会交往、公益赞助。由于公共关系营销着眼于长期利益,需要较长时间的努力才能起作用,一旦舆论的力量加强了,作用将是长期的和持久的,它能帮助企业占领市场。

表 1-2　营销与大市场营销比较

	市场营销	大市场营销
营销目标	满足消费者需求	为了满足消费者需求,或开发新的需求,改变消费习惯,而争取进入市场
涉及方面	消费者、经销人、商人、供应者、市场营销公司、银行	除一般介入者外,还包括立法者、政府机构、工会组织、一般公众
营销手段	营销调研、产品开发、定价、分销渠道、促销	除一般手段外,还要运用权力和公共关系
诱导方式	积极性的诱导和官方的诱导	积极性的诱导(包括官方和非官方的)和消极的诱导(施加压力)
时间	短	长得多
投资成本	底	高得多
参加人员	营销人员	营销人员加上公司高级职员、律师、公共关系和公共事务的职员

案例 1-8　花旗银行 6P 营销管理实践

6P 理论强调商业银行不应单纯顺从和适应环境,而要能够影响自己所处的营销环境。6P 理论的成功运用是花旗银行跨国经营成功的重要原因之一。

1. 产品和服务策略

花旗银行重视金融产品的创新和开发,并积极向世界各地推广。20 世纪 80 年代末,花旗银行在印度首先引进交易银行业务,为印度前 500 名的大企业提供了现金管理服务。此外,花旗银行还根据当地客户需要和实际情况进行产品创新。例如,在日本,花旗银行开设了多重货币账户,以及一篮子货币产品和网上汇款业务等。在韩国,花旗银行还引入了记账卡服务。另外,在各国都设有以英语和东道国语言操作的 ATM 机。花旗银行服务策略的一大特色是其标准化的服务,这突出体现在它的样板分行上,目的是使世界上任何国家的客户都能享受到同样的服务。

2. 价格策略

花旗银行的价格策略具有鲜明的特色。例如,在中国,花旗银行规定凡是存款总额低于 5 000 美元的客户,每月需缴纳 6 美元或 50 元人民币的理财服务费。而要成为 CitiGold 贵宾,享受理财服务,则每月综合账户存款余额不能低于 10 万美元。花旗银行还规定,外币现金提款将收取提款额 0.25% 的手续费,最低 40 元人民币或 5 美元等值外币。

3. 渠道策略

花旗银行采取参股或收购方式拓展营销渠道。花旗银行在海外已有 3 000 余家分支机构,在中国已有 14 家分行。然而,为扩大在中国的影响,花旗银行仍积极参股国内的中资银行。通过参股或者收购,花旗银行成功打入了所在国的金融市场,同时也尽可能地节约了新建海外营业网点的成本,加快了花旗银行金融产业在全球的扩张。另外,花旗银行还最先尝试了某些产品的直接销售,如 20 世纪 70 年代,花旗银行根据自己已了解的顾客信用情况,首创了直接向日本顾客寄送信用卡的直销方式。花旗银行另一个获取客户的办法是战略性公司收购,例如,20 世纪 80 年代末,花旗银行通过收购澳大利亚信用卡服务公司,一举获得了 40 万名新客户。

4. 促销策略

除了积极利用常用的广告媒体和各种宣传数据外,还注重市场调查和信息的搜集工作。例如,在印度花旗银行的工作人员通过查阅电话簿把信用卡发放给那些安装电话的人,因为只有富裕人士能装得起电话。而在印度尼西亚,花旗银行的目标则是那些拥有卫星电视接收器的家庭。成功的营销策略使花旗银行的信用卡业务赢得了广泛的客户群。

5. 权力策略

花旗银行积极发展与东道国政府、组织和企业之间的关系,认为与权力机构建立良好关系是使商业活动取得成功的根本保证。在印度,花旗银行投资 17 亿美元购买印度政府债券。在斯里兰卡,花旗银行与当地政府共同投资设立合资银行。在中国,花旗银行帮助多家企业在美国成功上市,推动了中国证券业步入国际市场。

6. 公共关系策略

花旗银行大力提倡其海外分支机构为东道国和地区的社区服务与发展提供金融支持,以此来提升花旗银行参与当地地区事务的影响力,树立良好的公共形象。例如,在印度,花旗银行通过向 5 个非营利组织提供资金援助,帮助 83 万名妇女获得了小额信用贷款。在中国,花旗银行在复旦大学管理学院设立了"花旗银行奖学金、奖教金",以资助和奖励该院全面发展的优秀学生和在教学科研上作出突出成绩的中青年教师。

(资料来源:李小丽,段晓华.银行营销实务[M].北京:中国科学技术出版社,2009:33-35.)

三、战略营销 4P 理论

商业银行在营销实践中除了运用上述 6P 组合中的营销战术外,还需要有中长期的、整体的营销战略。商业银行营销战略是商业银行面对激烈竞争变化的外部环境,为求得长期生存和不断发展就营销而进行的方向性的谋划,是商业银行经营战略的重要组成部分。20 世纪 90 年代,随着对营销战略的重视,科特勒提出:战略营销过程必须优先于战术营销组合。战略营销也是一个 4P 过程,即探查(probing)、分割(partitioning)、优先(prioritizing)、定位(positioning)。

(一) 探查：系统、全面的调查、分析和预测

探查是一个医学用语，本意是指医生对病人进行深入细致的彻底检查。在营销学中，探查实际上就是营销调研，是以满足消费者需求为中心，用科学的方法，系统地收集、记录、整理与分析有关市场营销的情报资料，提出解决问题的建议，确保营销活动顺利进行。在探查提出来之前，市场营销调研就是一个老话题，在激烈的市场竞争环境下，商业银行营销战略的确定必须首先对市场、市场主体、市场客体、市场价格和市场环境做好深入细致、全面系统地调研、分析和预测。

（1）对商业银行现实市场和潜在市场的调查、分析和预测。如银行贷款市场，一个精明的银行管理者肯定不只注重现有贷款市场份额的大小，而是致力于发现和挖掘巨大的、可能的潜在贷款市场。如近年来，随着国内经济的迅猛发展和居民可支配收入的提高，个人消费信贷市场正成为商业银行增长最快的信贷业务。再如，随着我国步入老龄化社会，各行纷纷开始重视养老金融产品设计和营销。

（2）市场主体调查。针对企业、政府、金融机构、居民个人行为的调查可以确定现实的客户、潜在的客户是哪些，客户需求是什么，市场主体变化情况，真正的竞争者是谁，其优势何在。

（3）对市场客体，即银行产品和服务的调研。如对信贷产品生命周期的研究，市场金融工具的变化趋势，金融创新的最新发展等。

（4）市场价格的调研。即银行产品市场价格的变化与发展趋势，盈利空间及盈利水平的变化与预测。

（5）市场环境的分析研究，如政府宏观政策的变化，经济环境、政治环境的影响，技术的突破将引发哪些变革等。

(二) 分割：市场细分

分割就是市场细分，其含义就是根据消费者需要的差异性，运用系统的方法，把整体市场划分为若干个消费者群体的过程。每一个消费者群体就是一个细分市场，又称为子市场或亚市场。

市场细分是银行营销战略的重要组成部分，是衡量市场营销观念是否真正得到贯彻的标志。因为在金融市场非常繁荣、消费需求旺盛、消费需求各异的背景和条件下，任何一家银行所提供的产品和服务都只能满足金融市场需求者总体中相对有限的一部分，而不可能满足所有的金融需求。

商业银行市场细分是建立在信贷营销调研与分析基础上的，把整个金融市场尤其是信贷市场的客户，按照一种或几种因素加以区分，使区分后的客户需求在一个或几个方面具有相同或类似的特征，以便商业银行相应采取特定的信贷营销战略和营销组合来满足这些不同客户群需要的过程。20世纪90年代以来，西方商业银行快速发展客户数量所使用的主要工具就是建立客户信息档案系统,利用一套完整的软件程序,搜集并分析不同客户群体对银行信贷产品和服务消费的相同和差异,这在很大程度上支持了目的明确、以客户为中心的营销工作。

(三)优先:选择目标市场

优先就是目标市场的选择,即在市场细分的基础上,商业银行要选择进入的哪部分市场,或要优先最大程度地满足的哪部分消费者。

商业银行选择的目标市场应该是市场发展潜力最大,竞争对手尚未完全控制,并与本行服务能力相适应的特定市场。如大银行更多地选择大企业、跨国企业为其重点服务对象,而一些中小商业银行则往往更注重选择中小企业、区域内生产经营的企业或某些特色企业为其重点服务对象。如果目标市场的需求需要高水平的知识和销售技能,而银行不能提供,这种目标市场的选择必然失效。例如,在金融中心城市开设一家私人银行,把已有六位数薪金的高级雇员设为目标市场是可行的,因为这部分人有高水平的个人定制私人银行产品服务的要求;相对的,如果在大众市场采用大都市银行的做法则会因为成本太高变得根本不可行[①]。

对于单个商业银行而言,选择目标市场并不是简单地选择一个细分市场,放弃另一个细分市场,甚至放弃其他所有细分市场的过程。一家商业银行根据自身能力,可以只选择一个细分市场,也可以选择两个或两个以上的细分市场,甚至一家大银行或市场主导银行在一定范围内可以选择所有的细分市场。

(四)定位:市场定位

定位就是市场定位,其含义是根据竞争者在市场上所处的位置,针对消费者对产品的重视程度,强有力地塑造出本行产品与众不同的、个性鲜明的形象,从而使产品在市场上确定适当的位置。商业银行市场定位,是指商业银行在给客户提供银行产品和服务时,让客户体会到本银行与其他银行的差异化,从给在客户心目中留下别具一格的银行形象、值得购买的产品印象以及美好的客户体验。

案例1-9 花旗银行战略营销实践

花旗银行海外机构的资产与员工分别占到该行总资产和员工总数的56.1%和45.6%,海外机构所创造的利润比例达50%以上。花旗银行的营销战略可简单概括为以下2种。

1. 市场进入策略

考虑到本国金融体系的安全,世界上很多国家都对外国金融机构进入本国或地区金融市场的程度、进入渠道、经营活动进行或多或少的限制,限制程度因各国经济发展水平、

---

① 彭建刚.商业银行管理学(第4版)[M].北京:中国金融出版社,2014.

金融业的发展水平和金融监管水平而异。花旗银行的海外发展也同样遇到了这一问题。但是,花旗银行似乎从未放弃过在海外地区进行业务扩张的努力,其主要策略之一就是市场抢先,即一旦有机会就会抢在其他竞争者之前首先进入该市场,并迅速进行业务扩张。在进入一国市场后,花旗银行通常会在这一市场坚持深耕,而不轻易撤出,即使所在国家出现了经济衰退甚至危机也是如此。

扩张过程中,花旗落地的方式大概可以总结为——首先在当地设立分支机构,然后与当地企业谈判合作或进一步的资本投资和收购重组。

2. STP 策略

STP(Segmenting, Targeting, Positioning)策略是市场营销学中的一个重要策略,即市场细分、目标市场和市场定位策略。具体来说是花旗银行在进行跨国经营时,通过对目标市场进行细分,选择自己的目标市场,然后实施有效的市场定位,针对不同层次的客户,提供适合其需求的金融产品和服务。在进行市场细分时,花旗银行采用了地理区位、收入等多种细分变量相结合的细分方法。考虑到各国经济发展水平存在很大的差异,花旗银行为各国提供的金融产品和服务种类也不相同。

另外,花旗银行以收入水平、消费习惯为细分变量对各国消费者进行了细分,为不同的消费者提供不同的服务组合。同时,还积极发展多品种交易客户,不仅为其提供存贷款、信用卡、消费贷款服务,还提供投资信托、年金,以及保险类金融商品的综合服务。在进行市场细分后,花旗银行选择了自己的目标市场。由于花旗银行企业文化的精髓就是提高服务质量和以客户为中心,因此,它把具有较高收入的消费群体和具有较好盈利水平及潜力的企业作为自己的目标顾客。在确定目标市场后,花旗银行采取各种措施确立和巩固自己的市场定位。花旗银行在世界各地的分行建立了统一的蓝天北极星的企业品牌形象,并将其与广泛的全球业务网络、守信誉的敬业态度和开拓创新的企业精神有机地结合在一起,从而给客户留下了深刻的印象。

(资料来源:李小丽,段晓华.银行营销实务[M].北京:中国科学技术出版社,2009:33-35.)

至此西方市场营销理论由传统的 4P 发展到了 10P。后来,科特勒在上述 10P 组合的基础上再加上了第 11P,即人(people),意指理解人和向人们提供服务。人贯穿于市场营销活动的全过程,它是实施前面 10 个 P 的成功保证。人这个因素,将企业内部营销理论纳入市场营销组合理论之中,主张经营管理者了解和掌握职工需求动向和规律,解决职工的实际困难,适当满足职工物质和精神需求,以此来激励职工的工作积极性。因此,营销组合理论可以归纳为:为了更好地满足消费者的需要,并取得最佳的营销效益,营销人员(people)必须事先做好探查(probing)、分割(partitioning)、优先(prioritizing)和定位(positioning)四种营销战略。熟练运用产品(product)、渠道(place)、价格(price)、促销

(promotion)四种营销战术;必须具备灵活运用公共关系(public relations)和政治权力(politics power)两种营销技巧的能力。

四、以消费者为核心:4C 理论

如前述,4P 理论从产品的功能出发,忽略了营销服务的真正对象——消费者。针对此,1990 年美国营销专家劳特朋提出以消费者需求为核心的 4C 理论:市场营销组合的 4 个要素是消费者(consumer)、成本(cost)、便利(convenience)和沟通(communication)。与 4P 理论相比,4C 理论的核心思想是:先别研究你的产品,而是考虑一下顾客的实际需求和欲望(product→consumer);定价前,请你先考虑顾客愿意为之付出的成本(price→cost);忘掉渠道,先考虑顾客究竟在哪里能更便利地购买到产品(place→convenience);忘掉促销,主动与顾客进行双向的沟通(promotion→communication)。可见,4C 将"生产导向"转变为"消费者导向",但并不是对 4P 理论的颠覆。实际上,变化的原因仅仅只是"换个角度看世界",两者仍然有许多相通之处,只不过侧重点有所不同。

(一) 顾客

即顾客的需求。企业必须首先了解和研究顾客,根据顾客的需求来提供产品。同时,企业提供的不仅仅是产品和服务,更重要的是由此产生的客户价值。

(二) 成本

不单是企业的生产成本或 4P 理论中的价格,它还包括顾客的购买成本、时间成本,同时也意味着产品定价的理想情况,应该是既低于顾客的心理价格,也能够让企业有所盈利。此外,这中间的顾客购买成本不仅包括其货币支出,还包括其为此耗费的时间、体力和精力以及购买风险。

(三) 便利

即为顾客提供最大的购物和使用便利。4C 营销理论强调企业在制定分销策略时,要更多地考虑顾客的方便,而不是企业自己方便。企业要通过好的售前、售中和售后服务来让顾客在购物的同时,也能享受到便利。如零售企业在选择地理位置时,应考虑地区抉择、区域抉择、地点抉择等因素,尤其应考虑"消费者的易接近性"这一因素,使消费者容易到达商店。即使是远程的消费者,也能通过便利的交通接近商店。同时,在商店的设计和布局上要考虑方便消费者进出、上下,方便消费者参观、浏览、挑选,方便消费者付款结算等。

(四) 沟通

即企业应通过同顾客进行积极有效的双向沟通,建立基于共同利益的新型企业/顾客关系。这不再是企业单向地促销和劝导顾客,而是在双方的沟通中找到能同时实现各自目标的途径。银行为了创立竞争优势,必须不断地与消费者沟通包括向消费者提供有关商店地点、商品、服务、价格等方面的信息;影响消费者的态度与偏好,说服消费者光顾商店、购买商品;在消费者的心目中树立良好的企业形象。在当今竞争激烈的零售市场环境中,零售企业的管理者应该认识到:与消费者沟通比选择适当的商品、价格、地点、促销更为重要,更有利于企业的长期发展。

案例1-10 房屋抵押贷款反向定价模式

Zillow是美国最大的房地产垂直类信息网站,它将零散的买方和卖方信息集中到互联网平台上,它不向买家和卖家收费,大部分收入来自房地产中介网站支付的广告费。Zillow的Zesfimate价格评估模型通过累积的大量历史数据辅之以复杂的评估算法,可以为房产提供相对可靠的价格评估,这让消费者的房屋交易决策更加透明和有效,因此吸引了大量的用户。有了用户后,Zillow将业务扩大到抵押贷款平台和租赁平台Zillow Mortgage Marketplace,平台颠覆性的变革促成了类似的反向定价法。Zillow Mortgage Marketplace平台让消费者以匿名的方式向抵押贷款机构发出请求,平台上的诸多机构对这种请求给予反馈,消费者再从多个反馈中选择最合适的额度、利率和月偿付额。这种反向定价的方式让消费在融资环节更加主动,彻底改变了抵押贷款的申请方式,也改变了融资机构的贷款定价模式。

Zillow平台的出现,让融资机构改变了从产品"成本"出发定价的模式,让金融机构有机会和消费者沟通。现在消费者考虑购买的前提就是自己"花多少钱买这个产品才值",金融机构按照消费者的"成本观"来制定价格的做法就是对追求顾客满意的4C理论的实践。

(资料来源:自行整理)

当然,4C理论被动适应消费者需求的色彩较浓,比如理论没有考虑消费者需求是否合理性问题。因为消费者总是希望质量好、价格低,特别是在价格上需求是无界限的。如果只看到满足消费者需求的一面,银行必然付出更大的成本,久而久之会影响银行的发展,无法实现银行和消费者的双赢。而且,消费者导向的4C理论基于消费者的体验,强调了消费者的情感功能,但是该理论并没有任何可操作性的应对方法,而4R理论则改善了上述问题。

五、竞争导向营销:4R理论

美国学者唐·舒尔茨提出了基于关系营销的4R营销组合理论,这成为21世纪市场营销发展的新趋势。4R理论的最大特点是以竞争为导向,着眼于企业与顾客的互动与双赢,不仅积极地适应顾客的需求,而且主动地创造需求。以建立消费者忠诚为目标的4R组合理论阐述了一个全新的市场营销框架,即关联(relevance)、反应(response)、关系

(relationships)和回报(returns)。4R理论认为,企业需要从更高层次上,以更有效的方式在企业与客户之间建立起新型主动关系。

(一)关联:与消费者建立关联

在竞争性市场中消费者忠诚度是变化的,他们会转向其他企业。要提高消费者的忠诚度,赢得长期而稳定的市场,重要的营销策略是通过其他有效的方式在业务、需求等方面与消费者建立关联,形成一种互助、互求、互需的关系。

(二)反应:提高市场反应速度

在今天相互影响的市场中,对经营者来说最现实的问题不在于如何控制、制订和实施计划,而在于如何站在消费者的角度及时地倾听消费者的希望、渴望和需求,并及时给予答复,迅速做出反应,满足消费者的需求。

(三)关系:关系营销越来越重要

在企业和客户的关系发生了根本性变化的市场环境中,抢占市场的关键已转变为与消费者建立长期而稳固的关系,从交易变成责任,从顾客变成朋友,从管理营销组合变成管理与消费者间的互动关系。

(四)回报:回报是营销的源泉

对企业来说,市场营销的真正价值在于其为企业带来短期或长期收入和盈利的能力。4R理论以竞争为导向,在新的层次上概括了营销的新框架,体现并落实了关系营销的思想。通过关联、反应和关系,提出了如何构建关系、长期拥有客户、保证长期利益的具体操作方式,这是一个具有里程碑意义的进步。反应机制为互动和双赢、建立关联提供了基础和保证,同时也延伸和升华了便利性。而回报则兼容了成本和双赢两方面的内容。这样,企业为消费者提供价值和追求回报相辅相成、相互促进,客观上达到了一种双赢的效果。

需要特别说明的是,从4P、4C,再到4R,反映了营销观念在融合和碰撞中不断深入、不断整合的趋势。因此,这三者不是简单的取代关系而是发展和完善的关系。由于企业情况千差万别,企业环境和营销还处于发展之中,所以至少在一个时期内,4P还是营销的一个基础要素框架,4C也是很有价值的理论和思路。4R不是取代4P和4C,而是在4P、4C基础上的创新与发展,所以不可把三者割裂开来甚至对立起来。

第三节 我国商业银行市场营销的发展和趋势

一、我国商业银行市场营销的发展概况

(一)商业银行市场营销的产生

我国商业银行的发展经历曲折,在改革开放以前由中国人民银行承担全国的金融管

理和所有的存贷业务,没有竞争也不需要营销。1983年开始,为了适应经济发展和经济体制改革的需要,中国人民银行开始只行使中央银行的职能,将其存贷款业务分离出来交给中国农业银行、中国建设银行、中国银行和中国工商银行等国有银行办理。那时,四大国有银行有专业分工:工商银行为工商企业以及城镇居民提供金融服务、中国银行经营国际金融业务、农业银行的业务范围集中于农村、建设银行则主要负责国家基建项目的融资。由于承担着为国有企业和国家扶植行业输血的职责,国有银行并未实现真正的市场化经营,没有经营压力的各大银行没有营销活动。

20世纪90年代,正式展开了专业银行向商业化转变的改革,打破了银行之间业务范围的界限,各银行都可经营不同的金融业务。1993年,《中国人民银行法》《商业银行法》相继出台之后,中国人民银行和商业银行各司其职,商业银行开始市场化经营,营销的理念开始出现在商业银行中,但当时的营销活动也仅限于广告和促销。20世纪90年代中期以后,随着国有商业银行业务的成熟、股份制商业银行的发展壮大以及外资银行大举的引入,银行业的竞争趋于白热化。各商业银行纷纷结合自身优势进行产品革新、提升营销理念、塑造公众形象,营销层次迅速提升,国内银行业开始迈入营销时代。

案例1-11 大象终于起舞

加入世贸组织后,为了与国际惯例接轨,中国银行业在提高市场营销管理水平方面做了大量的准备工作,四大银行在不断增强的趋利动机影响下,逐渐树立"以客户需求为中心"的经营理念。

中国加入世贸组织后的2002年,是四大银行的营销元年。这些中国金融业的大象,终于在营销的舞台上唱大戏了。各家银行不约而同地通过转变观念、转变机制、调整结构,大力强化和组织市场营销,成为一道亮丽的风景线。

其一,选择市场营销战略目标,成了四大银行的首要功课,各银行纷纷根据自身优势,量身定做了不同的营销战略。中国工商银行2002年确立了信贷营销的六大目标市场,即顺应经济现代化、城市化、信息化、全球化、多元化和融资方式多样化的发展趋势,竞争和扩大基础设施和重点基础产业贷款市场,开拓多种市场,并面向市场需求,全面调整五大结构,即调整客户结构、业务结构、区域结构、产品结构、期限结构;中国银行在建立良好公司机制的大背景下,通过改变各项业务营运方式,坚持结构调整,特别突出了营销工作的重要性;中国建设银行则把营销作为企业生存与发展的"牛鼻子",以前所未有的力度加大市场调研工作,瞄准市场与客户,抓关键、抓重点搞营销。

其二,四大银行加快营销体系的建设,一支支强有力的营销队伍开始展现。中国农业银行则把营销管理提高到总揽全局的战略高度,要求全行确立以客户为中心的观念,强化以市场为导向的理念,树立公共关系观念,培育全员营销观念,切实提高市场经营能力。时任农行行长的尚福林要求农行员工,"必须把营销管理提高到总揽经营全局的战略高度,提高市场营销能力,促进各项业务的快速发展"。市场营销不但是在买方市场条件下扩大农行生存和发展空间的需要,同时也是实施商业化改革、转换经营管理方式、调整经营结构、降低经营风险、提高盈利能力、建设高素质队伍、塑造农行形象的要求。

农业银行从2002年年初开始就不断加强市场营销体系的完善,建立了以总行为龙头,以客户部门为中心,以客户经理为主体,以科技、产品和服务为支撑,各部门相互配合、系统联动、全员参与的市场营销体系。上半年,该行与一批有影响的客户及国内外同业建立了合作关系,资产业务和人民币存款业务的市场份额稳步上升,汽车消费信贷规模居同业第一,房地产金融业务迅速发展,银行卡发卡量、卡存款和消费快速增长,国际业务增量市场占有率有所提高,同业存款业务显示出良好的发展势头。

其三,四大商业银行积极推进金融创新,创新活动更加活跃,金融组织、金融市场、金融制度、金融产品、营销手段等方面不断推陈出新。一个显著的变化,就是新的金融及金融衍生产品不断涌现,银行中间业务发展空间增大,代理、咨询、银行卡等非信贷资产的盈利水平大幅度上升。如有的银行推出的买方付息票据贴现、外汇票据买断业务、保理业务、"二卡通""外汇宝"、无折续存、理财账户等新品种,在多方面满足了客户的不同需求。有人预计,这种金融服务性的营销,将有可能在一定时期内成为商业银行信贷资产外营销的主渠道。

其四,四大商业银行开始重视市场定位,通过市场细分,在充分考虑产品条件、市场性质、竞争状况、资源条件等因素的基础上,采取集中型或差异型策略,凸显自身特色,尽情发挥本行优势。工行普遍推行了客户经理制,由总行牵头在全国范围选定了300户大型优质客户组织营销,根据不同层次目标客户的市场需求特点实行分类营销,提供差别服务,尤其对重点客户还采取"度身设计"金融服务方案等新营销方式;中行紧紧围绕优质客户和国家重点项目,重点抓住垄断性国内大型集团公司、正在步入国际化经营的国内大公司、优质上市公司、在华国际跨国公司等客户组织营销。建行则继续加大对电力、公路、邮电、石油石化、铁路、电子、城市基础设施等重点行业的投入。

其五,四大商业银行迅速推广应用客户经理制,逐渐形成以客户为中心的经营理念。建行在2002年年初就由总行领导带队,主动拜访大客户进行高层次营销,仅1月下旬的一周内,行领导就先后拜访了20多家重点大客户。

其六,四大商业银行以遍布全国的分支机构网点为基础,大力拓宽分销渠道,借助自助银行、电话银行、网上银行、自动柜员机和POS机等方式,提高了服务的效率。而四大银行网点的形象设计基本统一,品牌建设渐入佳境。

从全世界的范围来看,银行对营销重要性的认识都是非常缓慢的,和西方发达国家银行业的市场营销程度相比,我国商业银行营销起步较晚,我国经济体制的改革和深化也推动着金融的改革和深化,市场营销正成为我国商业银行营销的一大热点。

(资料来源:韩宗英.商业银行市场营销[M].北京:中国金融出版社,2007:27.)

(二)我国商业银行市场营销发展状况分析

进入21世纪后,中国经济飞跃式发展,金融行业也迎来了改革创新,很多商业银行充分意识到市场营销的必要性及重要性,金融创新成为获得竞争优势的重要手段。银行的服务由传统的柜台服务拓展到电话服务、自助ATM机服务、网上银行服务、手机银行服务等。各种产品开始涌现,信用卡营销成为各行竞争的核心。

2013年以来,随着我国金融开放程度不断加大,新兴商业银行纷纷涌现,非银行金融机构异军突起。同时,利率市场化在我国稳步推进,银行业的利润增长中枢日渐下移,银行盈利模式面临全新挑战,商业银行依靠传统存贷利差业务"躺着赚钱"的时代恐难再现。商业银行在几个方面寻求创新和进步:

(1)深化银行产品和服务创新,以差异化产品和方便快捷的效率拓展业务空间。负债业务方面,大额可转让定期存单、通知存款、信用卡存款、协定存款、银证一卡通、货币市场存款账户等新产品得到了开发和应用。资产业务方面,形式多样的供应链贷款、发票贷等小微贷款被开发出来。卖方信贷、买方信贷、进出口抵押、打包贷款丰富了对外贸易贷款。拓展银行零售业务产品方面,住房按揭、汽车贷款、教育贷款使消费信贷业务占比迅速增加。在服务方面,加大对中间业务的培育和拓展,而且中间业务的重心由低层次(如支付结算类、代理类和银行卡类)向高附加值业务(如担保、承诺类和交易类等)转移。

(2)升级营销渠道。在信息技术革命浪潮的推动下,电子银行、手机银行迅速发展。

(3)开始注重客户关系。对公业务营销主体也出现了从单一机构营销到整体联动营销的趋势,如各行纷纷加大了"总对总"营销的力度,在证券、保险以及航空等领域,实行全行联动营销。

二、我国商业银行营销存在的一些问题

虽然我国商业银行营销正在蓬勃发展,在发展的过程中也存在一些问题,主要体现在:

(一)组织资源配置失衡

当那些能为社会和企业带来颠覆性影响的新技术出现时,往往会对现有的企业带来威胁。如同蒸汽机出现时,原始小作坊的组织架构、生产制度、员工水平无法适配大机器一样。面对移动互联网、大数据技术的银行业,当前也面临着生产力和生产关系的适配问题。

目前我国商业银行普遍采用的是"总行-分行-支行"的以纵向机构管理为主的总分行

制度,一般是总行以职能架构为主,分支行以条块为主①。特别是工农中建、交通银行和邮政储蓄银行等大型银行的层级组织最多达到5层,由于中间层级比较多,导致客户服务效率和市场响应速度相对滞后。而且,由于管理层面人员数量大且素质较高,基层银行人力资源相对较少,学历稍低,但工作量又偏大。当上一级银行综合营销带动和辐射功能不足、人员绩效激励机制也只是层级下达时,基层银行营销工作人员常常会有怨言。此外,在财力、物力资源配置上,因为营销组织表现为分散化、行政化和横向化,银行专门针对营销的财力和物力支持有限,客户细分、产品设计和综合服务能力略显不足。

(二)缺乏整体营销思维

我国很多的银行业务宣传大多是为推出某一项产品或服务而作,宣传主题和传播方式的临时性比较明显。这样,很多时候不同业务部门和产品各自分散宣传,主题和传播方式并不统一。无法实现不同的媒体上宣传的内容和方式相同、上级银行与基层银行的信息和宣传相同、产品宣传与银行形象一致的整合营销要求。

(三)产品创新尚有不足

虽然产品日新月异,但商业银行产品创新水平仍有待提高。从创新组织来看,一些商业银行缺乏统一、集中、高效率的产品研发中心及新产品推广渠道。从金融产品创新的形式来看,银行在开发新产品时往往站在自身需求角度,对市场深度、广度及客户的需求程度研究不足,所推出的产品与市场需求、客户需求连接不紧密。很多的银行产品都是模仿或简单复制,缺乏具有本行特色的原创产品和名牌产品,品牌产品效应不明显。例如在2020年新冠疫情期间,民生银行、光大银行和建设银行纷纷推出面向医护人员群体的"医护信用卡""天使主题信用卡""龙卡医护信用卡",各产品在保险、出行保障方面的设计大同小异。从产品体系评价角度来看,我国商业银行金融产品创新的宽度(或广度)有了比较长足的进步,但其深度、长度及产品关联度方面还明显不足,尚未形成有效的产品组合和科学的产品体系。

(四)市场化的价格体系尚未完全形成

在我国利率市场化过程中,银行产品和服务的价格一般由政府指导和商业银行总行决定。

银行服务类产品定价存在政府指导价、政府定价和市场价格三种形式。2014年,中国人民银行《商业银行服务价格管理办法》规定:对客户普遍使用、与国民经济发展和人民生活关系重大的银行基础服务,实行政府指导价或政府定价。市场调节价的商业银行服务价格,应当由商业银行总行制定和调整,分支机构应当严格执行价目表的收费项目、标准、范围、对象和内容,不得自行制定和调整服务价格。

---

① 条是指垂直管理部门,或业务系统的上下级领导关系,例如省分行指导市分行工作。块是指平行管理区域,例如,某市的支行业务在该市级别金融监管机构管辖之下。

在存贷款定价方面,2013年7月,我国取消贷款利率的下限管制,贷款利率是根据市场报价利率(LPR)①浮动,由商业银行与借款人自由议价确定。2015年10月起,人民银行不再对存款利率浮动设置上限,商业银行开始采取围绕基准利率上下浮动一定比例为存款差异化定价。但是,由金融机构组成的市场利率定价自律和协调机制对存款上浮仍然有上限的限制。

可见,银行产品市场化的价格体系尚未完全形成,而且由于国家对商业银行服务的价格监管更为严格,商业银行运用利率以外的其他价格因素(如费率、风险补偿、隐含价格等)进行定价的空间变得十分有限。有时各银行为争夺同一客户,甚至采取给予回扣、好处费或各种办公设备等非公平方式,甚至同一银行内部分支机构也同时营销同一客户、项目。各机构为营销客户相互封锁客户、项目、信息资源等,使整体优势得不到发挥,营销效率下降。

三、我国商业银行市场营销发展方向

商业银行营销是一个系统的、需要全方位配合的营销模式,需要在营销理念、组织结构、技术手段等方面进行改进,才能真正适应现代化营销的要求。

(一)转变商业银行营销理念

1. 从公司业务为主到零售业务为主

随着资本市场融资机制不断成熟,商业银行已不是企业的唯一融资渠道,而且企业违约风险大、单笔损失大,商业银行逐渐把眼光投向定价更高、违约风险较小的零售业务。随着客户差异化需求的显现、利率市场化趋势越来越明显,零售业务正在逐步成为中国银行业转型中最重要的利润增长点。由于零售业务面对的客户范围较广、服务项目较为繁杂、客户对银行服务的要求较高,所以运营成本比较高。需要利用新技术、新理念和新模式重构零售业务的客户体系、渠道体系、产品体系、营销体系和风控体系,全面创新零售业务金融供给方式。

2. 从产品为中心到客户为中心

商业银行在以公司业务为主的时代,贷款产品是否合适显然是公司选择合作银行的主要标准,进而导致商业银行纷纷以产品为中心。而随着时代的发展,零售业务的不断壮大,客户需求的多元化、个性化,客户群的稳定和持续增长已经成为银行的核心竞争力。

---

① 2013年,金融机构进行利率市场化改革,改为由综合实力较强的10家商业银行自行报价,中国人民银行算取均值,把这个值作为贷款基础利率,又被称为市场报价利率(Loan Prime Rate, LPR)。为了平稳过渡到新的报价方式,中国人民银行同意10家报价行可以参考之前的基准利率。但10家报价行基本还是根据之前的中国人民银行基准利率来报价。在此后相当长的时间里,LPR与中国人民银行公布的基准利率持平,因此利率并未在实际意义上市场化。但2019年改革后,LPR和MLF利率挂钩,很大程度上体现了市场利率。

3. 从"存款立行"转型到"资产立行"

目前,除了存款利率还存在行业自律指导外,我国利率市场化已经基本完成。在利率市场化下,商业银行可以通过调整存款利率的价格水平来改变存款规模,也可以通过其他一些金融手段迅速筹集资金。这意味着,商业银行的资产项目都可以通过一定的负债手段找到资金,存款规模将不再是制约经营模式和营销模式的重要条件,这将促使商业银行加快从"存款立行"转型为"资产立行"。

如此一来,如何组建和管理资产组合成为银行的重点工作,"资产立行"要求商业银行以客户为中心,因为客户一直是商业银行获取利益的基础和关键。同时,还要提升商业银行工作人员的专业能力,对商业银行传统业务进行创新,转变为优质的银行资产。而对于一些区域性银行和大型银行的小网点,即使没有大类资产业务,也应该具有大类资产配置、管理的理念和能力,能够站在全行的高度,尽可能地配置大类资产、以实现资产结构的最优组合。最后,银行必须加强资产端的精细化管理,形成强大的资产管理能力。管理是寻找新的利润点、提高收益的重要支撑,"资产立行"下,银行必须通过资产最优化配置、拓展资产管理业务、同时有效降低经营成本等手段,才能真正实现利润的高增长。

(二)优化商业银行营销组织管理体系

1. 优化部门设置

(1)根据业务特点设立组织管理结构。各支行和网点需根据目标客户的不同需求以及不同业务的特点,来调整和优化组织结构,建立更加系统化、精准化的管理模式。例如,信用卡、私人银行、理财等业务的专业程度较高,且市场营销涉及的客户群较广,就需要由银行总部设立事业部,统一进行产品设计和管理,支行、网点等只负责销售即可。如此一来,总行可以将管理的重点放在产品创新开发、完善制度建设等方面,支行、网点则不需要再对这些较为专业、复杂的工作花费精力,只需要做好经营、销售的工作就可以了。

而对于一些个性化较强、专业技能要求不太高的业务,尤其是支行、网点根据自身特点开发的新业务,总行可以放手由支行、网点自主经营管理,设立子公司管理制度,但是总行需要制定成熟的规章制度及时监督检查,以防出现违规行为。这样既有助于各支行、网点能够充分发挥优势,打造出自己的特色业务,又利于总行降低管理成本,提高管理效率,加快推进业务转型发展。

案例1-12 专业客户经理制度的实施

专业客户经理制度即一个客户经理只管理某一特定区域某一特定行业领域的若干客户。长期以来,我国不少商业银行的客户经理的专业性并不突出,同一客户经理须同时负责覆盖多个不同行业或领域和不同规模的若干客户。在这样的客户关系管理制度安排下,客户经理的专业性自然因不专注而无法累积其专业性。显而易见,欠缺专业性的客户经理难以适应高层次和整合式的营销工作所需要具备的专业知识和能力。在日益激烈的竞争环境下,要有效提升客户经理的专业性,就必须让有关客户经理所覆盖的客户群集中在尽可能窄小的范围内,好让有关客户经理在专注的基础快速提升自身的专业性。

(资料来源:https://www.sohu.com/a/300942093_100042088)

(2) 扁平化、垂直化的组织结构。扁平化、垂直化是商业银行组织结构优化的大趋势。在激烈的市场竞争环境下,商业银行通过信息技术对业务流程进行优化再造和组织结构调整,减少行政管理层次,裁减冗余人员,最终形成平级各单位之间横向沟通联系更加干练、紧凑的组织方式。以社区银行组织构架的设计为例,社区银行定位于服务自身社区及其周边,一般在社区范围内设立若干个营业网点,总部可以直接指挥和检查基层,无须设置繁冗的、层层叠加的管理审批机构。这种"大总行、小支行"的扁平化组织结构,是基于社区银行的关系型融资模式,它能够简化银行管理层的决策流程,提高基层执行速度,从而提升社区银行的综合运营效率。

2. 优化资源配置

(1) 优化信贷资源配置。信贷资源配置不仅会影响到商业银行的收益,对经济调控也将起到重要作用。在政策性地引导和调控的基础之上,商业银行应该根据自身特点和需求,如存款增量、资产负债比、风险管理水平、目标客户需求等因素进一步优化信贷资源配置。对于国家重点支持的领域、行业的信贷需求要重点关注,通过调整信贷资源结构给予支持。尤其是银行自身需求和国家重点支持的信贷需求相吻合的情况下,更要作为差异化营销的重点工作。

(2) 加强利率定价管理。随着利率市场化的步伐加快,商业银行的利率定价管理也提出了更高的要求。虽然目前商业银行已经开始尝试通过利率定价策略来调整银行经营管理政策,开展差异化营销,但商业银行在利率定价方面仍然处于探索阶段,尚未形成较为成熟的利率定价管理体系。利率市场化使商业银行定价的自由度不断提高,应该结合自身业务特点,建立更加精细化、差异化的定价标准,确立差异竞争的优势。

3. 建设人才队伍

银行业未来的竞争必然是人才的竞争。随着银行业的改革发展,组织结构的调整、优化,传统的银行业从业人员已经无法满足需求。

(1) 信息化人才。在信息化时代,扁平化组织之下,商业银行需要更为专业、技术更为熟练的营销人才和信息化人才。他们不仅能够针对商业银行差异化营销的需求开发个性化的信息管理系统,同时还可以根据市场需求的变化随时做出反应。

(2) 产品经理。商业银行在产品研究、开发方面需要大量优秀的人才。商业银行产品研究、开发人员不仅要有极高的专业素养,还要有创造性的眼光和对市场的高度关注力,最重要的是要具有很强的研究开发能力。在维持原有客户经理序列基础上,增加产品销售序列(或称"产品经理"或"产品销售"专职人员),并明确由客户经理牵头和协调对特定客户的营销工作。

案例1-13 银行产品经理和客户经理的营销协同

从目前我国银行业界的普遍情况看,就对公业务而言,大多数商业银行均会把对公客户分成公司客户和机构客户两大群组。前者由公司客户经理负责营销管理,后者则由机构业务部或同业部的客户经理负责。他们所覆盖的产品服务主要仍是传统的银行"存放汇兑"业务,在遇到外汇衍生工具交易、交易银行业务和金融资产托管等新业务时,有关的客户产品服务营销工作则往往由"金融市场部、交易银行部或托管部"等产品中心直接派出自己的销售人员负责相关营销工作,这样的营销组织管理体系实质上仍是以产品为中心而非以客户为中心,其结果仍是凸显"部门银行"碎片式产品服务的提供。

以合格境外机构投资者(QFII)的人民币资产托管业务营销为例,目前我国大型银行基本上是由总行托管部直接派员到海外进行营销。可以想象,QFII的分布是相当分散的,托管部门有限的销售人员实难有效覆盖其目标客户群,更谈不上能抽出足够的时间进行日常的客户维护工作。反观国际领先的商业银行的普遍做法,他们往往会明确当地的金融机构部的客户经理负责牵头给有关机构客户营销整个银行能提供的所有产品和服务,并根据不同的产品服务方案,寻求不同的产品服务的专职营销人员加入其牵头的营销团队,开展相关的营销工作。在遇到上述机构资产托管业务时,当地的金融机构部的客户经理和总行托管部或总行托管部常驻在海外某一金融中心的托管业务专职销售人员会组成临时性或专案性营销工作小组,开展相关营销工作。这样的营销组织管理体系既确保客户关系管理的连贯一致性,又能充分利用产品经理对产品服务的专业认知能让更多的客户因此受益。

(资料来源:https://www.sohu.com/a/300942093_100042088)

(3) 团队式的关系营销体系。"整合全行为客户"[①]及所销售的产品和服务的复杂程度越来越高,单个客户经理无法及时和全面掌握所需销售的各种产品服务的专业知识,推行团队式的营销体系能提高营销效率和效果。以"金融资产和合约"交易业务营销为例,国际领先商业银行通常会构建3个团队分别负责交易执行和交易营销工作。①交易员团队(Team of Dealers),该团队的交易人员会按不同的交易品种设置组成并代表机构与其他同业交易对手进行交易;②交易销售员团队(Team of Sales),该团队成员作为某一特定交易品种的产品专家支持客户经理的营销工作;③客户经理团队(Team of Relationship Manager),该团队成员负责与各自目标客户群建立和维持信任关系,并在挖掘客户交易

---

① https://www.sohu.com/a/300942093_100042088。

的潜在需求基础上,邀请交易销售员团队中的特定交易品种的产品专家参与对自身客户的营销工作。

4. 在全行范围内制订和执行客户策略和客户营销计划

为提升商业银行内部沟通效率和效果,可以在全行范围内制订和执行客户策略和客户计划,由有关客户经理根据自身负责牵头管理的客户,在与各利益相关者反复沟通的基础上,制订年度性《客户营销计划》,经内部磋商和审批程序后,上传至行内的"客户关系管理系统"作为行内特别是营销团队共享和依据执行的基础。不少国际领先银行还会单独抽出有限数量的全行性重点客户,如"全球100重点客户"或"全球50重点客户",并据以组成包括高管人员在内的营销和执行团队,开展相关营销工作。

(三) 利用信息技术推进市场营销

1. 数据收集和分析技术的提升

商业银行营销是一项复杂的系统工程,理想的营销系统是银行内部各个部门信息高度集成形成的管理信息系统。它从银行成本管理信息系统中获取运营、操作成本和内部成本信息,从银行内部客户关系管理信息系统中获取已有客户综合贡献度的信息,从数据应用分析平台查询、挖掘、分析用户的行为数据。由于移动互联网、物联网所造成的"连接红利",大量的消费者行为、轨迹都留有痕迹,产生了大量的行为数据,这些行为数据的背后实际上代表着无数与客户接触的连接点。如何洞察与满足这些连接点所代表的需求,设计和帮助客户满足需求;如何在数据共享中保护客户信息,是互联网时代营销所需要面对和解决的问题。

2. 搭建信息化综合性金融服务平台

随着商业银行总分支管理模式发生演变,原来"小总行、大支行"发展到"大总行、小支行",银行组织在金融科技支持下向开放性、综合型的金融平台发展,有的支行已经演化为对外服务的窗口和业务运作的平台。在这种情况下,建立金融信息和非金融信息交叉、共享的信息平台是非常必要的,平台应该为客户提供各种基础、新兴的金融服务,以及电商交易、即时通信等非金融服务,是一个高效协同的线上线下一体化、综合化、差异化的服务体系。

3. 利用信息化手段实现银行内部各单元之间的联动与协同

现代银行营销离不开联动销售,尤其是银行内部的岗位联动、部门联动、网点联动。然而由于银行传统的管理模式是各部门各自为政,"距离"是销售有关的部门在信息交流方面的最大障碍。随着移动互联网的发展,移动办公都成为现实。银行同样可以通过信息化手段实现各岗位、各部门、各网点之间更深层次的联动与协同,促进银行营销的实施。

此外,还需建立和利用能按客户、区域和产品等多口径核算的管理会计系统,用以支持全行量化绩效考核。因为管理会计打破了财务会计"业务在哪发生,账就必须记在哪里"的会计准则局限性,能按客户、区域和产品等多口径核算的成本和绩效,基于这样的多口径内部核算体系的"算账"结果,有关银行可构建相应的利益驱动机制,促进所有利益相关方自动自觉地相互配合"整合全行为客户"的营销策略的执行和实施①。

本章小结

（1）市场营销观念有传统营销观念（经济学范畴）和现代营销观念（管理学范畴）。

（2）市场营销是个不断进步的概念,创造、沟通、传递、交换对顾客、客户、合作伙伴和整个社会具有价值的提供物的一系列活动、组织、制度和过程。

（3）商业银行营销是银行以金融市场为导向,利用自己的资源优势,把商业银行产品和服务销售给特定客户,以实现银行的盈利目标的一系列管理活动。

（4）商业银行产品特点有：同质性、易被模仿性、无形性、业务交错、渠道多样。

（5）商业银行营销的特点有：服务营销、关系营销、整合营销、创新性、限制性、直接性。

（6）商业银行的营销理论基础是 4P 营销组合理论（产品、价格、渠道、促销）。

（7）随着营销理论的不断发展,4P 理论中的一些具体因素被提炼发展出 6P、10P、4C 和 4R 理论,新的理论的关注点丰富而具体,为商业银行市场营销提供更多的理论支持。

（8）我国商业银行市场营销起步较晚但是发展迅速,但是还应在营销理念、营销方法、营销组织和信息化技术方法方面继续加强。

本章复习思考题

（1）什么是市场营销？营销概念是如何演进的？

（2）什么是商业银行市场营销？商业银行市场营销有何主要特点？

（3）请根据市场营销 4P 理论分析商业银行市场营销的研究对象。它研究的主要内容有哪些？

（4）我国商业银行营销的发展过程以及现在面临的问题。

---

① 陈顺殷.银行转型须构建的营销组织管理体系.https://www.sohu.com/a/300942093_100042088。

第二章　商业银行营销环境分析

知识目标

(1) 了解商业银行营销环境的概念及特征。
(2) 理解影响商业银行营销的宏观环境和微观环境因素。
(3) 掌握商业银行市场营销环境的分析和评价方法。

能力目标

(1) 培养分析商业银行市场营销环境的能力。
(2) 培养适应并影响商业银行市场环境的能力。
(3) 培养运用SWOT分析法分析具体商业银行环境的能力。

关键词

营销环境　宏观环境　微观环境　SWOT分析

知识框架

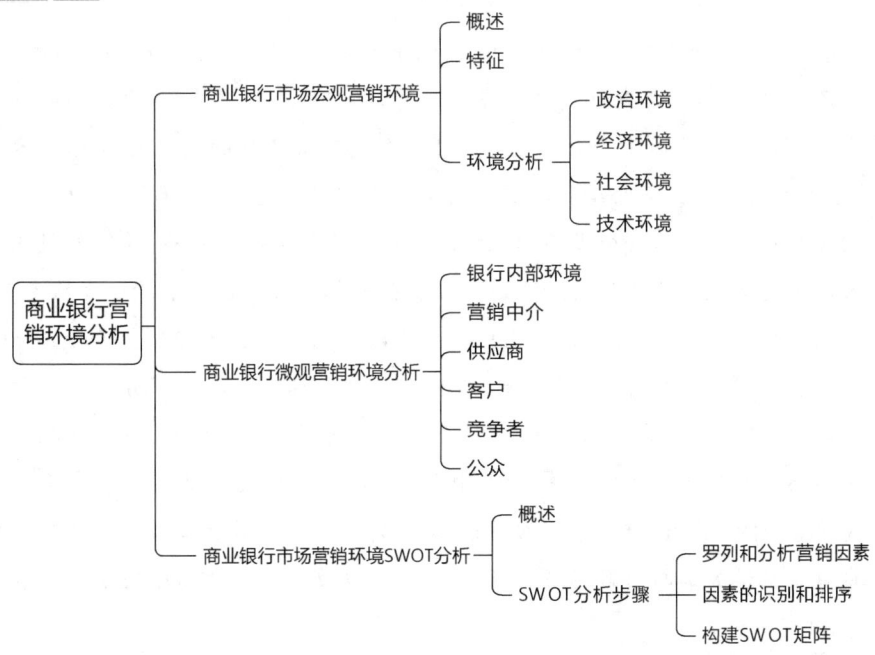

本章导言

商业银行营销环境是指对商业银行营销及经营绩效起着潜在影响的各种外部因素或力量的总和。商业银行的营销环境可以分为宏观和微观两大类：宏观环境间接作用于营销，关系到商业银行长远的计划和战略的制定；微观环境直接作用于商业银行营销，决定了商业银行的生存。本章将详细分析商业银行的宏观环境和微观环境，并尝试用SWOT分析方法选择战略。

导入案例

案例2-1 中国银行手机银行实时反欺诈机器学习模型应用

随着商业银行数字化转型的加速，手机银行、移动支付等线上数字金融业务在为客户带来了更加高效、优质金融服务的同时，也在反欺诈层面带来了严峻挑战。目前各大银行逐步建立了以风控业务专家设计的规则模型为核心的反欺诈体系，但专家规则模型在欺诈案件的准确识别和在新型案件的识别上均存在一定的局限性。在此背景下中国银行领先同业率先建成实时反欺诈机器学习模型并顺利投产应用，并荣获《亚洲银行家》杂志"中国最佳人工智能应用"奖，对于应用机器学习算法提升线上金融业务的事中交易风控能力具有推广价值和借鉴意义。对客户而言，机器学习模型大幅减少了对正常交易的打扰，大幅提升了客户资金安全性和使用体验；对银行而言，降低了人工外呼、人脸认证等增强认证的运营成本，建立了以客户为中心的多元化交易安全体系，进一步提高了为客户提供便捷优质安全金融服务的水平和能力，使产品营销更有效率。

模型建立应用RFM(Recency, Frequency, Monetary)特征衍生方案和海量多维度数据，通过对不同主体、行为和时间窗口的复杂运算，构建数十万维特征，细致刻画每笔交易特点；应用XGBoost机器学习算法，建成适用于高频交易场景的实时反欺诈机器学习模型。该模型通过对每笔交易的细致刻画和历史交易行为的全面"了解"，可以敏锐洞察欺诈风险，向客户提供柔性的安全服务，更加准确、全面地识别欺诈交易，并能有效识别新型欺诈，最大限度地防范欺诈行为的发生，减少对客户的打扰并提升客户资金的安全性，是国内大型银行在高频实时决策场景应用机器学习模型的领先成功实践。

为达到毫秒级实时决策的业务目标，在模型的系统部署上采用了分布式架构等互联网开源技术，通过"流式计算＋批量加工"结合的方案实现：短时特征，以大数据的流技术为依托，利用Spark分布式集群计算引擎，快速、高效地处理实时交易环节产生的海量数据；长期特征，基于大数据平台的历史数据存储和计算能力批量加工。通过短期特征流式计算、长期特征批量加工的创新实践，保障了每笔交易复杂特征的高效快速计算和模型的实时评分决策。

在当前专家规则模型日趋复杂、提升空间有限的情况下,引入机器学习模型可敏锐洞察用户的异常行为。从高维的行为特征角度看,客户的交易习惯是相对稳定的,因此能够敏锐感知异于客户本人操作习惯的欺诈交易。在模型投产后,经持续的生产观察和验证,通过机器学习模型的应用可在月均降低挑战量的情况下,多拦截欺诈交易,实现了召回率和准确率"双提升"的目标。同时模型对新型欺诈案件也表现出了非常强的识别能力,突破了专家规则在新型欺诈风控策略部署滞后上的局限性,一定程度上解决了交易欺诈模式变化快、识别难的风控难题,有效提升了系统的风控能力。

(资料来源:https://www.cebnet.com.cn/20210422/102744002.html)

思考:

(1) 科学技术环境变化对商业银行市场营销有何影响?

(2) 人工智能学习模型在评价分析不同主体、行为时的方法和普通的环境分析方法有什么不同?

第一节 商业银行市场宏观营销环境

一、商业银行市场营销环境概述

(一) 营销环境定义和分类

科特勒认为市场营销环境是指在营销活动之外,能够影响营销部门建立并保持与目标消费者良好关系能力的各种因素和力量。因此,商业银行营销环境是指对商业银行营销及经营绩效起着潜在影响的各种外部因素或力量的总和。

银行的营销环境可以分为宏观环境和微观环境两大类。宏观环境包括政治法律、经济、文化、科技等因素,属于银行不可主动控制和改变的因素,它们通过微观环境影响和制约银行的营销活动,因此宏观环境被称为间接营销环境。相对地,微观营销环境被称为直接环境、具体环境或作业环境,它包括与商业银行紧密相连的、直接影响商业银行营销能力的各种因素,如同业竞争者、潜在进入者、替代品威胁、客户市场以及供方与买方的议价能力等方面。需要明确的是,微观环境和宏观环境之间不是并列关系,而是主从关系,微观环境中的所有因素均受到宏观环境的各种力量和因素的影响(见图2-1)。

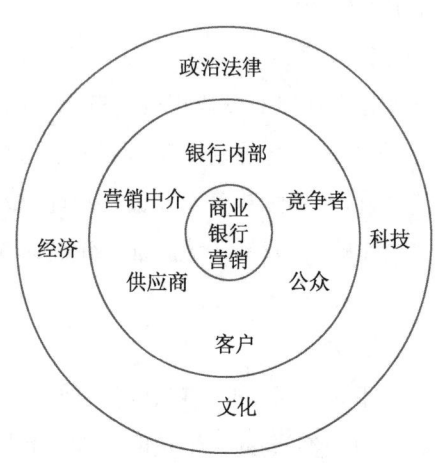

图 2-1 商业银行环境因素图

(二)营销环境分析的意义

商业银行营销不能离开市场营销环境而生存。不断变化的宏观环境和微观环境,造就新的市场机会同时又带来威胁。营销环境分析可以扬长避短、趋利避害,抓住机会实现营销目标。营销经理首先扫描营销环境,发掘可能影响营销成败的关键因素,根据变化制定有效的市场营销战略。

认识到环境对商业银行的作用,面对千变万化的环境,营销者需要有正确的态度:

(1) 把环境变化看成是正常的现象,认识到变化的环境促进社会进步,商业银行和其他企业在变化中找到业务发展新的增长点。

(2) 营销需认真考虑环境的约束,从环境的变化中发现可能的风险,以避免资源浪费。如在设计产品时,不能太超前地设计和营销不适应市场状况的产品。

(3) 对环境变化持积极态度,努力从变化中识别出银行营销的机会。当察觉到变化给银行带来好处时,就应该主动促使变化的发展,并设法加以利用。

商业银行须根据环境变化影响程度和发生的可能性予以分类和评价,判断威胁最大或最小的因素、最具吸引力的环境因素,从而采取相应的营销策略。此外,除了主动地适应环境、对市场环境做出及时反应外,商业银行可以通过营销努力去影响外部环境,提高银行营销活动的有效性。因此,银行需加强对环境的预测和监视工作,建立科学的监视和预测体系,分析和识别由于环境变化而造成的主要机会和威胁,并及时采取对策避开或减轻其危害。

二、商业银行市场营销环境的特征

商业银行经营综合性很强,其营销环境覆盖了各个层面,这些环境因素相互影响,共同构成环境系统,从多方面影响商业银行的市场营销活动。商业银行营销环境主要有以下几个特点。

1. 客观性

营销环境对商业银行营销的影响具有不可控的特点,因为商业银行无法改变人口、政治、经济和文化这些宏观营销环境,只能努力去适应这些营销环境以求得生存与发展。尽管如此,并不意味着商业银行只能被动适应环境,它还是可以通过改善自身的条件、调整经营策略,对营销环境施加一定的影响,积极促进某些营销环境朝着有利于营销者的方向转化。

2. 差异性

不同的区域的人口、经济、政治、文化存在差异性,商业银行营销活动根据这些环境的差异,制定不同的营销策略。即使是同样的环境因素,不同银行采取的营销策略也是不同的,如A银行可能会选择增加网点来满足日益增长的个人业务,而B银行则可能根据自身的特点开发 ATM 设备和网上银行来应对这一环境的变化趋势。

3. 动态性

随着社会经济和技术的发展,环境始终处于一个不稳定的发展变化中。尽管各种环境因素变化的速度和程度不同,如经济市场竞争态势可能瞬息万变,而社会环境则多是缓慢变迁,但变化是绝对的。银行业是和国家金融经济发展和安全紧密相关的关键行业,它受环境的影响尤其明显。例如,2007 年美国房地产泡沫破裂,导致大量房屋断供,商业银行的营销活动风险加剧。因此,银行营销活动必须与营销环境保持动态的平衡,一旦环境发生变化,打破了平衡,商业银行营销就必须积极地反应和适应变化。

4. 复杂性

商业银行市场营销环境是由各种相互关联的内、外部因素所组成,它包含的内容非常广泛,而各内外因素之间又充满着矛盾和冲突,呈现出复杂性的特征。例如,商业银行研发新产品时,不仅要受到经济因素的影响和制约,更要受到社会文化因素的影响和制约。案例 2-2 中,P 银行理财产品本身设计并没有多大问题,但在制定产品策略时漠视了投资大环境变化。

案例 2-2 P 银行理财产品发行失败

P 银行发布公告:"信用挂钩美元理财计划"(0909 号)由于认购资金总额不足产品最低成立金额,因此发行失败。该产品投资于巴克莱银行上海分行的一个信用挂钩产品,产品具体挂钩标的是 4 家银行的信用。产品不保本,投资期限为 178 天。如果到期 4 家银行没有发生信用违约事件,普通投资者可获 2.8% 的年化收益率。在最糟糕的情况下,巴克莱银行向 P 银行支付 30% 的本金。

该产品有一款设计结构相同、但用港元购买的同款产品,姐妹产品已经发行获得成功。故当 0909 号美元款产品发行失败时,银行界人士和第三方研究机构都较诧异。P 银行财富管理部人士表示:此款美元产品的设计还是不错的。之前国外评级机构调低了中国银行业的信用评级,但其实他们并不了解中国的实际情况,这款产品设计利用这个信用差博取产品收益。当时,外资评级公司纷纷看空中国银行业。三大国际评级公司标普、惠誉和穆迪均认为,中国银行业在或将面临资产质量下降、不良贷款增加与利润大幅减少的局面。

P 银行把产品发行失败的原因归于客户结构和产品结构问题,一方面因为外汇管制,客户手上持有美元少。另一方面,消费者可能对产品的信用结构不甚了解。

(资料来源:秦丽萍.募集资金不足 P 银行美元产品发行失败[N].理财周报,2009-3-30.)

三、商业银行市场营销环境的宏观环境

宏观环境的分析是将商业银行作为研究主体,对影响它的主要的宏观因素进行分析。

由于宏观环境是一个较大的范畴,对其分析不可能面面俱到,常用的分析的方法是PEST分析方法,即从政治(political)、经济(economic)、社会(social)和技术(technical)四个方面来评价。

(一) 政治环境

政治环境是商业银行经营的基础,商业银行政治环境包括政治形势、法律和政策环境等。

1. 政治形势

商业银行是国家经济和安全重要因素,它的特殊性决定了它受国家政治环境影响很大。一般来说政治形势可以从国际、国内政治态势和走势进行分析。

(1) 国内政治环境分析。对国内政治环境的分析要了解党和政府的各项方针、路线、政策的制定和调整对商业银行市场营销的影响。政府部门领导人更换、国家重大会议和方针政策的改变、国家政治经济体制改革进程、政治腐败等等都是需要考虑的因素。政局稳定、人民安居乐业、金融市场稳定说明银行经营环境良好,可以加大营销活动的投入。反之,政局动荡、社会矛盾尖锐、生活和金融秩序混乱,势必影响人们的投融资活动,商业银行营销活动也无法正常开展。另一方面,政局不稳会导致国家在世界舞台上地位下降,造成货币大幅度贬值,商业银行甚至会面临挤兑和违约风险。如2009年希腊债务危机导致的银行挤兑,起因是政府腐败、欺诈行为。再如,阿根廷在20世纪80年代爆发了严重的政治、经济危机,政局动乱使经济发展陷入停滞状态,商业银行也因此遭受了巨大的违约风险和挤兑风险。

(2) 国际政治环境分析。对于发展国外业务、进军海外的商业银行来说,分析国际政治环境非常重要。国际政治分析包括考察国际政治环境、分析国外"政治权力"与"政治冲突"对商业银行营销的影响。"政治权力"影响是指一国有影响力的政府部门和立法机构政府通过正式手段对外来企业权利予以约束。"政治权力"对商业银行营销活动的影响往往有一个发展过程,商业银行可以通过全面的研究分析预测到某些方面的变化。"政治冲突"影响是指国际上重大事件和突发性事件对企业营销活动的影响,包括直接冲突影响与间接冲突影响两种。直接冲突影响有战争、暴力事件、绑架、恐怖活动、罢工、动乱等给金融机构营销活动带来的损失和影响。间接冲突影响主要指政治冲突、国际上重大政治事件带来的经济政策的变化。通常国与国、地区与地区观点的对立或缓和常常影响其经济政策的变化,进而使商业银行的营销活动受到威胁或得到机会。

案例2-3 汇丰银行在国际政治冲突中的错误判断

2012年12月,汇丰银行因违反了美国的制裁和洗钱法,被美国司法部处以19.21亿美元的罚金和民事赔偿,因认罪态度较好,美国监管部门同意延期起诉。此外,汇丰还因涉嫌与多国大银行等联合操纵伦敦银行间同业拆借利率(Libor)以及欧元区银行间同业拆借利率(Euribor),正受到美国、欧洲的调查。

2018年12月,汇丰银行因为"孟晚舟事件"再次进入人们的视线。自2016年以来,美国为了打压技术领先的华为公司,一直在调查华为公司是否违反美国对伊朗的制裁,调查包括华为公司是否利用汇丰银行进行涉及伊朗的非法交易。为了讨好美国、逃避处罚,汇丰银行主动把华为的相关保密资料交给了美国,这也成为美国逮捕华为CFO孟晚舟所谓的证据。虽然美国不再追究汇丰银行洗钱的事情,但是华为却成了汇丰银行的替罪羊。这种卖友求荣的行为不仅被同行看不起,甚至受到了全世界的唾弃,汇丰银行一夜之间名誉扫地,股票在5天之内下跌了500亿元以上,6家在中国的银行相继关闭,股票市值损失7 000亿元。因失去一部分中国市场,2020年汇丰业绩比2019年下滑了近65%,几万员工面临着被裁员的风险。

(资料来源:自行整理)

2. 法律和政策环境

法律法规主要指由政府颁布的与企业营销有关的各种法规、法令、条例等。法律以规范和调整较为稳定的经济关系、利益关系、行为关系为目的,具有连续性和强制性调控的特点。因此,如果在较长时期内适用的规定和制度,多采用法律规范、法律约束的方法。

政策主要指与营销有关的国家财政政策、货币政策、劳动工资政策与对外贸易和国际收支政策,如汇率、减税、资本和技术引进政策等。政策一般用来调整波动性、易变性的经济事项为主,因此短期内适用的规定和制度,则通常采取政策的形式。

商业银行营销者必须具有相关法律知识,使营销行为符合法律和政策的要求,因为一方面可以凭借这些法律维护自己的正当权益;另一方面严格依法、依规运作,执行各项业务操作要求,可以防范和化解金融风险。

金融法律环境主要包括国家和中国人民银行颁布的有关法律、法规和规章制度,在我国主要包括《中华人民共和国中国人民银行法》《中华人民共和国商业银行法》《中华人民共和国票据法》《中华人民共和国担保法》《贷款通则》《中华人民共和国证券法》《中华人民共和国保险法》等,这些法规都是金融机构经营和营销活动的行为准则。目前,我国银行的政治环境处于2017年以来的"严监管"阶段,国家强调防范化解系统性金融风险,一系列监管政策与行业新规接连颁布,国家层面金融监管政府职能部门发生重大调整。2017年,国务院金融委正式成立,金融委作为国务院统筹协调金融稳定和改革发展重大问题的议事协调机构,其在顶层设计上,已经远远超越"一行三会"的管理职责与权限。2018年4月27日,相关政府职能部门联合颁布《关于规范金融机构资产管理业务的指导意见》,我国金融史上最严格的金融监管政策正式出台,国家开始下大力度治理银行业务发展不规范、期限错配、搞资金池、刚性兑付、规避金融监管和宏观调控等问题。宏观政治环境的紧缩式政策,使得银行不得不抓紧进行市场化转型升级。

国家"十四五"规划明确指出,要加快数字化发展,发展数字经济,推进数字产业化和产业数字化,推动数字经济和实体经济深度融合,打造具有国际竞争力的数字产业集群,这些政策都为银行深化改革、经营方向指明了3条主线。

(1) 加快数字化转型,提高服务效率。银行需要加强关键技术在业务上的应用,以更好地对接大数据时代,通过区块链、人工智能、云计算、大数据、物联网等手段,拓展智慧金融服务场景。

(2) 培养金融科技能力,提高市场竞争力。

(3) 加强数据安全保护,建立规范有序的数据流通环境,防范数据风险。

案例2-4 国家政策对商业银行产品定价的影响

商业银行安全关系到国计民生,为避免商业银行间的恶性竞争,很长一段时间,中国人民银行对存贷款利率实施上下限管制。商业银行产品价格一般由政府指导和商业银行共同决定。

1. 商业银行服务类产品定价:政府指导价、政府定价和市场价格同时存在

2014年,中国人民银行《商业银行服务价格管理办法》规定:对客户普遍使用、与国民经济发展和人民生活关系重大的银行基础服务,实行政府指导价或政府定价。由国务院价格主管部门会同中国银行业监督管理委员会,根据商业银行服务成本、服务价格对个人或企事业单位的影响程度、市场竞争状况,制定和调整商业银行政府指导价、政府定价项目及标准。市场调节价的商业银行服务价格,应当由商业银行总行制定和调整,分支机构应当严格执行价目表的收费项目、标准、范围、对象和内容,不得自行制定和调整服务价格。2017年6月,为进一步清理规范涉企经营服务性收费,减轻用户负担,国家发展改革委和中国银监会宣布取消和暂停商业银行部分基础金融服务收费。

2. 存贷款定价:基本实现银行自主定价

在存贷款定价方面,中国人民银行从曾经的主导定价(存贷款基准利率)到引导利率市场化改革,各商业银行可以视具体运行情况和市场供求调整年利率。

(1) 贷款:2013年7月,我国取消贷款利率的下限管制,贷款利率是根据市场报价利率(LPR)浮动,由银行与借款人自由议价确定;2019年随着贷款市场报价利率(LPR)改革的深入推进,银行根据市场利率对贷款的自主定价能力不断增强。

(2) 存款:存款利率的管制有所放松,但仍未实现完全市场化,利率控制通过行业自律的形式存在。2015年10月起,人民银行不再对存款利率浮动设置上限,商业银行开始

采取围绕基准利率上下浮动一定比例为存款差异化定价。但是,由金融机构组成的市场利率定价自律和协调机制对存款上浮仍然有上限的限制①。2021年6月21日,市场利率定价自律机制将原存款利率自律上限(存款基准利率×倍数)改为在存款基准利率基础上加上一定基点(存款基准利率+基点)。新的存款利率自律上限实施后,存款利率自律上限"有升有降",半年及以内的短端定期存款和大额存单利率的自律上限有所上升,一年以上的长端利率自律上限有所下降,有利于精准调控存款市场利率、促进市场有序竞争。

(资料来源:自行整理)

(二) 经济环境

经济环境是指商业银行营销活动所面临的经济情况,包括经济发展速度、产业结构、货币供应、发展周期、市场现状和潜力、物价水平、投资和消费市场规模和趋势。经济环境是市场营销的最活跃的因素,商业银行须密切注意经济环境的动向。

1. 经济发展水平、经济走势和产业结构

商业银行需要及时对主要的经济统计数据进行分析,判断经济增长情况,据此决定营销策略。美国经济史学家罗斯托将经济发展划分为5个阶段:①传统经济社会;②经济起飞前的准备阶段;③经济起飞阶段;④通向经济成熟阶段;⑤大量消费阶段。处于前三个阶段的国家属于发展中国家,处于后两个阶段的国家属于发达国家。经济发展水平不同,商业银行营销的策略也有所不同,在经济发展水平较高、经济增长较快的地区,商业银行营销主要体现为产品定制化的服务竞争,属于较高层次的营销活动。在经济发展水平较低、经济增长较慢的地区,商业银行营销主要体现为价格竞争。在经济快速发展、形势上升的时期,商业银行不愁没业务,因为各行各业业务开展都离不开贷款和其他各种服务,银行往往只需要加强银行产品的风险控制即可实现业务的发展。而在经济低迷时期,由于企业经济活动减少影响了商业银行的各种业务,此时应该通过加大营销活动维持相应的业务水平。

国家"十四五"纲要提出,2035年要基本实现新型城镇化,城乡区域发展差距和居民生活水平差距显著缩小,全体人民共同富裕取得更为明显的实质性进展。预计"十四五"末,"三农"年均贷款增速维持在15%以上。为实现这一目标,需要健全农村金融服务体系,完善金融支农激励机制,扩大农村资产抵押担保融资范围。可以预见,银行应积极落实金融引导政策和财政扶持政策,深入农村地区布局、发展业务,创新农村产品和服务,健全农村金融服务体系。

---

① 利率自律机制是由金融机构组成的市场利率定价自律和协调机制,存款利率行业内约定的自律上限——国有银行上限为1.3倍,股份制银行上限为1.5倍,正是因为有此存款上限的行业自律约定,使得外界普遍认为我国的利率市场化并未完成。

2. 消费者收入水平和生活水平

消费者的收入水平直接决定了购买力大小,而购买力是市场形成并影响其规模大小的决定因素,进而影响商业银行营销活动的直接经济因素。居民的收入不同,对未来的预期也存在较大的差异,通过金融机构所进行的投融资活动的频度和规模也不一样。例如,居民收入水平低或收入下降时,商业银行的储蓄存款数量也会直接受到影响。同样,在经济不景气的情况下,工商企业对银行的依赖增强,商业银行所面临的营销难度和风险也随之增大。

消费者的生活水平可用恩格尔系数进行定量考察。恩格尔系数是衡量国家、地区或家庭生活水平高低的标准,恩格尔系数越小,表明生活越富裕;系数越高,表明生活水平越低。联合国根据恩格尔系数的大小,对世界各国的生活水平有一个划分标准,即一个国家平均家庭恩格尔系数大于60%为贫穷,50%~60%为温饱,40%~50%为小康,30%~40%为相对富裕,20%~30%为富足,20%以下为极其富裕。2020年我国居民恩格尔系数为30.2%,接近富足标准。

3. 储蓄和信贷水平

储蓄是商业银行的主要资金来源之一,影响储蓄和信贷的因素有以下几种:①收入水平:个人和家庭只有当收入水平超过支出水平时,才有能力进行储蓄;②消费的偏好程度:如果消费者较注重将来的消费,则储蓄率较高,反之则低。

目前,我国越来越多的年轻人开始接受贷款消费、分期付款消费、信用卡透支消费等观念,特别是刚刚参加工作不久,有稳定收入又有消费欲望的年轻人,他们对住房和高档次的耐用消费品有着较高的要求,这为个人消费信贷发展提供了广阔的空间。此外,随着人们对资本的理解日益成熟,消费者不仅能以货币收入购买他们所需要的商品,还可以通过借款来购买商品,所以消费者信贷也是影响银行营销活动的一个重要因素。

4. 通货膨胀和利率水平

通胀、利率这两个外部环境因素的结合给商业银行营销带来了新的挑战。当通货膨胀率持续上涨时,货币的贬值将会刺激消费、抑制储蓄。那些靠固定收入生活的退休人员将不会把钱存在银行,而是会尝试其他多样化的投资组合。此外,利率水平高,商业银行的储蓄业务将明显增多,信贷业务将减少,反之亦然。同样,对利率水平的长、短期预期也将影响客户选择投资渠道,从而间接地对商业银行营销产生影响。商业银行与诸如股票和债券市场的其他的投资渠道争夺有息存款。

案例 2-5 美国银行对利率降低的应对策略

20世纪90年代初,美国的利率为20世纪50年代初期以来的最低水平。那些持有即将到期的定期存单的消费者发现,继续滚动存款的利率远低于以往获取的利率。很多消费者,尤其是那些依靠每月或每季的利息收入贴补家用的消费者,面临一个重要选择是将钱留在联邦保险的存单上遭受收入的损失,还是冒险将其投资于有潜在较高收益的共同基金。很多人选择了共同基金,银行的存款储蓄余额日渐减少。一些银行对此做出反应,让客户不离开银行就能够达到投资的目的。银行开发了新的服务项目,使客户通过银行投资共同基金。虽然银行损失了存款资金,但是其通过销售共同基金取得手续费收入,满足了客户需要的同时也留住了客户。而且,当利率上升并且客户希望重新投资于银行定期存单时,他们宁愿继续与为其提供投资服务的银行合作,而不是去寻找银行其他的竞争者。

(资料来源:李晖,张宏铭,李婉真.金融营销学[M].清华大学出版社,2020.)

(三) 社会环境

社会环境指人口分布与构成、教育程度、传统风俗、基本信仰、价值观念、生活方式、社会风气等。与政治环境和经济环境相比,社会环境比相对稳定,但社会环境不像其他环境那样显而易见、易于理解,它相对复杂且对商业银行产品和服务的需求均有较大程度影响。有些国家的人口、经济收入相近,但市场情况却差别很大,原因就是社会环境的不同。因此,对社会环境的分析非常必要,它能为营销决策提供依据。

1. 人口环境

人口环境主要指人口统计要素,如人口的规模、人口的构成、人口在地区间的流动、人口的增长速度等。由于市场是由具有购买欲望和购买能力的消费者组成的,因此商业银行在营销时不可避免地要考虑人口要素。而且因为人口因素比较容易量化,所以人口统计学变量是划分消费者群体的基础变量之一。一般来说,营销经理从人口规模和人口结构两个主要方面来分析人口因素。

人口规模从两个方面影响银行市场规模和潜在容量:

(1) 人口绝对量的增减从数量上影响银行的业务量和业务方向。例如中国是世界人口最多的国家,金融市场的发展具有极大的潜力,目前世界各国的金融机构也都认识到这个巨大市场,纷纷前来拓展相关的业务。当人口增长迅速时,银行零售业务就变得重要,招商银行在2004年及时进行业务转型,成为国内第一大零售银行。

(2) 由于人口数量的增减会导致社会消费总体消费的增减,进而促进或者阻碍消费品生产企业的业务,最终体现在这些企业的银行业务量的增减上。

人口结构包括自然构成和社会构成,前者包括性别构成、年龄结构,后者包括民族构成、职业构成、教育构成等。以性别、收入、年龄、民族、职业、教育水平区别不同消费者在统计学中是可行的。但在很多情况下,有着同样年龄、性别和收入的人却选择了不同的产品和服务,因为消费者还有着不同的心理、价值观和生活方式,所以人口统计信息需要价值观或生活方式信息补充。

案例 2-6　民生银行针对老人的手机银行至简版

为贯彻落实"积极应对人口老龄化"国家战略,切实解决老年人运用智能技术困难问题,充分满足老年客群的金融与非金融服务需求,民生银行于 2020 年 12 月快速上线"民生手机银行至简版",该版本手机银行具有超大字体、常用服务定制、个性理财推荐等突出特点,为老年客户提供更周全、更贴心、更直接的便利化专属服务。项目于 2020 年年底上线,截至 2021 年 3 月末客户数突破 12 万。

至简版在原有手机银行版本中增加切换入口,并可自动识别 55 岁以上客户并提示版本体验,智能、便捷、贴心。至简版聚焦老人的金融和非金融服务,并对主要业务流程进行改造,提升老年客群线上服务的体验。在功能和产品上,精心筛选老年客群最需要的服务,包括账户查询、账户明细、转账、理财、存款、电子医保等;同时提供适老人的金融产品,包括活期类理财产品天天增利、增增日上等,以及安心存、大额存单、整存整取等存款产品。在页面设计上,全新改造主页面、功能、产品模块展示,更加简洁、清晰、便捷、一目了然,满足老年客群的功能需求和视觉体验。安全保障上,集合常用设备、限额管理、安全账户、安全检测等一系列丰富的安全保障功能,为老年客户提供安全保障。

(资料来源:https://www.cebnet.com.cn/20210423/102744301.html)

2. 文化环境

文化环境主要是指一个国家、地区或民族的文化传统、语言、价值观、宗教信仰、商业习惯、风俗习惯、伦理道德、审美观等。银行营销同其他行业的营销活动一样,是在一个非常广阔且复杂的文化背景下进行的,在不同的价值观、风俗习惯与核心文化背景下,顾客的购买行为也有较大的差异,对银行产品和服务的认知度和态度也是不同的。特别是我国幅员辽阔,各个地区和民族的文化差异给银行营销活动提出了新问题,如何分析这些文化环境对营销的影响,是银行拓展新地区、开发新业务过程中的关键。

花旗银行和友邦保险在进入中国之前做了大量的文化背景调查,根据中国客户的特点制定针对性的服务和本土化的企业文化。例如在数字化时代,居民消费行为和形式不断变迁,消费模式向资源共享化、设备智能化和场景多元化发展。生活在数字化时代的 80 后、90 后,不仅是引领线上化新生活方式的主力军,也是目前商业银行业务增长最快的客户群,他们热衷于通过网络来提升消费满足感,不再依赖物业网点办理业务,关注的重点也不再是商业银行的品牌规模和地理位置,而是服务方式是否贴近其生活方式和行为模式。在这样的文化环境为商业银行发展互联网金融、消费信贷等业务提供了有利条件。

此外,作为商业银行内部的文化环境,企业文化也同样可以影响金融机构的营销活动。企业文化不仅可以在金融机构中确立营销的观念,还决定了金融机构的市场营销策略。但是,企业文化并不是一朝一夕可以形成的,它需要金融机构确立目标并经过长期的坚持。

(四) 技术环境

技术环境是技术变革、发展和应用的状况,在技术进步日新月异的今天,技术的生命周期日趋缩短,技术的变更与进步改变了消费者的消费方式,影响商业银行的市场份额、产品的生命周期和竞争优势,而且对银行内部的因素也产生极大影响。金融科技已经不止停留在技术应用层面,而是上升为银行业的重要发展战略。2019 年,工行、建行和招商银行的 IT 投入分别为 163 亿元、176 亿元、93.61 亿元,这 3 家银行的每行每年对 IT 投入都超过前 10 名券商的 IT 投入之和。

进入 21 世纪以来,全球银行业正在加速迈入数字化时代,金融科技已经成为改变金融业面貌的颠覆性力量,它不断催生出新的金融模式、业务、流程与产品。新兴技术与金融深度融合从需求和供给两个方面改变了金融生态。

(1) 从需求端来看,互联网和移动互联技术使得客户随时随地处于连接和在线的状态,其偏好和行为能够被实时发现及追踪,让商业银行能够实时感知客户的金融需求和电子足迹,提供无限触达能力、全时化服务、丰富的产品和良好的客户体验。

(2) 从供给端来看,大数据技术通过基于海量数据的研究分析让商业银行可以进一步提升营销和风控的精度,云计算可以显著降低金融服务成本,提高金融服务效率。区块链技术将通过防篡改和高透明的分步记账方式,加速数字货币、支付结算、征信管理、权益交易、财务审计等领域的变革。生物识别等人工智能技术将重塑客户服务模式、银行经营管理方式,可能对商业银行商业模式带来颠覆性的影响。网络技术的发展给银行的营销渠道带来了巨大变化,银行开始撤并营业网点,在电子银行方面提供更全面、更便捷的服务。当然,网络银行同时也受到安全技术的限制。

案例 2-7 浙商银行营销获客平台

"营销获客平台"是浙商银行顺应互联网时代营销趋势开发的线上客户营销工具,创新应用二维码技术,突破线下销售的时间、空间和人员限制,激发员工、客户、代理人的分享意愿,多渠道快速宣传营销产品,扫码直达产品购买或交易,并准确自动落实归属绩效,不断推进线上销售的产品和客户覆盖面。

一、创新技术/模式应用

1. 创新应用二维码技术

"营销获客平台"采用业内通用的二维码技术标准,使用行内系统自主生成二维码,作为连接线上线下渠道的关键入口和线上渠道间的重要桥梁,实现产品宣传、线上交易、绩效归属的一体化。

(1) 专属营销海报。员工、客户及代理人通过营销获客平台生成含本人专属二维码的营销海报,一键分享。

(2) 扫码直达交易。营销获客平台通过二维码,链向"手机银行、H5页面、微信小程序"等移动服务渠道,客户扫码即可直达业务办理或产品介绍页面。

(3) 多维度数据展示。营销获客平台全程记录分享链路及成功推荐信息,活动数据清晰透明,满足员工、客户及代理人查看明细营销结果,以及管理人员掌握活动进度的需要。

2. 创新客户营销模式

"营销获客平台"具有强大的延伸性,可灵活满足多样化的营销宣传需要,目前已实现客户推荐分享、员工线上营销、公司产品在线预约、线下广告申请等多种应用模式。

(1) 客户推荐分享,实现裂变营销。结合营销获客平台,在小程序开辟"推荐有礼"专项版块,借助平台化思维打造有利于分享的场景,加强口碑营销和裂变式营销,依托熟人关系,激发客户分享意愿,建立新客户的信任。

(2) 员工线上营销,实现直达交易。在手机银行上线"营销获客平台"功能,为客户经理提供一站式宣传物料,满足客户经理线上营销和客户线上办理业务的需求,支持分支行定制专属宣传海报。

(3) 公司产品介绍,实现在线预约。开发"浙商银行公司金融"版块,展示产品简介、优势等详细信息,帮助客户经理更高效地在线营销对公产品、企业客户更便利地获取详细产品和业务资料。

(4) 广告扫码申请,实现转化评估。在线下广告上配置二维码入口,向客户展现更丰富的内容,便利客户扫码直达业务办理页面,提升广告转化率,掌握广告宣传效果。

二、项目效果评估

1. 客户经理营销的重要工具

"营销获客平台"自上线后,产品和服务类型不断拓展,已实现16款零售类产品功能的线上化分享及后台系统打通,13款公司、国业、网金产品的介绍及在线预约,平台整体员工使用覆盖率达37%,部分分行员工使用覆盖率更是超过90%,成为客户经理营销的重要工具。

2. 分行获客活客的重要渠道

客户推荐分享是一种有效的裂变营销方式,具有传播速度快、成本低、形式多样等优势。分支行根据自身营销需求灵活组合活动方案,吸引客户主动在其交际圈内传播扩散,目前已上线2家分行新客推荐活动,其他分行新客活动将陆续上线。上线一个月,通过推荐活动开卡的客户数已达分行月新增客户的14%,成为分行低成本获客活客的重要渠道。

(资料来源:https://www.cebnet.com.cn/20210422/102743938.html)

第二节 商业银行市场微观营销环境分析

商业银行市场营销的微观环境是指对银行营销活动产生直接影响的组织和力量。构成微观环境的主要因素与银行直接关联,包括客户、银行自身、营销渠道、竞争者等,如图2-2所示,这些因素与企业形成了竞争、合作、监督的关系。

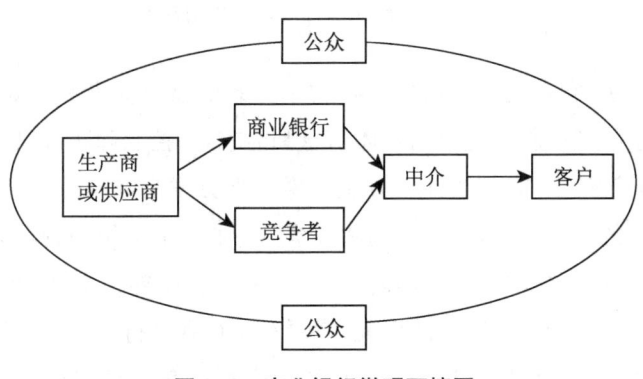

图2-2 商业银行微观环境图

一、商业银行内部环境

商业银行内部环境是指对商业银行网络营销活动产生影响而营销部门又无法直接控制或改变的各种商业银行内部条件因素的总称,它包括商业银行内部各部门之间的关系及协调合作。

(一)商业银行营销部门的组织

1. 我国商业银行营销组织

目前我国大部分商业银行在分行级别一般不设置专门、统一的综合营销部门和岗位,而是通常在各业务部门设置客户经理营销岗位。商业银行营销岗位可以分为:对公营销(主要是客户经理或信贷员,包括信贷、国内结算、国际结算、资金、电子银行等业务)、零售业务营销(一般包括按揭贷款、车贷、抵押贷款、存款、理财产品)、信用卡业务等。目前对公营销岗位相对综合程度较高,除了上述相关业务均需营销,还包括了存款的吸纳等以及一些对私银行业务和信用卡业务。而对私零售业务相对单纯,基本只要营销本部门业务即可。某些银行设置了全行统一的营销总部,但其主要职责并非直接进行营销,而是指导和统一全行的营销行为,属于管理岗位(见图2-3)。营销总部将几乎所有的业务部门都以营销作为纽带结合在一起,以便在整体上、战略上借助营销管理来拓展业务,同时营销部门统一的广告宣传和营销调研,可以大量节约银行的资源。

客户经理制是指商业银行的营销人员与客户,特别是重点客户建立一种明确、稳定和

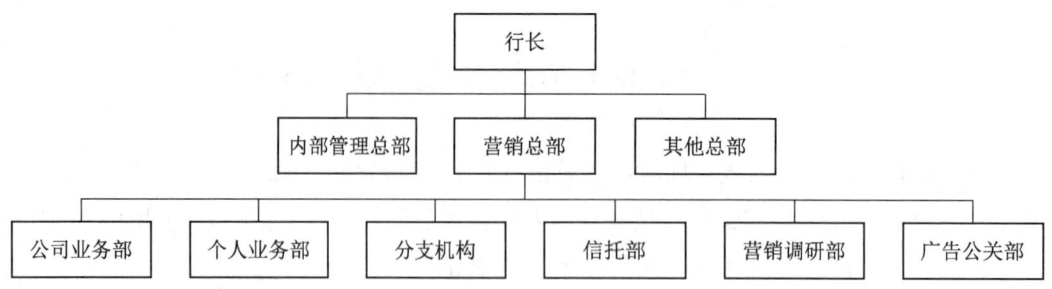

图 2-3 某商业银行营销组织结构图

长期的服务对应关系,它是建立现代化银行营销体系的核心要素和重要保证。客户经理的工作目标就是全面把握服务对象的整体信息和需求,在控制和防范风险的前提下,组织全行有关部门共同设计,并对其实施全方位金融服务方案。推行客户经理制势必打破传统的以产品为导向的组织形式,向以市场和客户为中心的业务组织管理架构转变。

推行客户经理制需要采取以下保障措施:①制定和完善一系列的制度与措施,为客户经理制的实现提供体制和组织上的保证;②要在总行和分行之间建立协同工作制,在各有关专业部门之间建立合作协调制,实现战略规划协同、信息调研协同、客户服务协同和产品开发协同,这是客户经理实施全方位金融服务不可或缺的基本条件;③以科学规范的信息系统和目标经营责任考核制为客户经理制提供技术和机制保证;④以权责明晰、分工协调为基础,通过交互评价、绩效考核和利益分享,实现整体合力,服务于整体利益。

2. 国外商业银行营销组织

国外商业银行,如美国花旗银行,将营销业务部门分成 3 个系列:关系维护系列、产品应用管理系列和区域延伸服务系列(见表 2-1)。这 3 个系列分别代表了销售人员、产品分析管理人员和网点结算人员。一个客户能够得到全面高效的服务,必须要求以上 3 个系列的人员齐心合作。任何一个方面不尽心努力,客户都可能失意而离去。

表 2-1 美国花旗银行营销业务部门

部门系列	人员	职责	目标	业绩衡量
关系维护系列	客户经理	向客户介绍银行现有产品和功能,向银行转达客户的需求	吸收新客户或老客户的新业务	所开发的客户累积总的业务量及利润贡献为业绩
产品应用管理系列	产品经理	根据客户提交的需求,负责分析和设计本专业内的产品。需划分专业:本币与外币、公司及个人、结算与融资交叉分类,便于集中开展专业内产品创新	稳定并扩展客户本专业产品业务量	以本专业所有产品的利润贡献为业绩
区域延伸服务系列	银行基层结算网点	个人、中小企业的市场拓展和客户的资金结算服务	稳定并扩展本地区客户市场份额	最终以本网点所有业务总量及利润贡献为业绩

3. 商业银行的其他部门

除了营销部门外,商业银行还包括会计、计划财务、人力资源管理、风险控制、各条线的审批等部门,部门之间相互联系、相互制约和相互影响。一方面,部门之间存在争取资源方面的矛盾,它们对营销活动起着制约的作用;另一方面,部门之间相互合作,对营销活动发挥保障作用。部门之间的合作情况以及它们之间是否协调发展,对营销决策的制定和实施影响极大。所以,内部环境是商业银行科学规划营销战略、合理制定营销策略的基础。

市场部负责做市场调查、市场策划、市场公关活动,以及制定金融产品的促销方案等。研发部根据市场部门所得到的市场调查结果分析市场需求变化,从而进行金融产品创新,向市场推出更符合客户需求的新的金融产品,如金融危机的到来使得人们进行理财投资的信心降低,这时许多银行推出了短期理财产品,这就是根据市场需求的变化进行理财产品的创新。人力资源部则为营销活动招聘、培训营销人员,并对营销人员所做出的业绩进行考评,从而为金融企业储备优秀人才、剔除不合格人员、优化金融企业人员配置等。会计部则是进行日常账务处理、现金收支平衡、制作财务报表、报税等。财务部制定营销预算、解决银行营销过程中的资金支持问题,并收集处理相关的成本、收益等财务数据,为营销活动提供数据支持。

4. 商业银行企业文化

除了商业银行的"硬件"相互配合以外,还应当重视企业文化、企业行为准则等"软件"的建设。有着什么样的组织文化,员工就有着怎样的行为方式。例如以前我国的四大国有银行,传统"论资排辈"的思想根深蒂固、奖励机制陈旧,这使得员工工作热情不高,无法调动员工积极性。而随着外资银行进驻我国,我国商业银行向"有能者居之"的企业文化过渡,服务水平得到了很大的提升,员工工作积极性增加。

案例2-8 富国银行交叉销售业绩的激励机制失误:成败皆萧何

富国银行在中国国内的名声并不是非常响亮,因为其与花旗银行、摩根大通、美国银行等在海外开设大量分行的全球性银行不同,富国银行97%的收入来自美国本土,是一家植根于美国西部的"区域性银行"。富国银行的名声一直为业界津津乐道,因为在2008年金融危机时,富国银行是受到影响最小的一家银行,其2007年的住房抵押贷款坏账率低于行业均值20%,而且还借机收购了美联银行,从而成为美国第一大零售银行。

在业务模式上,富国银行可谓开了银行业之先河,该行主要是通过交叉销售深入发展老客户关系,挖掘客户价值,增加客户的黏性,管理层认为这种做法要好于盲目发展新客户。交叉销售就是尽量劝说客户多使用富国银行的产品和服务,目前零售客户平均使用

6.4个富国银行的产品(美国银行业的平均值为3个),而集团客户达到6.9个,财富管理客户平均达到10.35个。

但是,从2013年起,美国各大媒体开始报道富国银行客户的投诉,例如,客户会莫名其妙地发现自己需要为一些从未申请过的服务买单,他们可能是多了一个活期账户或者信用卡。随着问题的不断涌现,美国消费者金融保护局开始进行调查。结果显示:在销售目标和薪酬激励驱使下,富国银行的雇员未经客户允许而私自开设了超过153万个借记卡和信用卡账户,甚至将部分客户的资金转移到这些未经授权的账户,造成客户原有账户因资金不足或透支而被迫额外缴纳200万美元以上的费用。随着事件的不断发酵,负有直接责任的富国银行社区银行业务部(包括零售银行和信用卡业务)主管凯利·托斯泰特退休,时任富国银行首席执行官约翰·斯塔夫在2016年9月被国会质询,并于一个月之后黯然辞职。

最终的结果是,富国银行同意支付1.85亿美元的罚款了结监管机构对该行上述行为的调查,同时富国银行的声誉却跌至谷底,就连该行第一大股东伯克希尔·哈撒韦的掌舵人沃伦·巴菲特也在2017年5月份召开的股东大会上被投资者接连追问。对此,巴菲特表示,与富国银行一样,包括伯克希尔·哈撒韦在内的美国很多大企业都实行分离式的地区性管理模式,各个地区的分公司实行自我管理,但富国银行犯了几个错误:一是富国银行的交叉销售奖励制度存在一些缺失,导致雇员为利益作假;二是在事情发生后,富国银行向美国财政部和监管机构提交了一些虚假信息。

(资料来源:根据https://www.sohu.com/a/329264171_498715整理)

二、商业银行营销中介

商业银行营销中介指的是协助商业银行促销和分销其产品给最终购买者的所有的中介企业。一般来说,营销中介包括中间商(如批发商或零售商、代理中间商等)、服务商(如运输公司、仓库等)和市场营销机构(如产品代理商、市场营销企业等)。在我国商业银行成立和发展的初期,要办理银行业务,顾客需要去银行网点办理,而且如存款、贷款等银行产品销售是生产即销售的直接销售,几乎没有中间环节,所以银行较少与上述传统的营销中介机构打交道。随着业务的不断发展,银行开始与市场调查公司、广告创作公司、营销咨询公司、信用卡联盟等营销服务机构发生业务往来。

商业银行应当加强与营销中介机构之间的合作,使得双方达成"共赢"。这些中介机构组织多、服务能力强、业务分布广泛,可以协助银行进行推广销售和产品分配等工作。

案例2-9 德国邮政银行的营销中介分析

2007年9月,德国邮政银行宣布,该银行储户在超市购物用银行卡付款的同时,也可以提取现金,这意味着德国各大连锁超市将成为邮政银行的"现金提款点"。虽然银行与零售网络的这种合作方式在英国等地已经存在,但在德国还是首次。同时,德国邮政银行同当地著名咖啡连锁店 Tchibo 合作,消费者在其1 000家店内喝咖啡的同时,可以开立德国邮政银行的汇划账户,并购买德国邮政银行的各类储蓄投资产品。如果消费者在 Tchibo 咖啡店开立账户并每月存入1 250欧元,那么账户将是免费的,否则汇划账户需缴纳5.90欧元的月费。2007年11月,德国商业银行选择了同拍卖网站 eBay 合作,个人消费者在 eBay 可以开立德国商业银行的免费汇划账户。

(资料来源:迟到.金融营销学[M].北京:中国金融出版社,2013:30.)

三、商业银行产品供应商

商业银行供应商是指为商业银行及其竞争对手提供所需要素和资源的有关企业、组织和个人。与供应商保持紧密的合作关系能给商业银行带来更多的优势。虽然商业银行提供的是无形服务而非制造品,但是也需要依赖于供应商才能实现营销目标。支票印刷商、银行核心系统运营商、取款设备供应商等均是商业银行的供应商。金融机构、各商业银行之间也会相互成为供应商,如有些银行代理销售一些证券、基金、保险等产品等。

有的营销者甚至把资金提供者和雇员也视为供应商,因为资金资本和人力资本是商业银行的最基本的资源。而且,公司存款人作为最主要的供应商,和个人存款相比,应该更受重视,因为个人存款人的议价能力几乎为零。另一类供应商是商业银行员工,因为银行营销是服务营销,营销人员的素质和能力是需要重视的因素。同样的,除非员工是主要的执行官级别的人物,个人员工的议价能力也是很弱的,可以考虑用高薪水和高福利留下最优秀的员工。

四、商业银行客户

商业银行的客户主要是工商企业和零售产品消费者(个人和家庭),他们是银行直接或最终的营销对象,也最终决定了银行的利润。完全了解消费者才能确定实施营销策略或提供差异化的产品和服务。

在传统的市场营销中,商业银行对公司客户重视程度超过零售产品客户。这是因为个人客户转换银行会有非常高的转换成本。转换银行需要将所有的业务如抵押贷款、存款、结算银行等全部转换,客户将会对转换过程不胜其烦。而且由于信息不对称,个人客户认为转换银行的成本会很高。因此,一般情况下,零售产品客户表现出对现有银行的高黏性。而且由于个体的业务规模小,少量的离开并不对会银行产生太大威胁,故传统营销中,银行对个人客户重视度不够。

但是在网络时代,由于技术的发展消除了商业银行与消费者间的时空限制,创造了一个让双方更容易接近和交流的空间,真正实现了经济全球化和市场一体化。一方面,网络不仅给企业提供了广阔的市场营销空间,也扩大了消费者选择商品的范围。另一方面,消费者通过网络可以及时了解更多的信息,减少了信息搜寻的成本,这样就增强了商品购买行为的理性。因此,在分析消费者的时候,商业银行应该考虑几个问题:①消费者迫使你降价的难易程度;②消费者数量;③消费者订单的大小;④消费者向竞争者转移的成本;⑤是不是已经足够明白消费者的条件和情况。

影响消费者购买行为的因素多种多样,一般来说,可以从基本信息、购买能力、购买动机、购买行为、信息获取渠道等关键项目和要素进行调查。由于消费者调查涉及的内容较多,需根据调查的具体目的和要求,认真界定调查的方向和内容。一般情况下,主要的调查项目包括:

(1) 消费者的基本信息。包含顾客的年龄、职业、性别、受教育程度、所在地区等。

(2) 消费者的行为模式。包含顾客的生活方式、个性特点消费习惯(对品牌、品质、潮流、功能、价格、服务的态度)、兴趣爱好等。

(3) 消费者的家庭情况。包含消费者的收入水平、子女情况等。

适用于消费者调查方法很多,主要包括拦截访问法、座谈会法、入户访问法、电话调查法、邮寄调查法、网络调查法、实地调研法等。现有消费者和潜在消费者的数量及地区分布情况可以通过统计年鉴和相应网站获取。

案例 2-10　工商银行利用大数据挖掘获得消费者画像

工商银行的个人客户营销管理系统(PBMS)可以记录客户的消费时间、笔数、金额、场所等数据,并通过智能化的算法剖析客户的消费偏好。根据影响消费者行为的因素,对客户信息进行标签式的管理,如"高学历""全职太太""喜爱出国旅游""注重子女教育""近期有大额消费"等标签,对多个不同标签进行组合,就可以构建出一幅画像。客户画像并非一成不变,而是会根据客户个人信息和消费者行为的改变每隔一定周期进行更新,实现动态管理。

有了客户画像,客户经理可以有针对地进行营销。如通过手机短信、网上银行、手机银行客户端等,对有"喜爱出国旅游"标签的客户批量推送全球旅行信用卡。对"近期有大额消费"标签的客户,可以营销分期专用信用卡,该卡分期可选期数多、时间长、免收提前还款手续费,帮助客户减轻资金周转的压力。

[杨南.市场竞争条件下银行信用卡产品的营销创新要点分析——以工商银行为例[J].现代经济信息,2019(14):314-315.]

五、商业银行竞争者

商业银行要在竞争环境中取胜,就必须针对竞争对手采取更多的优化方案与手段。在市场营销实践中,商业银行必须了解竞争对手是谁,他们的目标是什么,具有哪些优势和劣势,现在或将来可能采取的竞争策略是什么等。在此基础上采取相应的对策,有效地化解危机,获得竞争优势。商业银行对竞争者的研究包括竞争者识别和竞争者研究两个方面。

(一)竞争者识别

1. 品牌竞争者

品牌竞争者即以相同价格向相同的客户提供相同产品的竞争者。这是狭义的竞争者,品牌几乎是区别产品的唯一因素。

2. 行业竞争者

行业竞争者也称产品形式竞争者,指同一行业生产不同档次、不同品种产品的竞争者。这是行业内的竞争,影响产品的销量和市场占有率,需要重视。

3. 一般竞争者

一般竞争者也称平行竞争者,指为满足相同需求而提供不同产品的竞争者。例如满足资金安全的产品,有活期、1年期、3年期储蓄,还有货币市场基金,它们在满足需求方面是相似的。

4. 愿望竞争者

愿望竞争者又称广义竞争者,指满足消费者目前各种愿望的竞争者。例如客户手中有5万元资金,他想用这些钱旅游;购买家具;储蓄;购买股票、国债、理财产品等。这时旅游、家具、储蓄、股票等之间就存在了竞争关系。

尤其需要注意的是商业银行最大威胁的竞争者有可能是非银行。在美国,大牌电子产品生产商、珠宝商、汽车经销商为大额商品提供的分期业务有更低的利率。中国也已经为非银行金融机构发放消费金融牌照,像花呗、白条在营销时面临的限制比银行业要宽松。以花呗和信用卡对比,虽然两种零售信用产品申请年龄都是18~65周岁,但实际上信用卡申请实际的年龄数据阶段是在22~55周岁,低于这个年龄的大学生很难获得批准,而同时期花呗在年龄这方面的约束明显宽松。

(二)竞争者研究

识别了竞争者之后就应开始具体的研究。

1. 研究竞争者策略

根据竞争者不同要采取不同的策略,把竞争者分为不同的策略群体,采取相同或相似策略的竞争者属于同一策略群体。当竞争者进入某一群体时,该群体中的成员就成了其主要竞争对手。竞争者之间采用的策略越相似,竞争就越激烈。同时,群体之间也存在着竞争,因为不同策略群体可能以同一市场为营销目标,或者属于某个群体的企业可能改变策略进入另一群体。

2. 判断竞争者目标

竞争者通常会有多个目标,例如追求利润、市场占有率、技术领先、服务领先、信誉领先、低成本领先等。对于这些目标,不同的企业在不同时期有着不同的侧重点,因此也形成了不同的目标组合。对于商业银行而言,及时了解竞争者的侧重点,就可以预知竞争者的反应,进而采取适当的对策进行防御或进攻。

3. 评估竞争者的优势和劣势

通过对竞争者的资源和经营状况进行分析对比来指出竞争对手的强项和弱项。主要包括:品牌情况、产品、服务及其政策;各种营销工具的使用情况;财务情况;营销管理制度等方面。

4. 判断竞争者的反应模式

(1) 从容不迫竞争者。从容不迫竞争者对某一特定竞争者的行为没有迅速反应或反应不激烈。

(2) 选择型竞争者。选择型竞争者对竞争对手在某些方面的进攻做出反应,对其他方面则不加理会。

(3) 强烈型竞争者。强烈型竞争者对竞争对手的任何攻击都会做出迅速而强烈的反应。

(4) 随机型竞争者。随机型竞争者对竞争对手的反应具有不确定性,因此反应模式难以把握。

分支行应动员客户经理收集主要竞争对手的情况,具体的调查方法有:①通过网站或实地考察,获得竞争者的网点、陈列、促销、促销人员素质等终端管理的资料;②通过各种渠道收集竞争者的广告,了解竞争者的广告发布策略、广告诉求等相关信息;③通过对消费者非正式的调研或谈话,获得竞争对手的服务质量、附加服务方式、服务人员的素质和技能情况。

通过上述调查可以获得:①现有和潜在竞争对手的数量、规模、技术、实力、资本、人才、营销策略、价格策略和市场占有率等;②主要竞争产品和服务的同质情况、价格总体水平、细分产品的价格标准、市场占有率、价格调整频率与力度、价格定位、优惠措施和返利等。通过这些资料,商业银行可以比较分析市场的竞争程度、范围及其变化趋势,尽可能详细地了解竞争者的情况。

六、公众

新闻媒体或公众对商业银行多方面的评价时常会影响其市场占有情况。社会公众是指对商业银行实现营销目标具有实际或潜在影响的团体和个人。随着互联网越来越普及,互联网提供了庞大的信息数据库,它的开放性和共享性决定了公众对商业银行的影响在不断增大。因此,明智的商业银行会采用有效的方法建立并保持与社会公众间友好的公共关系。

商业银行的公众除了包括前面谈到的客户、营销中介、竞争者外,还包括:

(1) 媒体。即报纸、杂志、广播、电视和网络等具有广泛影响的大众传媒。

(2) 融资公司。即投资公司、保险公司等对银行提供有力保障的金融机构。

(3) 政府部门。即金融委、央行、银保监会等监管商业银行的有关部门。

(4) 内部公众。即商业银行组织机构的内部成员。

(5) 公众利益团体。即保护消费者权益、环保及其他群众性团体。

(6) 社区公众。即与商业银行同处某一区域的居民与社会组织。

(7) 一般公众。即与商业银行无直接利害关系，但其言论对银行营销有潜在影响的公众。在这些公众中，有的可能永远不会成为银行的客户，但银行的行为直接或间接影响到他们的利益，银行的营销成效也或多或少地受到这些公众舆论与行为的制约。因此，银行应加强与公众的沟通和了解，以得到各类公众的理解与支持。

案例 2-11　美国的商业银行营销传播模式

花旗银行利用各种传播渠道，在电视、报刊、户外、网络等媒体上，与包装、促销、营销推广等渠道进行协调，奏响了整合营销传播的交响乐。花旗银行的整合营销传播还定义了新的、广义的传播概念，重新界定了商业银行营销的传播范围，它没有局限于传统的功能性广告活动，如销售促进、直接营销等，而是考虑得更加广泛，它综合使用了新闻宣传、广告、公关等传播手段，相对集中地传递出信息。在信用卡业务上，花旗银行不惜重金进行营销与宣传，其每年用在信用卡上的广告费惊人。通过这些努力，花旗银行的标语"不仅是 Visa 卡，而且是花旗银行 Visa 卡"得到了全世界的认同。花旗银行的广告集中于迅速而亲切的服务，并力图塑造成功的形象。

美国银行(Bank of America Corporation)在过去几年的时间中每年平均的广告宣传费用就达5 000万美元之多，而且许多广告的持续时间长达一年。有观察人士发现，无论是国际还是国内重大赛事，美国银行都会准时出现在赞助商的名录中。目前，美国银行费用赞助的项目包括部分奥运会项目、全美高尔夫球事，6支美国橄榄球队、5支棒球队、3支NBA球队和2支曲棍球队。据悉，美国银行每年的经费预算中有5 000万～5 500万美元用于体育项目的赞助。这一数字意味着，美国银行在全美企业赞助费排行榜上位居第16名，当之无愧地成为美国银行业体育费用赞助的"老大"。

(资料来源：李晖，张宏铭，李婉真.金融营销学[M].北京：清华大学出版社，2020.)

第三节　商业银行市场营销环境 SWOT 分析

一、SWOT 分析法概述

美国旧金山大学管理学教授海因茨·韦里克在20世纪80年代提出的 SWOT 分析

法是目前使用最广泛、最经典的战略分析工具,它是商业银行制定营销策略、竞争对手分析的一种综合分析方法。SWOT方法从分析企业的竞争优势、劣势、机会和威胁出发,从而将公司的战略与公司内部资源、外部环境有机地结合起来。其中,S代表strength(优势)、W代表weakness(弱势)、O代表opportunity(机会)、T代表threat(威胁)。其中,S、W是内部环境分析,O、T是外部环境分析。

在使用SWOT分析的时候,需要先确定目标,将分析事件尽量具体化,是分析竞争对手、还是细分目标市场或开展新业务等,然后有针对性展开分析。SWOT分析的流程为:鉴别→总结→行动。首先,在调查基础上列举企业内部条件上的优势和劣势、外部环境中的机会和威胁,并依照矩阵形式排列;其次,对企业总体业务情况进行总结;最后,然后用系统分析的思想,再把各种因素相互匹配起来加以分析,从中得出一系列决策性的结论。

二、SWOT分析法步骤

(一)罗列和分析营销因素

1. 优势

优势指企业比竞争同行更具有竞争力的方面,可以是专长的能力或者超越竞争同行的资源,也可以是能力和资源的组合。一般包括竞争优势、资金来源充足、良好的企业形象、雄厚的技术力量、规模经济、产品质量、市场份额、成本优势、广告攻势等。商业银行在做优势分析的时候,可以列出下列问题[①]:

(1)我们的优势资源是什么?资本雄厚、客户群体庞大、网络覆盖广?
(2)我们的品牌优势是什么?产品、服务、价格、管理、团队、市场地位?
(3)我们的成本、技术、定位方面有哪些优势?
(4)我们有哪些优势是其他银行做不到的?
(5)取得以上优势,我们成功的原因是什么?

2. 劣势

劣势指缺陷、失误、约束等因素,具体包括管理效率低下、技术力量薄弱、资源匮乏、设备老化、资金短缺、缺乏关键技术、经营不善、产品积压、竞争力差、人才短缺等。商业银行在做具体劣势分析的时候,可以列出下列问题:

(1)我们的劣势是什么?产品、渠道、营销、成本控制?
(2)竞争对手在哪些方面比我们强势?
(3)我们失败的案例是什么?为什么失败?

---

① 孙军正,许华民,冯民科.银行差异化营销[M].北京:中国财富出版社,2017.

3. 机会

机会指环境中新出现的有利于商业银行的机遇或是新的金融需求。具体包括新产品、新市场、新需求、外国市场壁垒解除、竞争对手失误等。例如,移动互联网的普及,客户对移动支付的需求,给银行的网上银行带来了机遇。商业银行在做具体机会分析的时候,可以列出下列问题:

(1) 哪些金融政策是有利于我们的?

(2) 客户新的金融需求是什么?哪些需求是我们可以做的?

(3) 金融业的未来发展方向是什么?竞争对手的短板是否是我们的机会?

4. 威胁

威胁同样是由外部环境带来的,指环境中不利的因素、趋势或变化。具体包括市场进入壁垒、法律约束、新的竞争对手、替代产品增多、市场萎缩、行业政策变化、经济衰退、客户偏好改变、突发事件等。银行在做具体威胁分析的时候,可以列出下列问题:

(1) 市场经济走势、金融行业发展、金融政策是否存在不利因素?

(2) 竞争对手的计划是什么?潜在竞争对手的发展趋势是什么?银行资产业务方面是否存在潜在威胁?

(3) 银行最近的威胁来自哪里?是否有针对性的规避方案?

(4) 银行内部存在哪些难以解决的不利于发展的因素?

(5) 银行的风险预警机制是否健全?规避风险机制是否健全?

(二) 因素的识别和排序

对商业银行的整体环境进行分析之后,再根据轻重缓急对各种因素进行排列。假如一家商业银行共罗列出了 10 条外部环境因素,其中威胁有 6 条,机会有 4 条。根据"威胁实现的可能性"和威胁"潜在的严重性"两个指标,对全部威胁逐一进行梳理和定位,结果如表 2-2 所示[①]。

表 2-2 环境威胁矩阵表

		威胁实现的可能性	
		大	小
潜在的严重性	大	①⑥	④⑤
	小	②	③

从表 2-2 中可以看出,第①和第⑥因素最危险,其很可能实现而且潜在危害也大,是需要重点处理的内容。第③因素可以忽略不计。第②因素虽然实现的可能性大,但是问

---

① 高孟立.市场营销学[M].西安:西安电子科技大学出版社,2018.

题不严重,属于容后处理的内容。第④和第⑤条信息虽然危害严重,但是实现可能性小,属于需要关注的信息。由此可见,根据分析结果第①和第⑥条信息是最主要的威胁。

同样的,根据"成功的可能性"和"潜在的吸引力"两个指标对机会进行逐一梳理和排序,结果如表2-3所示。潜在吸引力表示盈利能力,此时第⑧条情况最有利,其很可能成功而且潜在的盈利性最大,是需要重点开发的内容。第⑨条可忽略不计。第⑦条信息虽然成功的可能性大,但是盈利空间不大,属于观望待定的内容。第⑩条虽然盈利空间大,但是成功的可能性小,需要慎重决策。由此可见,第⑧条信息是最主要的机会。

表2-3 市场机会矩阵表

		机会成功的可能性	
		大	小
潜在的吸引力	大	⑧	⑩
	小	⑦	⑨

(三)构造SWOT矩阵

SWOT分析总结了企业的优势、劣势、机会、威胁,把识别出的所有优势分成两组,分的时候遵循两个原则:它们与行业中潜在的机会有关;与潜在的威胁有关。用同样的办法把所有的劣势分成两组,一组与机会有关;另一组与威胁有关。两两组合形成图2-4所示的SWOT分析图。

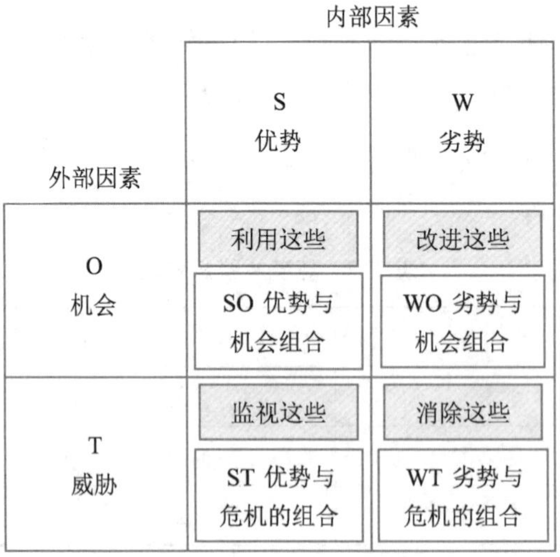

	内部因素	
外部因素	S 优势	W 劣势
O 机会	利用这些 / SO 优势与机会组合	改进这些 / WO 劣势与机会组合
T 威胁	监视这些 / ST 优势与危机的组合	消除这些 / WT 劣势与危机的组合

图2-4 SWOT分析图

1. SO:优势与机会组合

SO战略是扩张性战略,是必须要利用的机会。商业银行可以通过找出最佳的资源组合来获取竞争优势、或者对项目提供资源来强化、扩展已有的竞争优势。强化组织的内部优势，从而抓住外部机会，SO组合战略可以起到杠杆作用，利用内部的优势撬起外部环境机会，使内部环境优势和外部环境机会充分结合发挥更大的竞争优势。但是，该战略对时效性要求比较高，需要敏锐捕捉且能够与自身内部环境优势充分地结合。

例如，某商业银行的资本实力雄厚、资产质量高、品牌美誉度高、市场地位领先、服务网络广；与此同时，企业和个人贷款、农村金融、互联网金融、中间业务等业务的需求量很大。在政府大力支持"三农"政策、农村金融需求增加的背景下，该银行利用优势—机会组合制定差异化营销战略需要找到内部环境优势和外部机会的结合点：①大力拓展农村金融服务市场，努力打造农村第一金融品牌；②积极开展银行中间业务。

2. WO：劣势与机会组合

劣势机会组合战略是指外部环境有机会，但是本身不具备优势，无法找到很好的结合点的情况，这时应在两种方法中权衡：①克服困难，加强投资，将劣势转化为优势以开拓机会；②放弃给对手。

当然，商业银行内部环境的劣势在某些外部环境机会面前并不一定是固定不变的劣势，在特定的情境下，也能通过差异化设计找到位置。例如，某银行的团队比较年轻、经验欠缺是内部环境劣势，而年轻团队敢打敢拼，营销定位在同样年轻的互联网金融领域未必不能发展得很好。

3. ST：优势威胁组合

优势威胁组合战略是指利用自身内部环境威胁，通过避免或减少外部环境威胁来制定差异化营销策略的一种方法，主要思路是利用优势、回避威胁。当内部环境优势遭到外部环境威胁无法发挥的时候，商业银行可以通过重新构建组织资源来获取竞争优势，将威胁转为机会，或者组织采取防守战略，目的是抓住其他组合中有前景的机会。所以，这种情况下，最好的办法是监视好这些情况，以防内部优势的失去。

4. WT：劣势威胁组合

内部劣势与外部威胁的情况下，商业银行处在非常危险的时候，此时必须要马上行动以消除劣势方面受到的威胁。同样在威胁情况下的ST组合的方法不同，ST组合只需监视外部威胁，因为优势情况下的威胁不至于马上致命。而WT组合下的劣势受到的威胁直击商业银行软肋，造成的伤害会非常大，此时逆水行舟、寻求突破的进取型战略将是唯一的选择。

案例2-12　邮政银行差异化营销的SWOT分析模型

邮政银行差异化营销的SWOT分析模型如表2-4所示。

表 2-4 差异化营销的 SWOT 分析模型

外部环境	内部环境	
	S 优势	W 劣势
	S1. 资本实力雄厚 S2. 资产质量高 S3. 品牌美誉度高 S4. 市场地位领先 S5. 服务网络广	W1. 冗员众多 W2. 网点管理困难 W3. 管理体制不完善 W4. 风险防范经验欠缺
O 机会	SO 战略	WO 战略
O1. 更多的金融市场需求 O2. 农村金融需求 O3. 互联网金融 O4. 中间业务	1. 抓住"三农"政策、农村金融需求增加的机遇,结合内部环境优势的服务网络广、品牌美誉度高等因素,大力拓展农村金融服务市场,努力打造农村第一金融品牌 2. 利用资本雄厚、资产质量高、市场地位领先的内部环境优势,结合中间业务、互联网金融的外部环境机会,开展银行中间业务	1. 转变经营管理机制、完善制度建设、提高团队素质、完善人才激励机制是银行差异化营销的前提 2. 在农村市场试点小额信贷,逐步积累风险防范经验
T 威胁	ST 战略	WT 战略
T1. 行政干预 T2. 法律不健全 T3. 中间业务风险大 T4. 竞争压力大	1. 对于中间业务风险大的威胁,银行要有选择进入,以期望在某一个分类业务中找到差异化的路线 2. 对于大中型城市竞争压力大的威胁,银行可以转移经营目标,把市场定位在中小城市以及农村市场,以零售业务和社区业务为主	银行需要从内部环境出发进行改善,完善人力资源制度、健全管理体系、加强制度建设、引进高技术人才、细分市场找突破点等以达到弥补内部环境劣势、规避外部环境威胁的差异化营销策略

综上所述:综合优势、劣势、机会和威胁等因素,邮政银行的差异化营销策略应该定位于以下几个方向:服务农村金融、中间业务、零售业务和社区业务;完善企业管理和文化建设。无论是选择哪一种战略作为银行进行差异化营销策略制定的基础,都需要遵循满足社会需要、发挥优势、克服劣势、利用机会、化解威胁等原则,这样才能制定出最符合银行自身实际,又符合市场要求的差异化营销策略。

(资料来源:孙军正,许华民,冯民科.银行差异化营销[M].北京:中国财富出版社,2017.)

本章小结

(1) 商业银行营销环境是指对商业银行营销及经营绩效起着潜在影响的各种外部因素或力量的总和。

（2）宏观环境对商业银行的营销活动产生潜在的营销,会影响商业银行中长期计划和发展战略的选择;微观环境对商业银行的营销活动产生重要的直接影响,决定商业银行的生存和发展。

（3）营销方案的制订和实施要依托具体的环境,环境分析的SWOT法分析和识别了商业银行的内部优势和劣势、外部的机会和威胁,四因素组合形成各种战略便于及时采取对策。

本章复习思考题

（1）简述开展商业银行市场营销环境分析的目的。

（2）什么是商业银行营销环境?它有什么特征?

（3）请分析商业银行市场营销宏观环境分析的主要内容。

（4）商业银行市场营销微观环境可以从哪些方面来分析?

（5）什么是商业银行营销环境SWOT评估方法?简述其具体评估步骤。

（6）"十四五"规划纲要的2035年远景目标中,提到我国将"广泛形成绿色生产生活方式,碳排放达峰后稳中有降,生态环境根本好转,美丽中国建设目标基本实现"。这意味着"绿色"发展将贯穿中国发展全局的各个领域。绿色转型是一项涉及经济社会的全面系统性变革,也将为银行业带来重要的业务机遇。请评估行业绿色转型为商业银行带来的机遇和商业银行自身的优势和不足,并提出相应的战略选择。

第三章　商业银行目标市场营销

🌱 知识 目标

（1）了解商业银行市场细分的原则和策略。
（2）了解目标市场定位的基本内容。
（3）掌握市场竞争定位战略的内容。

🌱 能力 目标

（1）培养分析商业银行市场细分与目标市场选择的能力。
（2）培养独立完成商业银行市场竞争策略制定的能力。

🌱 关键 词

市场细分　目标市场　市场竞争定位战略

🌱 知识 框架

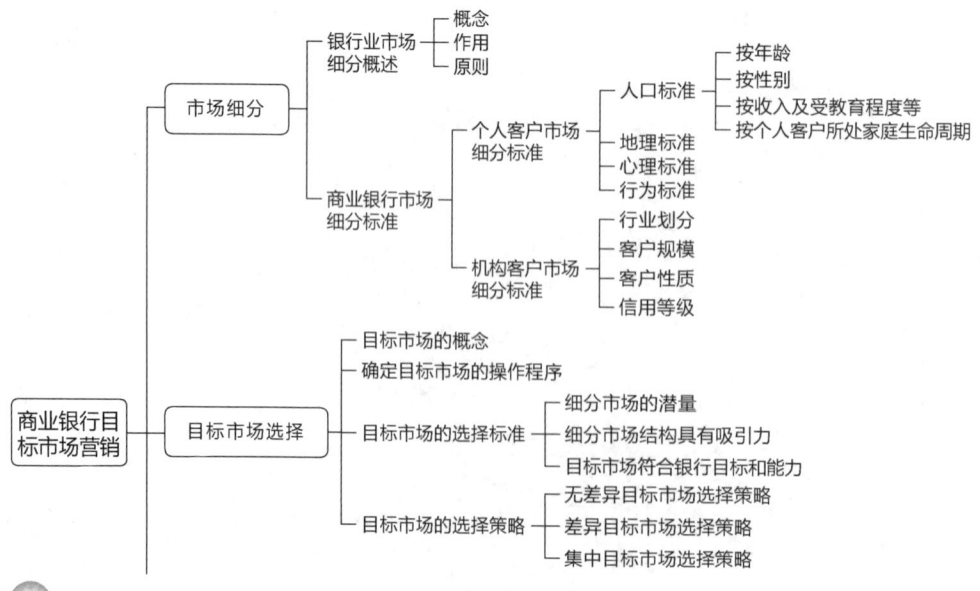

(续图)

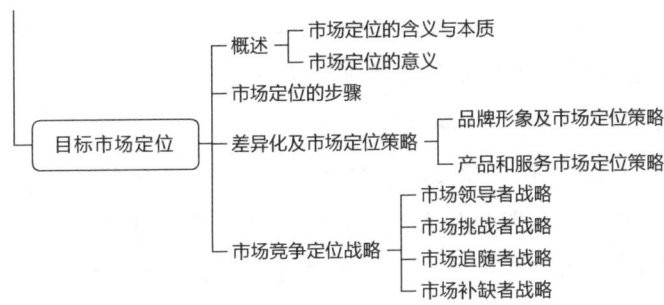

本章 导言

商业银行目标市场营销策略(STP战略)是综合了市场细分(Segmentation)、目标市场(Targeting)和市场定位(Positioning)的一种营销策略(见图3-1)。这三个步骤相互独立又互相联系,存在着一定的时间先后关系。制定STP战略是商业银行营销的基础性工作,即通过对商业银行所面临的众多市场进行细分,细致而透彻地了解客户需求,寻求适合商业银行发展的领域,是确定商业银行目标市场策略的前提。在此基础上根据本企业的资源实力通过一定的方法来判断和选择目标市场,然后通过树立独一无二或者具有特性的定位,加强商业银行在顾客心目中的形象,进一步补充和强化商业银行目标市场策略。

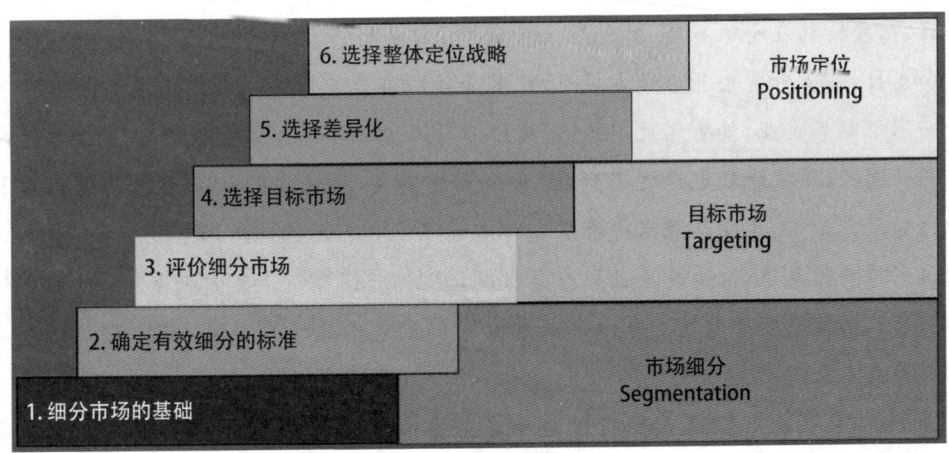

图3-1　STP战略图释

导入 案例

案例3-1　泰隆银行义乌支行为企业复产复工撑腰助力

2020年年初发生的新冠疫情让不少企业坠入"寒冬",企业面临资金短缺、供应链中断等难题,运转受限。自疫情发生以来,始终专注于"服务小微企业、践行普惠金融",以

"服务小微 服务大众"为使命的泰隆银行根据政府监管部门以及上级行的部署,深入推进"百行进万企"活动,以优质、快捷、高效的金融服务,便企、暖企、惠企,帮助企业解决实际融资困难,切实保障企业持续稳定经营,焕发蓬勃生命力。

一、特事特办,急事急办,便企措施激发企业活力

"我前一天下午申请贷款,第二天这笔贷款就到账了,实实在在解了企业的燃眉之急。"义乌人毛先生经营着一家医药连锁企业,在金华全市范围内拥有180余家门店。今年一季度,口罩较为紧缺,作为防疫物资,该医药连锁企业急需采购一批口罩,但因疫情所致,企业资金并不充裕,不足以支付该笔采购的货款。该行得知消息后,第一时间向客户了解诉求,根据企业的经营情况、融资诉求和实际困难,第一时间协助企业准备信用贷相关申请材料,并在最快时间内助企业获得贷款审批发放,切实减轻了企业的资金负担,获得了企业的认可。

自疫情以来,为进一步缓解企业融资难、融资急等问题,该行结合"三品三表"的核心风控模式,积极采用纯信用方式授信,坚持特事特办、急事急办的原则,通过"快速受理、快速调查、快速审批、快速发放"的绿色通道服务,努力缩短贷款调查、审查、审批时间,简化业务流程,提高办理实效,有效提升了服务水平。截至2020年6月底,该行为助力企业复工复产新发放贷款18 547万元,纯信用贷款约占比70%。

二、量身定制,一企一策,暖企支持助企焕发活力

目前,疫情仍在全球蔓延,对外贸企业而言,日常生产、销售回款等仍然较受影响,缺乏资金支持,不少外贸企业后续发展乏力,甚至徘徊在生死边缘。叶先生在义乌市佛堂镇经营一家纸制品企业,外贸占比50%。疫情在全球爆发以来,该企业的外贸订单直线下滑。与此同时,应收账款也迟迟不到账,资金周转不灵,企业经营状况迅速恶化。为支撑企业运转所需,叶先生向泰隆银行佛堂支行申请了100万元的纯信用贷款。

该行得知信息后,快速响应服务应急机制,根据"三三制"(老客户三小时、新客户三天办结业务),迅速为企业放款。并为企业量身定制了随借随还的融资方案,最大化为企业节省财务成本。

据了解,自疫情以来,泰隆银行针对外贸企业推出了专项纾困资金、下浮贸易融资利率;对跨境电商客户,推出6个月的免费收款优惠。义乌区域各支行身处外贸大市,积极落实各项优惠政策,进一步加大对外贸企业的金融支持力度,与外贸企业共渡难关。截至2020年7月14日,该行贸易融资额达2 713.57万元。

三、精准服务、丰富产品,惠企举措实打实为企解难

此次疫情席卷全球,服装这一义乌优势传统行业也不能独善其身,备受考验。在泰隆银行义乌苏溪支行,服装行业也是重要的客户群体。自疫情以来,该行全力保障金融服务畅通,指派专人扎实开展银企对接、企业走访、贷款投放等各项工作,对一些受疫情影响较

大、人工成本开支较大的企业加大扶持力度,扩大金融帮扶的覆盖面,并根据企业发展实际制定成本最优的金融产品,对缺少抵押物但又亟需资金周转的企业,提供信用贷款,更好助力企业复工复产稳健发展。

与此同时,该行通过调整还款计划、延长还款期限、办理无还本续贷,推出转贷款等低利率专项贷款政策,帮助缓解疫情期间客户资金压力;针对受疫情影响较大的行业,通过利率优惠、增加信用贷款和中长期贷款等方式满足客户资金需求。同时各支行借助"金融+科技"力量,建立、启动快速审批通道,实现线上全流程服务,加大结算等服务手续费减免,减免数十项手续费,开通跨境金融服务绿色通道,提高办理效率。

泰隆银行义乌各支行急客户之所急,想客户之所想,通过创新产品、科技赋能精准扶持,强化金融服务实体经济的使命担当,助企纾困成效显著。截至2020年7月14日,该行为企业减费让利近500万元。

(资料来源:http://www.zjtlcb.com/zjtlcb/tldt/394947/index.html)

思考:
(1) 客户需求分析在商业银行业务发展中有何作用?
(2) 在疫情影响的大背景下,泰隆银行如何根据其客户需求特点及变化提供相应的金融支持及服务?

第一节 商业银行市场细分

一、银行业市场细分概述

(一) 商业银行市场细分的概念

市场细分理论是美国市场营销学家温德尔·史密斯于1956年提出来的。它顺应了第二次世界大战后美国众多产品的市场转化为买方市场这一新的市场形势,是现代企业营销观念的一大进步,更是企业贯彻以客户需求为中心的必然产物。

商业银行市场细分,就是指商业银行将整个金融市场的客户按照一种或几种因素加以区分,使区分后的客户需求在一个或若干个方面具有相同或相似的特征,以便商业银行相应地采取特定的营销战略来满足这些不同客户群的需要,并顺利地完成商业银行经营目标的过程。每个客户群可以说是一个细分市场,亦称子市场、分市场或亚市场。每一个细分市场都是由具有类似需求倾向的客户构成的群体。分属不同细分市场的客户对同一产品的需求欲望存在着明显差别,而属于同一细分市场的客户的需求极为相似。

综上所述,商业银行市场细分并不是对金融产品分类,而是将对金融产品的需求各异的客户进行分类,是识别具有不同需求的金融产品购买者,并将他们归类的过程。商业银行市场细分是商业银行市场营销战略的核心内容之一,是决定市场营销成败的一个关键性问题。市场细分是商业银行制定目标市场策略的第一步,只有完成了这一步骤,才能为进一步选择目标市场和自我定位打好基础。

(二)商业银行市场细分的作用

市场细分是商业银行确定目标市场、制定市场营销组合策略的前提和基础。具体来说,市场细分具有以下作用。

1. 有利于商业银行发掘新的市场机会,开拓新市场

市场营销的机会是市场上未满足的需求,这种需求往往是潜在的,不易发现的。通过市场细分,商业银行能够根据竞争者的市场占有情况来分析市场未被充分满足的程度;也能够根据市场上的现状和已经上市的产品,在比较中寻求新的市场机会,开拓新的市场,使商业银行赢得市场的主动权。

2. 有利于商业银行的金融产品与服务创新

商业银行通过市场细分,把客户区分为不同的客户群,对不同客户群的信贷市场需求进行研究,要满足不同客户群的不同市场需求,就有必要对原有银行金融产品或金融服务加以改造、发展与完善。而改造、发展和完善不同程度地体现出银行金融产品的创新。产品的创新、服务的创新、经营手段等方面的创新,关键在于需求,动力在于竞争和利益。没有需求的产品创新,就难以走向市场。不能走向市场的产品创新,就会随着时间的推移而枯萎。

3. 有利于商业银行提高市场竞争力

商业银行面对激烈的市场竞争,制胜的武器之一是对不同客户群提供特色服务和差别化服务。你无我有,你有我无,你新我特,始终能贴近客户的需要,领先同行一步。随着社会的发展,体现个性和特色的差别化服务,将会越来越受到客户的欢迎和青睐。商业银行在提供特色产品和特色服务中将逐渐发展成较为成熟的特色经营,而特色经营将是商业银行在未来的市场竞争中增强竞争力的一个重要砝码。

4. 有利于商业银行发挥优势提高经济效益

对于整体市场来说,每家商业银行的营销能力都是有限的。银行将整体市场细分,确定自己的目标市场,把自己的资源集中到具有优势的目标市场上。特别是规模较小的商业银行,尤其应该利用市场细分原理选择目标市场。这样有利于商业银行内部资源的优化配置,从而以最小的投入获取最大的产出。

(三)商业银行市场细分的原则

商业银行市场细分必须切合实际,并且能够为商业银行制定有效的营销战略和策略服务,因此,商业银行在进行市场细分时,应遵循以下基本原则。

1. 可进入性

可进入性是指有能力向某一细分市场提供其所需的金融产品和服务,即该细分市场

的开发易于操作、便于实施。某些细分市场的开发,尽管在理论上可行,但在实践中却难以操作,商业银行无法为其提供差别性服务,因而这种市场细分就没有什么实际意义。

2. 可测量性

可测量性是指所细分的市场可以通过具体的量化指标以反映其市场规模、购买潜力等,即各个细分市场的金融产品、需求大小和交易规模可以通过测量而被掌握。测量这些市场特征要素的具体数据则要通过市场调查、专业咨询等途径获取。

3. 可成长性

可成长性是指细分市场在今后若干年内具有较好的发展空间,市场规模会不断扩大,市场容量会稳步增长,并且可以衍生出其他金融产品。因此细分市场的开发必须考虑:该细分市场近阶段的规模与容量;该细分市场未来的规模与容量。

4. 可区分性

可区分性是指每个细分市场有明显的区分界限,让商业银行明确自己在为谁服务、将要为谁服务以及重点服务对象是谁等问题。根据不同细分市场的需求差异,向细分市场提供个性化服务,以确保金融产品开发和价格策略具有针对性。

5. 可盈利性

可盈利性是指细分市场应具有一定的规模,其规模至少要足以让商业银行在开发和提供差别性服务后,除去新开发金融产品或服务项目的成本及营销费用外,还能有一定的盈利。因此,市场细分后,必须要有足够的交易业务量,以保证商业银行基本的盈利水平。

二、商业银行市场细分标准

市场细分标准是指影响客户需求差异性的诸多因素,主要包括客户因素、环境因素、时间因素、区域因素等。对商业银行而言,通常根据不同类型客户的需求差异对市场进行细分。根据我国银行业发展现状来看,对商业银行的市场细分,主要集中在个人客户市场和机构(企业)客户市场中再逐一细分。

(一)个人客户市场细分标准

个人客户是相对于机构客户而言的,这里的个人即自然人。个人客户市场细分的核心是需求分析。商业银行营销的成功依赖于尽可能多地了解每一个细分市场顾客的需求。在客户需要银行提供质量越来越高的差异性金融产品的形势下,商业银行必须用战略的眼光来分析客户的潜在要求,满足客户的现实需求,并将为特定客户群体量身定做的金融产品推销给客户。影响个人客户需求差异性的因素错综复杂,在不同时期、不同区域、不同社会经济环境下,区分的标准和重点不尽相同。但从总体上讲,人口标准、地理标准、心理标准和行为标准是个人客户市场细分的主要依据。

1. 人口标准

人口标准是指根据人口统计项目来细分市场。客户的交易欲望、对金融产品的爱好和使用频率与人口统计项目有直接的因果关系。人口统计项目比其他任何标准都容易掌握,可操作性强,因而根据人口因素对个人客户市场细分成为商业银行常用的一种市场细分方法。商业银行可以根据客户的年龄、性别、收入、社会地位、受教育程度、家庭生命周期等具体因素来细分市场。

1) 按年龄划分

按年龄划分,可将个人客户市场划分为青年客户(20～35岁)市场、中年客户(35～50岁)市场和老年客户(50岁以上)市场。

青年客户群富有朝气,关心社会问题和环境问题;向往更高的生活质量,但也面临着失业的威胁;缺少物质基础,经济收入有限;喜欢购买价格低廉的商品,并对快餐、啤酒、电脑等产品有兴趣。就商业银行金融产品而言,他们更喜欢新颖、额小、期短的短线产品。

中年客户群的价值观念和生活方式已走向成熟和稳定,是社会的中坚力量;有家室,并拥有自己的住房,收入和消费都处于最高峰;对商业银行产品的需求更讲究实际和实惠。中年客户是各商业银行重点争取的对象。

老年客户群是一个稳定的、平缓的客户群,存款的动机只是为了安度晚年,商业银行的品牌和声誉是该群体的主要选择标准。老年客户市场受证券、直接融资及利率等因素的影响较小。随着人口老龄化趋势的推进,这一客户群体将逐步扩大,是商业银行不可忽视的一个细分市场。

2) 按性别划分

不同性别对金融产品和服务的需求也不尽相同。随着经济的发展和社会的进步,妇女的地位越来越高,她们在家庭财务开支上起着相当重要的作用,由此需要商业银行在咨询、投资、贷款、抵押等方面,为其提供所需的各种服务。在这一细分市场上,国外的一些商业银行做了很好的尝试,我国也有商业银行(如建行深圳分行的女子银行)做出了自己的探索。但是总的说来,这一市场还没有引起各商业银行足够的重视。

3) 按照收入、社会地位、受教育程度划分

个人客户可划分为普通客户、优质客户和贵宾客户。考虑到管理和营销成本,商业银行往往是侧重以此标准来进行市场细分。因为对于商业银行而言,客户资金量的多少是决定其在整个客户群体中处于何种地位的重要因素。具体而言,不同类型的客户在金融服务需求上的差异显著。

(1) 普通客户,即需要通过商业银行获取各种存款、贷款、转账、结算、缴费等一般性服务的客户。其该类客户人数众多,对服务的要求是快捷、简单和及时,例如银行24小时自助服务和柜台限时服务。

（2）优质客户是指介于普通客户与贵宾客户之间的一类客户,他们拥有一定的财富,且文化水平一般较高,属于社会的中产阶层。当前优质客户的人数正处于迅速增加的阶段。

（3）贵宾客户,即拥有雄厚的金融实力,在银行有相当数量的存款或贷款,各项银行业务频繁,是对银行的利润产生较大贡献的个人客户,也称为高端客户。该类客户对银行的人员素质、服务环境和金融产品的品质等都有很高的要求,一般要求银行可以为他们提供特殊的个人金融服务,例如个人综合理财、财产信托、投资顾问等。

4）按个人客户所处家庭生命周期划分

按家庭生命周期,可将个人客户市场划分为6种类型：未成年人客户群体、独立生活未婚客户群体、新婚无子女客户群体、子女未独立家庭客户群体、子女已独立家庭客户群体、老年人客户群体。由于处于不同家庭生命周期的客户群体所承担的社会义务、家庭负担等具有较大的差别,其消费来源、消费目标以及储蓄的方式和目的也各不相同,商业银行为他们提供产品和服务的侧重点也有所不同。

（1）未成年人客户群体。此阶段客户的主要特点是无经济压力、没有收入、追求时尚型的消费。由于没有收入来源,经济状况主要取决于他们的家庭。家庭收入高的未成年人,自然是银行应积极争取的理想客户；而家庭收入较低的未成年人,在将来也可能有巨大潜力。因而,银行应针对未成年人的特点,提供基本存款账户、支付结算等中间业务,抢先一步抓住未来的VIP客户。

（2）独立生活未婚客户群体。这部分人群的收入在其生命周期中是较低的,但又由于父母尚未到赡养阶段,无子女教育之忧,又对将来的收入有着较高期望,其可自由支配的收入占总收入的比例是其一生中最高的。这部分人的金融需求主要是：一部分人为了结婚而开始积攒财富,银行可以为其提供理财业务,并随着其买房可以为其提供按揭贷款；而另一部分人则追求买车等时尚型消费,银行可以提供消费信贷、信用卡业务。

（3）新婚无子女客户群体。此阶段因两人都有工作,有着较高收入,且无子女和父母方面的开销,可自由支配的收入仍然较高,他们有条件继续把大量的金钱花在服饰、餐饮、旅游休闲上。这类客户追逐时尚消费的比例更高,同时由于有贷款,能投资的家庭并不多,商业银行针对这一客户群体应主要设计房贷、车贷产品,并为其提供适当的理财产品,帮助其尽快地走出负债阶段。

（4）子女未独立家庭客户群体。这一阶段的家庭支出主要用于子女抚养教育。此外,他们还增加了对父母的补贴,但收入增长却很有限,可以说这一阶段的家庭压力应该是最重的,时尚型消费支出将大为缩减,家庭的储蓄也已很难再有所增加。同时,考虑到将要老去,投资养老的比例有了很大的上升,对理财业务的需求有所增加。商业银行针对这一群体应主要开发教育储蓄、个人理财等产品。

(5) 子女已独立家庭客户群体。这一阶段夫妇中往往有一人或两人同时事业有成，收入要比上一阶段有所增加，子女在经济上不再依靠父母，而房贷可能也已还清，支出大为减少。随着净收入的增加，他们开始进行股票、基金等投资，并将一部分收入用于旅游和娱乐。他们是银行存款的主要来源，银行应针对他们着重开发理财、养老年金等业务。

(6) 老年人客户群体。这部分人群一般都有固定收入，主要包括养老金和子女补贴两部分，收入有所减少，同时由于健康方面的原因，医疗支出增多。他们中积累着较多财富的人仍保持着较高的消费，但多数人消费将明显减少。商业银行针对这一群体应以提供支付结算等中间业务为主，强调便捷、高级的服务。

案例3-2　加拿大皇家银行的精准客户细分

加拿大皇家银行(Royal Bank of Canada，RBC)，总部位于多伦多，拥有超过1 200万的客户、210万在线客户和58 000名雇员，是加拿大目前资产规模最大的银行，同时也是北美洲地区提供多元化财务金融产品服务的商业银行之一。该银行的主要业务包括个人和商业的银行服务、资产管理业务、保险业务、企业融资业务、投资银行业务，服务客户和分支机构遍布全球。

精准的客户细分，说来容易做到难，但RBC可能就是少数真正做到这一点的银行之一，其客户细分人群甚至包括了退休的老人以及未来执业的医生。

如果银行选择客户像孩子们在球场上凑伙挑边一样，那么18到35岁年龄段的客户可能会是最后被选中的人群。因为这些人的收入在其人生阶段相对较低，个人收支的账单盈余不多，并且大部分还有高额学生贷款尚未偿还。总之，这个年轻客户群体实际上不是大多数银行垂青的客户类型。

然而在RBC，领导层认识到，这些身无分文的年轻人很可能以后会变成富有的、给银行带来利润增长点的客户。于是RBC的分析师仔细分析了这些年轻客户的数据资料，进一步细分了这类未来收入有着快速增长强劲潜力的人群。他们的数据分析师把目标锁定在医学院或牙科学校在读学生，以及那些实习医师人群身上——他们一旦成为银行的客户，那么未来就会给银行带来巨大利润，这部分人群在RBC看来有着巨大的回报潜力。于是银行发起了一个融资产品计划，通过助学贷款、为新开业的从业者提供医疗设备贷款，以及为他们的第一个诊所提供开业贷款等，满足处于借贷状况的年轻医学从业者个人及职业发展融资需求。一年之内，RBC针对这类用户群体所定制业务的市场份额从2%快速上升到了18%，而且，现在这类客户群平均每位客户给银行带来的收入是公司整体平均水平的3.7倍。RBC金融集团的副总裁兼CIO说："银行为这些年轻职业从业者提供资金帮助的良好意愿开始赢得来自客户的回报和嘉奖，这些努力使客户流失率不断降低。"

(资料来源：http://www.360doc.com/content/16/1102/20/36872435_603473106.shtml)

2. 地理标准

地理标准是指商业银行根据客户所处的地理位置来细分市场。处在不同地理位置的客户有不同的需求和爱好,地理位置差异也影响着商业银行营销工作的开展和成本,而且地理位置资料比较容易收集与分析。

商业银行可以根据国别、地理位置、区域发展、城市规模等因素来细分个人客户市场。例如,根据地理位置可将国内的客户细分为沿海地区客户群、中部内地客户群、西部边少地区客户群。这些地区个人客户的金融意识有明显差异,呈由东向西逐步减弱态势,客户对银行金融产品与服务需求的强度也是由东向西逐渐减弱。

商业银行还可以根据地理标准在不同的地区销售不同的产品,或在某一地区销售某种产品而在另一地区不销售那种产品。同样,商业银行也可根据地理标准选择开设新分行的位置。由于商业银行很清楚不能在任何地方都开设分支机构,必须谨慎地分配有限的资源来满足经营目的。新开的分支机构设在最有前途的市场区域就体现了这一想法。

3. 心理标准

心理标准是指根据客户的生活方式、个性、价值观念等因素来细分市场。消费需求差异不仅由人口统计项目所致,还会受到心理因素影响。心理标准透过行为的外在表现深入到指导这些行为的心理内涵,再借助逻辑假设来推断客户的偏好和习惯。随着商品经济的逐步发展,心理因素对客户需求的影响将越来越大,它更能解释人们难以理解的超出常理的购买行为。

目前对生活方式细分广泛采用 AIO 模型,即通过活动、兴趣和观点,以此来表达生活方式。具体来说,活动表现为人们如何使用分配时间,兴趣表现为对周围环境的关注程度,观点主要是与自己或环境相关的各种评价,相应营销方法的实施主要通过产品类别、使用频率、品牌份额、产品特征等为依据来确定目标客户。例如,保守型的客户选择银行产品时总是注重安全、可靠、风险小的品种,对收益大、风险高的金融产品往往不是很关心甚至拒绝接受。激进型客户的行为恰恰与其相反,他们注重收益大、风险高的投资产品。

4. 行为标准

行为标准是指根据客户购买或使用某种产品的时机、所追求的利益、使用者情况、使用频率、对品牌的忠诚度、对产品的态度等因素来细分市场。这些因素反映的消费需求差异容易被企业掌握,而且能明确地帮助企业规划可行的营销方案。

商业银行可以根据客户使用产品或服务的目的、对银行金融产品的忠诚度、对金融产品的使用程度、购买金融产品的频率等因素细分个人客户市场。例如,按使用产品或服务的目的划分,个人客户可分为利益型客户群、方便型客户群、安全型客户群、身份型客户群。①利益型客户较看重银行金融产品所能带来的实际收益,诸如利息率的高低;②方便型客户在购买金融产品时看重服务态度和质量;③安全型客户则多选择信誉好、实力强、经营稳健的商业银行及其产品为购买对象,以保证财产安全;④身份型客户则倾向于能体现其社会地位与身份的金融产品。

需要指出的是,由于不同的市场细分标准之间相互交叉渗透,因此,不可能使用唯一的标准用以确定商业银行的目标市场范围。而且,在营销实践中,由不同的标准细分出的市场也可能是相互渗透,甚至是重叠的。因此,对于任何一家商业银行来说,采取单一的市场细分标准都是不全面的,市场营销应该以多重标准来细分市场,这也能最大程度地避免市场空隙的存在。即使是在一定的标准下进行的市场细分,也可以在这一标准下进行进一步的细分。因此,在初步市场细分后再细分市场将有利于商业银行更准确地找到有利可图的市场。同时,无论是单一标准的市场细分还是多标准的市场细分,均是建立在这些因素不受外界因素冲击的基础上进行的静态市场细分,但是随着投资渠道的不断增多,以及个人客户对经济、金融环境的灵敏度日渐提高,客户资产投资、资产增值意识也日益增强。因此,资产管理多元化现象必将形成对静态细分市场的影响和冲击。因而,在静态市场细分的基础上,商业银行必须进一步分析外界因素对个人客户行为的影响,形成新的、动态的市场细分。

案例3-3 联名信用卡的市场发展分析

经过多年的高速增长,信用卡业务进入"存量"时代。通过深挖细分市场保持竞争力成为多家银行努力的方向。其中,与互联网公司或其他消费场景丰富的公司合作发行联名信用卡,成为一种趋势。2020年11月初,交通银行信用卡联手京东打造的"交通银行京东PLUS会员联名信用卡"正式上线。据介绍,该联名信用卡发行旨在,在商业银行借道金融科技,联合发力全渠道零售的大趋势下,发力移动支付市场,加速布局线上消费场景。除交通银行外,此前,10月20日,平安银行与京东数科签署战略合作协议,双方宣布联合推出"平安银行京东白条联名信用卡"。据了解,该联名卡将允许消费者"打白条"的场景从线上的京东商城延伸至线下。2020年10月27日,广发银行携手东方航空、洲际酒店集团共同推出了三方联名信用卡——"广发东航洲际三方联名信用卡"。该卡的发布,不仅能够让用户以超高比例同时累积广发、东方万里行和IHG优悦会积分,还可进一步促进酒店和航空商旅行业的消费回暖。此外,美团与多家中小银行发行联名信用卡,并不断扩大合作银行机构。11月5日,哈尔滨银行美团联名信用卡正式上线。据悉,截至目前,与美团合作上线联名信用卡的区域性银行已超过13家,业务范围覆盖全国17个省、自治区、直辖市,141个地级以上城市。

业内人士分析认为,联名信用卡频出的背后是信用卡在"存量竞争"的时代,业务向精细化方向发展的要求。不过,也有观点认为,目前联名卡仍处于吸引客户的阶段,而现在信用卡市场早已经成为"买方市场"。因此,要想真正做好联名卡市场,很大程度上取决于合作方是否真正理解联名卡产品的运作规律。

从目前发行的联名信用卡看，联名商户不仅限于购物、旅行、美食、游戏等领域，也逐渐渗透到各细分领域，联名信用卡的服务越来越丰富多样。与普通信用卡相比，联名信用卡具有自身的特点和优势。一是权益，联名信用卡权益丰富，深受用户尤其是联名方用户的喜爱；二是塑造品牌IP，对于发挥信用卡发卡行与联名方的品牌联合优势具有积极促进作用。以交通银行与京东PLUS会员联名信用卡为例，时下网络购物已经成为年轻客群主流的消费模式，随着"双十一"购物节的到来，预售、百亿补贴、直播互动等促销形式相继登场，该联名卡聚焦客户消费需求，为京东"双十一"和年底大促等活动优惠加码。

联名信用卡涉及银行和合作企业，双方往往优势互补。互联网科技公司相对于银行机构更能贴合客户的用卡消费需求场景，且掌握客户更多维度的消费数据和行为数据，可以较好地弥补银行信用卡展业短板。而互联网科技公司可以基于大数据优化风控模型，并通过联邦学习、联合建模等形式，向合作银行进行风控赋能。对于合作企业而言，联名卡是企业的一种比较好的服务营销手段，其将自身的会员服务体系与银行进行有效合作，以满足消费者更多需求为导向叠加双重服务，通过银行资源合作带来特定或个性化的服务，使消费者在原有企业服务的基础上，将会员体系延伸到金融服务领域中，让企业会员得到企业与银行的双重服务，以提升企业会员的品牌忠诚度。

但需注意的是，目前联名卡市场主要在获客阶段，针对首卡新客户群发挥价值作用，对于已持有该行信用卡的老客户而言，联名卡的权益价值大幅缩水甚至没有权益。市场上很多联名卡会陷入"发卡时热闹，发卡后落寞"的"套路"中。这种现象基本上是源于合作方对联名卡产品的运营缺乏了解，尽管依托自身会员体系的庞大，但自身却难以支持联名卡产品的运营能力，只能依赖于发卡银行。殊不知，作为银行品牌与资源的对外合作方式，联名卡只是发卡银行众多的产品之一，银行不可能投入更多的资源来针对某一特定产品进行推广，这也是为什么联名卡产品的市场营销更多地依赖于合作方的原因之一。

因此，发卡银行在进行产品策划时，更要对这种市场变化进行深入研究，将信用卡产品打造成"平台经济"，只有通过产品升级换代、社会资源合作，以及更加精准的市场细分战略，才能从竞争激烈的市场中争夺用户。如果意识不到市场变化的特点，只是靠拍脑袋设计产品，靠增加自身营销成本获取用户，没有与合作方分清各自的市场定位与职责，最终的结果只能是陷入投入越来越大、发卡量却出现停滞甚至下降的局面。

（资料来源：http://www.cb.com.cn/index/show/zj/cv/cv135103231263）

（二）机构客户市场细分标准

机构客户也称企业客户，是商业银行批发金融产品和金融业务的主要对象。就我国商业银行的现状而言，信贷业务、中间业务的主要对象是机构客户，其业务量占九成之多；

而机构客户的存款对于商业银行而言,其筹资成本较居民储蓄成本要低,因而优良的机构客户是商业银行竞相追逐的对象。重视机构客户市场细分的研究,为机构客户提供所需的特色服务,是维系机构客户、建立良好关系的基础。

影响机构客户市场细分的标准主要包括产业及行业因素、客户规模、客户性质、信用等级等。

1. 产业类别和行业细分

国民经济可分为第一产业、第二产业和第三产业。国家统计局在2018年3月27日发布了《关于修订〈三次产业划分规定(2012)〉的通知》,根据《国民经济行业分类》(GB/T 4754—2017),对三次产业划分中的行业类别进行了调整。调整后的三次产业划分为:第一产业是指农、林、牧、渔业;第二产业是指采矿业、制造业、电力、热力、燃气及水生产和供应业、建筑业;第三产业即服务业,是指除第一产业、第二产业以外的其他行业,具体包括:①农、林、牧、渔专业及辅助性活动;②开采专业及辅助性活动;③批发和零售业;④交通运输、仓储和邮政业;⑤住宿和餐饮业;⑥信息传输、软件和信息技术服务业;⑦金融业;⑧房地产业;⑨租赁和商务服务业;⑩科学研究和技术服务业;⑪水利、环境和公共设施管理业;⑫居民服务、修理和其他服务业;⑬教育,卫生和社会工作,文化、体育和娱乐业;⑭公共管理、社会保障和社会组织,国际组织。

随着产业结构优化调整,第一、第二产业产值在GDP中的比重呈逐年下降态势,这两类企业数量占企业总数的比例也逐年减少;第三产业产值在GDP中的比重逐年上升,这类企业的数量占企业总数的比例也逐年提高。产业结构对商业银行既有直接影响,也有间接影响。以直接的角度来看,产业结构会直接影响社会经济主体对商业银行服务的需求,从而在一定程度上决定商业银行的经营特征。从间接的角度来看,产业结构会通过影响一国国民经济的增长速度,增长质量和可持续性来影响商业银行。

不同的产业类别还可以进一步细分,例如依据产业功能可将第一产业和第二产业合并为物质生产部门,将第三产业分为网络部门和知识、服务生产部门。此外,按生命周期不同,产业类别可划分为朝阳产业和夕阳产业;按生产要素的密集程度不同,产业类别可划分为劳动密集型产业、资本(资金)密集型产业、技术(知识)密集型产业等。还需注意的是,不同的行业在不同发展时期,其经营效果或发展形势是不同的。因此,各个商业银行也都非常重视研究不用时期不同行业的发展态势,从而制订银行支持和限制市场发展的策略。

2. 客户规模

通过客户年度营业额、总产值、固定资产总值、资本总额、资产规模、职工人数等因素评估机构客户规模,根据其规模大小,可将机构客户细分为大型企业、中型企业与小型企业(见表3-1)。

表 3-1 英国某商业银行对国内企业客户的市场细分

市场细分依据	对银行产品和服务需求及潜在需求
小型企业： 年营业额在 50 万英镑以下，服务业、零售业、制造业、农业	➢ 个人金融服务、房产购买计划 ➢ 开业贷款，包括小企业贷款担保 ➢ 租赁 ➢ 高级管理人员保险 ➢ 银行现金传递业务
中型企业： 年营业额在 50 万～500 万英镑之间，服务业、零售业、制造业、农业	➢ 结算支付服务 ➢ 代理业务或贷款保险 ➢ 为员工支出费用使用的信用卡 ➢ 租赁信贷 ➢ 长期资金贷款
大型企业： 年营业额在 500 万英镑以上，服务业、零售业、制造业、农业	➢ 结算支付服务 ➢ 股权融资 ➢ 企业咨询服务 ➢ 信用卡 ➢ 进出口服务 ➢ 长期资金贷款

资料来源：John Marsh. Financial Services Marketing, 1998: 338.

不同规模的企业对商业银行提供的产品和服务的要求是不同的，因而商业银行应针对不同规模的企业制定不同的营销策略。一般而言，大型和特大型企业或企业集团是一国国民经济的重要支撑者和贡献者，是政府的重点对象，而且这类企业对资金的需求十分庞大，如果能合作对银行扩展自身市场份额有很大的作用。因此，这类企业是各家银行争相夺取的重点客户。

与此同时，蓬勃发展的中、小私营企业对商业银行的融资需求，也在不断增加。例如在一些私营经济发达的地区，商业银行的大部分贷款产品被私营企业所消化，银行的营销活动也主要针对中小私营企业来开展。相对而言，小型企业的资金运行特点是额度小、需求急、周转快，商业银行应该针对这些特点，修改并完善其信贷管理制度，以顺应中小企业的这种需求。

3. 客户性质

在我国，企业性质一般包括国有企业、集体所有制企业、联营企业、三资企业、私营企业等。

（1）国有企业是指国务院和地方人民政府分别代表国家履行出资人职责的国有独资企业，且有独资公司以及国有资本控股公司，包括中央和地方国有资产监督管理机构和其他所监管的企业本级及其逐级投资形成的企业。

（2）集体所有制企业是部分劳动者共同占有生产资料的所有制形式，是公有制形式之一。

（3）企业之间或各企业、事业单位之间联营，组成新的经济实体，独立承担民事责任，具备法人条件的，经主管机关核准登记，取得法人资格的企业称为联营企业。

（4）三资企业是在中国境内设立的中外合资经营企业、中外合作经营企业、外资企业三类外商投资企业。

（5）私营企业（民营企业）是指由自然人投资设立或由自然人控股，以雇佣劳动为基础的营利性经济组织。

我国银保监会、人民银行始终高度重视民营企业金融服务，采取了多种措施引导商业银行缓解民营企业融资难融资贵问题。主要从持续优化金融服务体系、抓紧建立"敢贷、愿贷、能贷"的长效机制、公平精准有效开展民营企业授信业务、着力提升民营企业信贷服务效率、从实际出发帮助遭遇风险事件的民营企业融资纾困、推动完善融资服务信息平台、处理好支持民营企业发展与防范金融风险的关系等方面，提出了具体工作措施，推动建立金融服务民营企业长效机制，促进金融资源配置与民营经济在国民经济中发挥的作用更加匹配。

4. 信用等级

按照信用等级细分企业是商业银行判别客户质量的重要标准之一，信用等级是一家企业的总体市场评价。通常，衡量企业信用等级的评定标准包括企业经营状况、资金周转状况、存货周转状况、资产质量、资产规模、行业领域、市场潜在风险等方面。商业银行与企业客户的沟通较多，对企业情况的了解较其他机构有得天独厚的优势，从而对机构客户，特别是现有机构客户的信誉等级的评价，有相当便利的条件。

一般而言，信用等级高的企业是各商业银行的优质客户，是市场营销的重点对象。同时，这类企业对金融产品和服务也提出了较普通客户更高的要求，在服务效率上，要求减少环节、简化手续；在产品品种上，除信贷支持外，更要求银行提供结算网络、企业银行、投资银行、国际结算等新的服务品种；在服务质量上，更关注高科技含量、附加值、售后服务、产品的升级换代等利益。对这类客户，商业银行应及时了解企业需求，为其提供更高的授信额度、更便捷的信用方式和更高附加值的产品。相比之下，对于信用等级低的企业，商业银行不得不投入更多的精力和成本，当成本太高时，就应果断放弃此类客户。

第二节　商业银行目标市场选择

一、目标市场的概念

目标市场，是指为满足现实或潜在的客户需求，在市场细分基础上确定的将要进入并重点开展营销活动的特定细分市场。在目标市场中,商业银行营销活动的目的是要满足特定的需求。这个目标市场可以是一个细分市场,也可以是多个细分市场。

目标市场与市场细分是两个不同的概念,两者既有联系又存在较大的区别。如前所述,市场细分是按照一定标准划分客户群体的过程,而目标市场是根据市场细分标准所选择的正在进入或准备进入的细分市场。商业银行选择目标市场,是在市场细分的基础上进行的,可以说,市场细分是目标市场确定的前提和基础,而选择适合自身的目标市场则是市场细分的目的。

在营销活动中,商业银行面临很多市场机会,但并非所有的市场机会都对其具有同等的吸引力。从资源利用的角度来看,并不是每个子市场都是商业银行愿意进入或能够进入的。由于主、客观条件的限制,商业银行所开展的营销活动必然限定在一定范围内,其在做出营销决策前必须确定具体的服务对象,即选定目标市场。此外,目标市场的选择与商业银行的经营状态也有很大的关系。如果是新进入市场的商业银行或新产品的拓展,一般是先选择一个细分市场进入,在稳定之后逐渐扩大到多个目标市场;如果是实力较强、经营较稳定的商业银行,可以同时对多个目标市场开展营销。

二、确定目标市场的操作程序

为了提高市场细分和选择目标市场的质量,商业银行应该设计一个严格的操作程序并进行严格的控制。这一操作程序包括以下几个步骤。

(1) 确定细分的市场是异质市场,即该市场客户的需求有差异,并且是客户已察觉或认可的差异。

(2) 确定市场细分的依据。细分市场的依据不能太少,否则难以细分或分类较粗;但也不能过多,否则会增加风险和成本。

(3) 市场细分过程,即把总市场按细分依据和标准划分为若干个子市场的过程。

(4) 给子市场命名,了解其市场容量、市场增长的可能性和需求特点。

(5) 分析商业银行自身实力和所处的外部环境状况,为目标市场的选择提供材料依据。

(6) 选择目标市场。按一定的标准和要求,选择和确定一个或几个子市场作为目标市场。

(7) 设计市场营销组合。根据目标市场的需求特点和目标客户的意愿,对产品、价格、营销渠道、促销策略等进行设计。

三、目标市场的选择标准

商业银行能否进行目标优选,直接关系到营销的成败以及市场占有率。在选择目标市场时,商业银行必须从自身的特点和条件出发,综合考虑以下几个标准。

(一)目标市场有一定的规模和发展潜力

商业银行拟选择的目标市场应有充足稳定的购买力、畅通的分销渠道,并尽可能地与其整体金融产品的开发、创新方向一致。如果市场规模狭小或者趋于萎缩状态,进入后难以获得发展,那么商业银行在进入这个市场前,要慎重考虑,权衡利弊。

(二)细分市场结构具有吸引力

细分市场可能具备理想的规模和发展潜力,然而从盈利的观点来看,它未必有吸引力。通常,商业银行从同行业竞争者、潜在的新竞争者、替代产品、客户选择能力和银行业监管机构等五个方面分析细分市场的吸引力。

1. 没有同行业竞争者的威胁

同行业竞争者的威胁,即细分市场内部的参与者构成的威胁。如果某个细分市场已经有了众多的、强大的或者竞争意识强烈的竞争者,那么该细分市场将发生价格战、广告争夺战,商业银行要推出新产品参与竞争就必须付出高昂的代价;如果某一细分市场刚刚起步,同业竞争者较少,并且市场处于稳步上升阶段,那么商业银行可考虑将其作为目标市场。

2. 没有潜在的新竞争者的威胁

如果某个细分市场可能吸引争夺市场份额的新的竞争者,并且这个细分市场能够轻易进入,那么该细分市场就没有多大的吸引力;如果这个细分市场有森严的壁垒,那么处于该细分市场内的商业银行可能获得垄断利润。例如,在金融管制放松之前,某些商业银行可以独占储蓄市场。而金融管制放松之后,作为潜在竞争者的其他商业银行纷纷进入该市场,使得市场利润率逐步下降。

3. 没有替代产品的威胁

如果某个细分市场存在替代产品或者潜在替代产品,那么该细分市场就会失去吸引力。因为这类替代产品会限制细分市场的产品价格,也会影响利润的增长。例如商业银行以自动取款支票代替一般性转账支票、以定活两便储蓄代替定期储蓄,这都可能使原来的细分市场趋于萎缩。

随着金融产品的不断创新和涌现,商业银行在某一客户市场的替代产品将进一步增加,这也迫使其进一步进行市场细分,重新确定相关产品的目标客户群。

4. 没有客户选择能力的威胁

如果某个细分市场中,客户的评价与选择服务的能力很强或正在加强,则对试图进入该市场的商业银行来说是不利的。客户有可能联合起来,或者形成有组织的一种控制力量,或者对商业银行的产品或服务的价格和质量讨价还价。但是,如果客户对产品和服务一无所知,没有任何选择能力,同样不利于商业银行的经营。

5. 能得到中央银行或银行监管当局的支持

中央银行是商业银行最后的资金融通者,相当于最后的资金供应商。因此,在某一细分市场上,如果商业银行与其关系融洽,并能从中央银行(监管当局)得到资金支持和管理上的配合,那么该商业银行就可以考虑进入该市场。

当然,商业银行也不宜过分看重市场吸引力,特别是应力求避免"多数谬误",即与竞争者遵循同一思维逻辑,将规模最大、吸引力最大的市场作为目标市场。好的目标市场应是一片未开垦的"处女地",但同样,开发这种市场的难度要大得多,需要有较强的创新意识和敏锐的市场嗅觉。

(三)目标市场符合银行目标和能力

某些细分市场虽然有较大吸引力,但不能推动商业银行实现发展目标,甚至分散商业银行的精力,使之无法完成主要目标,对于这样的市场,商业银行应考虑放弃。

另外,商业银行的资源条件要适合在某一细分市场经营,只有选择那些有条件进入、能充分发挥其资源优势的市场作为目标市场,商业银行才会立于不败之地。

综上所述,商业银行在选择目标市场时,应在综合考虑上述因素的基础上,选择既具备良好的市场盈利前景,又符合自身资源和竞争优势的细分市场作为目标市场。

四、目标市场的选择策略

商业银行在市场细分和目标市场选定的基础上根据自身条件和客观环境选择目标市场的营销策略。一般有3种目标市场营销策略可供选择(见图3-2)。

(一)无差异目标市场选择策略

无差异目标市场选择策略是把整个市场作为一个大目标,针对个人客户和企业客户的共同需要,制订统一的营销计划,试图尽可能多地开拓市场、扩大商业银行金融产品销售的营销策略。

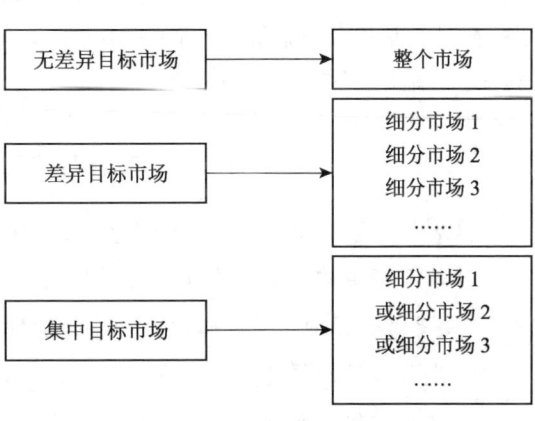

图 3-2 目标市场选择策略

这种目标市场选择策略往往强调客户的共同需要,而忽视了其差异性。采用这一策略的商业银行一般实力强大,有广泛而可靠的分销渠道,以及统一的广告宣传方式和内容。在实际操作时,商业银行只需推出单一的产品和标准化服务,设计一种营销组合策略即可。例如,银行针对客户存款安全性的需要,只要制定安全保障策略,以单一金融产品、单一价格、单一促销方式和单一分销渠道就可予以满足;再如,我国银行承销发行国库券也是采用这种策略。

采用无差异目标市场选择策略的最大优点是节约成本。这是因为大量同质的销售使得金融产品平均营销成本低,并且不需要进行市场区隔,可节约大量的调研、开发、广告等费用。但是这种市场策略也存在许多缺点,对于大多数金融产品是不适用的。随着我国特别是一些发达城市经济的发展,人们对于商业银行和金融产品的观念处于一个剧烈改变的过程之中,更看重个性化的产品和服务;金融市场也同样由于多种原因而不断地进行动态变化,所以一种金融产品长期被所有消费者接受的情况是极少的。当几家同类大规模商业银行都同时采用这一策略时,就会形成异常激烈的竞争。

(二)差异目标市场选择策略

差异目标市场选择策略是根据消费者不同类型、不同层次的需求特点,把整体市场划分为若干细分市场作为其目标市场,并针对不同的目标市场制定和实施不同的营销组合策略。这种目标市场选择策略能使商业银行多方位或全方位地开展有针对性的营销活动,满足不同客户的需要,不断扩大金融产品的销售。

以美国花旗银行为例,它在根据客户不同情况提供多层次服务方面一直处于领导地位。对于大众市场,花旗银行提供各种低成本的电子服务,如信用卡和邮购分期业务等;对于高收入的客户,它提供广泛的私人银行业务;对于富有的、中上阶层的客户,它提供更加个性化的服务。这样做使花旗银行成为世界最大的金融"超市",其差异目标市场策略值得我国商业银行学习和借鉴。

采用差异目标市场策略时,金融产品或服务种类多,针对性强,能满足不同客户的需求,有利于提升市场竞争力。但是,由于金融产品品种多,销售渠道和方式、广告宣传的多样性,营销成本会大大增加。

案例3-4 建设银行深圳市分行的"特色银行"

在深圳市购物中心最集中的地方,也是都市女性常常光顾的地方,"女子银行"就在这里。他的正确名称是中国建设银行深圳嘉华支行。在这里,从户外广告牌到业务宣传折页,都是针对女性的特点精心设计。从行警到柜面人员到行长都是女性,办公室的布置也处处散发着女性的柔美气息。另外,他们推出了专为女性理财服务的"好姐妹"女性理财产品。还经常组织在这里存款的客户举办一些有关银行理财的沙龙活动,为客户组织一些休闲活动,沟通感情。

深圳建行嘉华支行行长卢晓英介绍:"有针对女性家庭、婚姻、创业的法律咨询,还有免费为家庭、孩子举办的小银行家培训,提高他们的财商。"

据了解,"女子银行"成立还要追溯到1999年,当时深圳银行网点多如牛毛,如何在网点林立的银行里脱颖而出,建行深圳分行认为要开展特色银行,进行对客户的特别化服务,培育自己的客户。"女子银行"成立两年多来,依靠丰富的服务内容该支行人民币存款增长2倍,外币存款增长4倍,而利息实收率达到了100%。

在"女子银行"获得成功之后,建行深圳分行又开设了专为青年创业服务的特色银行,专为香港客人提供服务的口岸银行,专为私营业主提供服务的银行等近10个特色银行。

(资料来源：http://news.cri.cn/gb/3821/2005/01/18/142@426723.htm)

(三) 集中目标市场选择策略

集中目标市场选择策略是指商业银行既不面向整个金融市场,也不把力量分散到若干个细分市场,而是集中力量进入一个或几个细分市场的营销策略。

无差异目标市场和差异目标市场选择策略以整体金融市场作为商业银行的营销目标,试图满足包括个人和企业在内的所有金融客户的需要;而集中目标市场选择策略从较为微观的角度着手,其目标市场更加具体和细化,这样便于提供高度专业化的金融服务。

采用集中目标市场选择策略的商业银行,不是追求在整体市场上占有较大的份额,而是为了在一个或几个较小的细分市场上取得较高的占有率,甚至居于支配地位。

一般来说,实力有限的中小商业银行,可以采用集中目标市场策略。由于集中目标市场的营销对象比较集中,商业银行可以集中优势力量,为充分满足这部分客户的需要而努力,取得客户的信任和偏爱,从而提高金融业务量、利润额和投资收益率。并且,随着金融产品分销渠道和广告宣传等的专一化,不仅商业银行的营销成本逐步降低、盈利增加,还提高了金融产品和机构的声誉。但是,这种市场选择策略的目标市场比较狭窄,经营风险大。因此,商业银行往往将经营目标分散于集中目标市场营销策略之中,根据具体情况选择实施。

案例3-5 德国施豪银行专攻住房金融

在德国从事住房金融业务的主要商业银行有四大类型,即信贷银行、储蓄银行、抵押银行和住房储蓄银行。其中,住房储蓄银行是专门办理住房储蓄业务的商业银行,其贷款额占全部住房贷款额的23%左右。

施豪银行成立于1931年,是德国34家住房储蓄银行中最大的一家。每13位德国公民中就有1位是施豪银行的客户,每4个家庭便有1个与施豪银行签订了住房储蓄合同,施豪银行被客户称为最友好的银行。与一般商业银行住房贷款不同,住房储蓄银行的资金是封闭运作的,它只向住房储蓄客户吸存,也只向自己的住房储户放贷,此外不进行任何其他投资,储户的存贷差是它唯一的利润来源。

施豪银行经过70多年的实践积累形成的经营技术及经营管理体制,已成为银行的无形资产,并已在捷克、斯洛伐克、匈牙利等国家通过与当地银行建立合资银行,将其独有的技术诀窍和经营管理体制注入合资银行,在当地开展住房储蓄业务,取得了较好的经营业绩。

第三节 商业银行市场定位

一、商业银行市场定位概述

在商业银行进行了市场细分,选定目标市场后,接下来就可以进行市场定位,选择最适合银行发展的策略。

(一) 市场定位的含义与本质

商业银行市场定位就是对商业银行的产品和形象进行设计,从而使其在目标客户心目中占有一个独特的有价值的位置。

选择目标市场和客户只是市场的一种分析识别,而市场定位更倾向于主动出击,要求商业银行主动为企业和产品定位。市场定位起始于产品,但其范围可以拓展到一项服务、一家公司及机构。从本质而言,定位并非对产品本身实施什么行动,而是针对潜在客户的心理采取行动,其主要目的是使本银行与其他银行的形象及产品严格区分开来,使客户对这种差别有明显的认知,最终在客户心目中留下深刻的印象。由此通过市场定位影响客户,获得客户心理的认同,最终提高银行的竞争力,以实现潜在利益最大化。

(二) 市场定位的意义

1. 建立商业银行及产品的特色

商业银行之间的竞争非常激烈、很多产品都已经供过于求,为了争夺有限的客户资源,就要增强客户对本行产品的认同感,防止产品被其他银行产品取代。要保持、扩大市场占有率,商业银行就要树立特定的银行形象和产品形象,塑造个性,加深客户的印象,并形成消费偏好。

2. 为制订市场营销组合策略打下基础

在商业银行的营销工作中,市场定位有着极为重要的战略意义。例如,有的小银行定位为中小企业服务,则该行从产品研发、广告宣传、渠道选择都会从服务中小企业出发。市场定位决定了商业银行市场营销组合策略的制订思路。

二、商业银行市场定位的步骤

(1) 确立差异。目标市场定位的出发点和根本要素是确定银行产品和形象的特色,目的是帮助客户了解竞争银行之间真正的差异,市场定位的核心问题是"创造差异"。首先,要了解市场竞争者的定位,他们要提供的产品和服务有什么特点,明确潜在的竞争优势(成本、营销方面等)。其次,要了解客户对形象或产品各属性的重视程度。最后,还要考虑商业银行自身的条件。有些属性虽然是顾客比较重视的,但如果银行力所不能及,也不能以此进行市场定位。

（2）确立商业银行形象。商业银行要发挥自身优势，影响顾客的购买决策，需要以自身特色为基础树立鲜明的市场形象，引起顾客的注意与兴趣，求得顾客的认同。首先，要建立与市场定位一致的形象。让目标顾客知道、了解和熟悉商业银行的市场定位（通过识别标志、观念或理念等），使目标顾客对银行的市场定位认同、喜欢和偏爱。其次，商业银行要巩固与市场定位相一致的形象，强化目标市场客户的印象，稳定目标客户的态度，加深与目标客户的感情。最后，要矫正与市场定位不一致的形象。

（3）确立营销对象。根据上述两步商业银行要确定精准营销目标即市场定位。

三、商业银行差异化及市场定位策略

商业银行要遵循现代企业经营的客观规律，秉承竞争制胜之道，以强化比较优势的方法来突破同质性，实施差异化发展策略，从传统的、单一的金融产品服务到现代日益多样化的规模定制服务，再到更加个性化的金融解决方案，为客户提供高质量的金融服务。差异化发展战略是定位的基础，也是现代商业银行经营过程中一种常用的、有效的理念和方法。商业银行差异化发展可以摆脱传统商业银行低水平竞争的格局、凸显商业银行的比较竞争优势，有利于商业银行提升核心竞争力。商业银行差异化与相应的营销策略主要体现为以下几方面。

（一）商业银行品牌形象及市场定位策略

社会公众对商业银行的整体看法构成了银行的对外形象。商业银行自身形象或产品形象会对目标客户产生很大的影响，好的品牌形象会促使客户形成独特的感受。形象差异化不是靠几个广告、几次公益活动就能达到的，这是一个长期的系统工程，需要建立一整套企业文化价值方案，并通过有效的途径传达银行形象信息，借助一切有效的传播手段使客户获得形象接触的机会。具体内容包括银行标志、文字理念的宣传、工作气氛的营造、公益事件的宣传以及人员接触等。

案例3-6　长江商业银行　致力打造小微精品银行

江苏长江商业银行秉承创业之初就已确立的服务小微企业市场定位，坚持把小微企业金融服务作为服务实体经济的根本举措，围绕小微企业市场定位拓展市场，建立了一套小微金融商业模式，致力于打造"小而美"的小微精品银行。总部位于江苏省靖江市的江苏长江商业银行成立于2008年10月，其前身为靖江长江城市信用合作社。自成立之日起，长江商业银行就牢固确立了"服务双小"的经营理念，始终坚持以社会责任为先，保持小微战略定力，推进小微企业金融服务，坚持走差异化、特色化发展的路子。

（1）"加"大信贷资源倾斜。该行资源配置围绕小微企业，实现专营化。在组织架构

设计上,将分支行打造成为小微专营机构。每个分支行均是小微企业金融服务的终端,配备若干个小微企业金融服务团队,对分支机构的授权也根据小微企业金融服务的实际确定,200万元以下贷款审批权限下沉至分支行,使分支行心无旁骛地推进小微企业金融服务。在人力资源配置上,建立了总人数占全行员工近40%的小微企业金融服务团队,并大力加强客户经理队伍培养,通过专家授课、师徒带教、外聘培训、在线学习等一系列渠道,不断提升小微金融服务队伍的综合素质。

(2)"减"少小微企业融资成本。该行在产品设计、业务流程设计上,针对小微企业资金需求"短、少、频、急"的特点,致力破解小微企业融资困局。在多年服务小微的探索和总结中,该行不断优化小微贷款产品,以更好地契合小微企业的需求,形成了以"长江信融乐""小微票融乐"为代表的小微融资产品体系,多款小微融资产品受到银监会、中国银协、省银协表彰。同时,大力推广循环贷款、年审制贷款等还款模式,增强还款方式、计息方式的灵活性,有效降低了小微企业资金使用成本。该行还建立100万元以下的小微企业贷款直批快速通道,极大地提高了小微贷款业务办理速度。

(3)"乘"倍丰富服务模式。该行服务模式贴近小微企业,体现社区化。据该行工作人员告诉记者,他们创新推出了"长江小微企业金融服务社区行"服务模式。

选取"服务半径在半小时以内"的、"门当户对"的商圈、街区、专业市场、产业集群、工业园区、高新技术园区等现实社区以及以商会、协会、上下游供应链、电子商务平台等其他中介组织为依托的虚拟社区为目标社区,组成专业营销团队,开展网格化开发,上门了解客户需求,开展兑换零辅币、金融知识宣传等,提高了金融服务的精准度。通过网格化开发,该行不断做大目标客户基数、做实有效客户积累,形成了新老社区循环产出的良好态势,在广大小微企业中树立了品牌影响力。

(4)"除"法精细风险控制。该行在多年的小微企业金融服务中,始终把风险防范放在重要位置。通过消化吸收先进技术,结合自身经验,形成了一套以"交叉验证"为核心,以现金流管理为重点,以业主综合素质为基础,以确认后的净资产为依据的小微信贷技术。该行坚持由"双人四眼"上门调查,核实经营状况,考察经营者人品等非财务信息,在核实实际经营状况后,确定资产负债率、授信额度控制红线。坚持合理授权、分权,明确不同贷款产品、担保措施、申请额度的贷款项目审查方式,充分发挥贷审会、派驻风险经理、分支机构内控负责人、主要负责人的作用,严把审查审批关。此外,该行还坚持定期、不定期开展贷款项目自查、互查、贷后检查、审计等工作,同时借助大数据平台加强预警,有效防范信用风险。

在这些举措的作用下,长江商业银行始终保持鲜明的小微特色,每年都实现了小微贷款"三个不低于"的监管要求,连续多年被江苏银监局评为"江苏省银行业金融机构小微企业金融服务先进单位"称号。截至2017年年底,该行资产总额较成立之初扩大了20倍,利润增幅位列省内 4 家城市商业银行之首、全国城市商业银行序列第 28 位。

(资料来源：http://epaper.zhgnj.com/Html/2017-12-04/26749.html)

(二) 商业银行金融产品和服务市场定位策略

1. 金融产品定位策略

金融产品定位是指金融企业营销人员在目标市场上为金融产品确定一个恰当的位置，用以标识自己的产品和区别于竞争者的产品。金融产品定位有两个要点：①必须能满足消费者的需求，即与目标市场相吻合；②产品和竞争者的产品必须要有区别，即要有自己独特的卖点。因此，金融产品定位首先要确定具体的产品差异，侧重点在于独特性和专业性。商业银行要对目标市场竞争者和企业自身情况进行分析。在设计金融产品时，商业银行要考虑产品的差异对目标顾客的重要性、实施产品差异的能力、所需时间、竞争者的模仿能力等。

确定了可以利用的产品差异之后，商业银行就可以为自己的产品定位并进行推广。即使金融产品存在着较强的同质性，各个商业银行依然可以根据自身优势进行产品定位。例如，交通银行利用其在外汇业务上的优势，开发出了"外汇宝"；招商银行利用自己在网络方面的优势推出了"一卡通"等，这都是金融产品定位的例子。

产品定位的方法有很多，涉及的范围也很广，如质量定位、功能定位、价格定位、造型定位等。具体到金融产品，产品定位的方法有以下几种：差异定位法、属性/利益定位法、使用者定位法、分类定位法、竞争定位法、关系定位法和"另辟蹊径"定位法。

2. 金融服务定位策略

鉴于银行业的特殊性，商业银行进行市场定位，最终要在提供其他同业提供不了的服务上下功夫，体现在提供金融产品的方式、方法等方面。这些差别具体落实在商业银行的品牌形象、销售渠道和服务渠道的设计、组织机构设置、员工服务态度、产品及服务价格策略以及各种公关活动的开展等方面。金融服务定位的侧重点在于它的优质性和差异性，与产品定位不同，顾客更容易对商业银行的服务水平进行评价和比较。

花旗银行的定位策略体现在服务上。由于它将个人客户定位在高端客户，从服务于新富人群的睿智理财到服务于富裕人群的贵宾理财，再到服务于高净值人群的私人银行业务，花旗银行在客户价值定位上形成了完整的体系。因此，花旗银行相应地提高了服务质量：客户无需在营业厅等待，可以边喝咖啡边与客户经理商谈业务；花旗银行还定期为这些高端客户提供酒会等聚会活动，促进彼此之间的业务关系。

四、商业银行市场竞争定位策略

竞争定位策略是指商业银行根据其所处竞争位置和竞争态势来制定的竞争策略。按照在市场上所处的竞争地位的不同，可分为市场领导者、市场挑战者、市场追随者和市场补缺者。相应的金融市场竞争定位策略也有4种。

(一) 市场领导者策略

1. 市场领导者的概念及表现

市场领导者是指在相关产品的市场上市场占有率最高的企业。一般来说,处于市场领导者地位的商业银行在行业内或产品市场上被公认为市场领袖。它一般在行业中处于龙头位置,在价格调整、新产品开发、渠道网点和促销力量方面处于主导地位,是市场竞争的导向者,也是其他商业银行挑战、效仿或回避的对象。

商业银行的市场领导者地位往往表现在以下几个方面:①资产规模最大,对于商业银行而言,较大的资产规模可以给公众以安全感和信赖感;②金融产品最先创新,以吸引更多客户,保持产品的领先地位;③多样化经营,根据自身经营的金融产品或服务的种类、范围吸引客户;④优良服务;⑤成本优势。

2. 市场领导者的营销策略

市场领导者的地位是在竞争中自然形成的,但并不是固定不变的。如果它没有获得法定的特许权,必然会面临竞争者的无情挑战。在激烈的市场竞争中,领导者的地位也会发生变化,如境外竞争者的进入或本行业内具有实力挑战者的进攻等。因此,市场领导者为了维护自己的优势,保持自己的领导地位,通常可采取以下几种策略。

1) 扩大市场需求总量

一般来说,当一种产品的市场需求总量扩大时,受益最大的是处于市场领导地位的企业。因此,市场领导者应时刻注意市场的变化,通过不断挖掘新的客户和创新产品服务来扩大市场需求量。

(1) 市场渗透战略是指商业银行在现有市场上挖掘和发展潜在客户,使其变成商业银行的实际客户。商业银行通过市场营销活动扩大其影响力和辐射面,让更多客户了解该行以及该行提供的金融产品和服务,从而吸引新客户。另外,银行通过了解客户(包括潜在客户)的需求变化和要求,提高金融产品和服务的质量,也同样可以吸引目前市场的潜在客户,从而提高市场需求总量。

(2) 新市场战略指在现有市场以外,依靠金融产品和服务的创新来开拓新的市场,吸引新的客户。例如,交通银行郑州分行的公司信贷业务在郑州地区市场占有率最高,为了巩固其领先地位,该行十分注意研发新产品,占领新市场,通过开通对公通存通兑和企业客户终端,不仅在郑州地区挖掘了新的客户,而且还在郑州以外的地区占据了一定的市场。

2) 扩大市场份额

一般来说,市场占有率与投资收益率有着密切的关系。据研究表明,市场占有率是影响投资收益率的重要变数之一。市场占有率越高,投资收益率越大。因此,处于市场领导者地位的商业银行可以通过金融产品和服务的不断创新、成本优势继续领先、增加营销费用支出、增加分支机构网点设置等策略,加大促销的强度和密度、适度调整价格等方式,吸引潜在客户,扩大原有市场份额。

然而,有时为提高市场占有率所付出的代价会高于它所获得的收益。因此,商业银行在扩大市场份额时,应考虑在以下几方面避免盲目性:①引起反垄断诉讼的可能性,如果市场领导者进一步侵占了更多的市场份额,那么有可能引起竞争对手之间采取各种形式的联合与协作,实施反垄断措施,市场领导者就有可能受到反垄断诉讼和制裁;②经济成本,当市场份额已达到一定水平时,再提高市场份额付出的边际成本非常高,甚至得不偿失;③企业在争夺市场占有率时所采用的营销组合策略,有些营销手段对提高市场占有率很有效,但却未必能提高利润,只有在单位成本随着市场占有率的提高而下降,以及提供优质的金融产品或服务得到溢价补偿的情况下,商业银行才会在高市场份额下获取高利润。

3) 保持现有的市场份额

处于领导者地位的商业银行,除展开进攻、争取更大的市场份额之外,也应采取措施守住原来已有的市场份额,保持市场领导者地位。每一家商业银行都会遭受竞争对手的进攻,竞争对手包括新进入的或试图改变自己地位的原有竞争者。

处于领导者地位的商业银行面对竞争对手的挑战,可采取以下几种战略来巩固自身的市场领导者地位:①继续发挥本身的优势,加大市场进入的难度;②对竞争对手的攻击及时做出反应;③减少竞争对手进攻的诱因。

4) 综合性竞争

(1) 合作或联合。当竞争对双方都带来一定的不利影响,有可能两败俱伤时,可以同竞争企业谋求合作,或达成一定的协议。随着金融服务业的趋向化和商业银行混业经营趋势的出现,我国银行业与证券业、保险业也在不断寻求深层次互补互利的合作模式。

(2) 并购。对有潜力的小细分市场的经营者实行善意并购可以减少竞争威胁,扩大市场份额,同时增强本银行的竞争实力。

(3) 战略联盟。市场领导者可以通过与自己在某一方面有共同利益的企业建立战略联盟,通过加强彼此之间的合作而发挥整体优势,来对付其他竞争者或潜在的竞争者。

摩根大通银行已经同中国建设银行和交通银行开展战略合作;中国的四大国有独资商业银行已同多家外资银行(包括花旗银行、汇丰银行、渣打银行、美洲银行等)签署了协议,利用中资银行遍布全国的分支网点为这些外资银行提供人民币资金头寸和清算服务,使外资银行能够为其客户提供有效的人民币结算业务。而在更深层次上,国内四大金融资产管理公司都在积极与外资银行磋商建立合资公司,合作清理和处置不良资产。交通银行已准备向外资金融投资者出让最多30%的股份,同几家著名的外资银行磋商直接参股合作途径。

案例3-7　工行连续5年蝉联全球银行品牌价值榜首

在英国《银行家》杂志发布的2021年"全球银行品牌价值500强"榜单上，中国工商银行以728亿美元的品牌价值，连续5年蝉联全球银行品牌价值榜首。

英国《银行家》杂志指出，2020年，工商银行通过一系列有效举措丰富品牌内涵，巩固了品牌价值。一是通过品牌传播助力"第一个人金融银行战略"发展，成功举办"智诚相伴美好与共"发布会，成为中国银行业界首家推出个人金融品牌体系、并以战略为依托开展品牌建设的商业银行，获得了社会广泛关注和赞誉。二是加大传播力度，多角度诠释"服务＋、智慧＋、场景＋、安全＋"内涵，实现了个人金融业务品牌知名度和影响力跃升。三是新冠肺炎疫情发生以来，通过有速度、有力度、有温度的报道，为社会注入了正能量，彰显了品牌的价值观和时代性。

据了解，2020年，工商银行统筹推进疫情防控、金融服务、风险管控、改革转型等各项工作，全面助力打好"三大攻坚战"，落实金融工作"三大任务"，在空前考验中保持总体稳健，经营效益、资产质量、风险水平保持稳健，综合实力不断增强。同时，工商银行坚持以人民为中心，立足新发展阶段，贯彻新发展理念，服务新发展格局，不断提升金融服务的适应性、竞争力、普惠性，积极践行了大型银行的责任担当。

（资料来源：http://www.icbc-ltd.com）

（二）市场挑战者策略

市场挑战者是指在行业中仅次于市场领导者，位居第二、第三及随后位次的商业银行。市场挑战者为达到提高市场份额的目标，往往对其他商业银行发起攻击。

1. 确定策略目标与挑战对象

一个市场挑战者首先必须确定其策略目标。大多数市场挑战者的策略目标是增加市场份额，策略目标同进攻对象密切相关，商业银行可以根据自身的实力、竞争者与自身经营市场面的相关度、对手的实力（包括优势与劣势）等决定主要的攻击对象，可能的攻击对象有以下3种。

（1）攻击市场领导者。这一战略风险很大，但是潜在的收益可能很高。为取得进攻的成功，挑战者要认真调查研究客户的需要极其不满之处，而这些恰恰就是市场领导者的弱点和失误。

（2）攻击实力相当者。挑战者可对与自己势均力敌的商业银行发起攻击，最好选择其中经营不善、存在危机的作为攻击对象。如目前该银行经营的具体业务业绩不良或财力拮据，设法夺取其市场阵地。

（3）攻击弱小者。对一些目前经营不善、财务困难的本地和地区的小银行，可作为攻击对象，夺取其客户。

2. 选择进攻策略

在确定了策略目标和进攻对象之后,市场挑战者要考虑进攻的策略问题,其主要原则是集中优势力量于关键的时刻和地区。从某种意义上来说,商场即战场,银行之间对市场的争夺也酷似战争,越来越多的人士注重运用兵法的道理来指导市场竞争。挑战者就是一个要主动发起进攻的银行,结合兵法用法,攻击的策略可以概括为:

(1) 正面进攻。即集中力量向对手的主要市场阵地发动攻击,打击的目标是竞争对手的强项而不是弱点。这样,胜负便取决于谁的实力更强,谁的耐力更持久。进攻者必须在产品、广告、价格等主要方面大大领先对手,才有可能成功。正面进攻的另一种措施是通过在研发方面大量投资,降低成本,从而通过低价格向竞争对手发动进攻,低价是持续实行正面进攻策略的可靠基础。

(2) 侧翼夹击。即集中优势力量攻击对手的弱点,有时也可正面佯攻,实际攻击其侧翼或背面,采取声东击西的策略。侧翼夹击对于那些拥有的资源少于对手的攻击者具有较大的吸引力。

(3) 围堵截击。即以特殊的营销手段集中优势力量突然袭击竞争对手的部分市场。如发现新的市场空缺或者竞争对手在某地市场脱销,便迅速地填充这一市场,割离并蚕食对手的市场。

(4) 迂回包抄。这是一种间接的进攻策略,它避开了对手的现有阵地,攻击较容易进入的市场。如用新产品、新技术取代现有产品和服务,转变顾客的消费偏好,以公共关系、形象等攻击方式最后达到市场和产品攻击的目的。

(5) 游击进攻。这是一些小银行对大银行的运动型进攻方式,通过突然袭击、模仿等种种手段攻击竞争对手的薄弱点,例如选择性降价、突袭式促销活动、运用法律诉讼让对手缠身法律纠纷等。应予以指出的是,尽管游击进攻可能比正面围堵或侧翼夹击节省开支,但如果想要从根本上占领市场,还需要配合其他方式,或等待时机发动更强大的攻势。

(三) 市场追随者策略

1. 市场追随者的特点

市场追随者与挑战者不同,它不是向市场领导者发动进攻,而是跟随在领导者之后,自觉维持共处局面。由于银行业产品和服务具有容易模仿的特性,因此市场追随者的营销策略应以模仿领导者或挑战者的行为为主,并尽可能形成自己的特色。这种效仿领导者为市场提供类似产品和服务的市场跟随策略,使得追随者的行业市场占有率相对稳定。这种自觉并存的状态在资本密集且产品同异性高的银行业中是很普遍的现象。

2. 市场追随者的营销策略

追随并不等于没有策略。市场追随者必须懂得如何维持现有客户,并争取一定数量的新客户;必须设法给自己的目标市场带来某些特有的利益,如地点、服务、融资等;还必须尽力降低成本并保持较高的产品和服务质量。追随并不等于被动挨打,或是单纯模仿领导者,追随者必须找到一条不会招致竞争者报复的成长途径。具体来说,追随策略可分为以下 3 类。

(1) 紧密跟随。是指跟随者尽可能地在各个细分市场和营销组合领域仿效领导者。追随者对领导者的模仿应及时,模仿的结果尽可能与领导者相接近,例如领导者引进 ATM,方便了客户,延长了营业时间,追随者则必须迅速在自己的细分市场上提供 ATM 来改善服务,否则追随者已有的客户就有可能转向领导者;又如领导者推出一种新型财务咨询服务,在市场上初获成功,这时追随者应及时向现有细分市场提供类似的财务咨询服务,巩固现有的客户关系,防止客户转移。

处于追随者地位的商业银行必须做到密切注视领导者的一举一动,对领导者经营的变动做出及时、灵活的反应;高层管理人员具有敏锐的观察力和长远的目光,能主动地细分市场和集中目标市场,注重盈利而不是追求过高的市场份额。

(2) 有距离的跟随。是指跟随者在目标市场、产品创新、价格水平和分销渠道等方面都追随领导者,但仍与领导者保持若干差异。

(3) 有选择的跟随。是指跟随者在某些方面紧随领导者,而在另一些方面又加以改进或改变,发展自己的独创性,但同时避免直接竞争。这类跟随者很可能发展成为挑战者。

(四) 市场补缺者策略

市场补缺者是避开竞争者而选择空缺市场加以占领的商业银行。市场补缺者竞争策略是那些资产规模小、竞争实力较弱的小型银行所采取的策略。这类商业银行基于自身的条件,往往避免同领导者和挑战者的冲突,充分利用大型商业银行忽视和放弃的市场来开发新的金融产品和服务,起到补缺市场的作用。

实施这种战略的途径是专业化经营。商业银行的专业化经营使其有可能开辟自己的特殊市场。这类市场的规模不大,通常是大型商业银行不愿意从事的业务领域,但对于小型商业银行来说,这些市场不但能带来稳定的利润,而且风险较小。所以,小型商业银行通常可以利用这些被大型商业银行忽视的特殊市场,以避免与大型商业银行碰撞。

对市场补缺者来说,这些小市场必须有足够的市场潜力和购买力,利润有增长的潜力,而对主要竞争者不具有吸引力。同时,商业银行还要具有占有此市场的能力,凭借已有的实力足以对抗竞争者。作为市场补缺者要完成 3 个任务,即创造补缺市场、扩大补缺市场、保护补缺市场。随着我国金融业的改革开放与发展,我国的银行中介业务及满足特殊需要和特定客户需要的大量补缺者市场将越来越广阔,小银行也会大有作为,但市场补缺也是有风险的,其主要风险是补缺的市场会逐渐枯竭或受到攻击。因而,补缺者必须连续不断地创造新的补缺市场,而不是只补缺一个市场,也就是说,多种补缺市场比单一补缺市场更能降低风险,增加保险系数。

案例3-8 浙江泰隆商业银行科技专利贷化解初创期企业融资难题

一、解决的难点、痛点、堵点

(1) 企业规模小、资产轻、担保难,融资难。台州WX科技有限公司作为成立仅3年的初创期企业,规模小、实力弱、资产轻,辗转多家银行机构问询却无果。同时客户自身资产较少,也不想找担保人欠他人人情,基于此也吃了多家银行的闭门羹。融资难是挡在企业面前的一道难题。

(2) 贷款利率高、成本高、费用多,融资贵。银行利率普遍较高,有部分银行还需支付担保费、资金使用费用,可能存在的机会成本偏高。融资贵是挡在企业面前的又一道难题。

(3) 贷款手续繁、资料多、流程长,融资慢。贷款所需提供的资料多,流程节点多,有的银行需半个月才能审批完成。可有些企业订单交货期近在眼前,购买原材料迫在眉睫,半个月根本来不及。融资慢是企业面对的又一道难题。

二、采取的有针对性的政策、措施、机制

泰隆银行立足"专注小微,践行普惠"的市场定位,不断下沉机构及人员,对客户配以专属客户经理,一对一上门提供优质金融服务。针对客户担保难的问题,立刻着手为客户制定金融服务方案,为客户量身定制科技专利贷,以企业专利作为质押,无需担保,为企业免去了担保的烦恼。主动减费让利,为企业降低融资成本,同时除政府指导的减免项目外,主动为企业减免了近70项费用。借助PAD机具,客户经理主动上门到客户处进行现场开户、放贷,直接将服务延伸至客户家中,满足客户"最多跑一次""最好不用跑"的金融便利化需求。

三、主要成效

泰隆银行依据"三看三评"科技金融服务模式,即"看专利、评技术,看股权、评发展,看市场、评风险",重点关注企业拥有的灯具配件专利及技术在行业中占据领先地位,有广阔的市场前景和发展潜力,弱化了对企业财务数据的关注,为企业匹配了泰隆银行的专利质押贷款,无需抵押,无需担保。走访后的第二天,泰隆银行迅速为客户提供了免费专业的专利评估登记服务。在专利评估登记完成后的第二天,泰隆银行主动上门送签合同,当场就给客户发放了100万元的专利质押贷款。

四、值得推广的主要经验

小微企业的发展具有其独特的周期特点,尤其是初创期企业,普遍存在无抵押、无担保、规模小、实力弱、资产轻等问题。因此,泰隆银行在传统"三品三表"风控模式基础上,根据小微企业发展的规律和特点,弱化对企业财务指标数据的关注,制定了小微企业"三

看三评"风控模式。

五、案例点评

泰隆银行以专利权质押为切入点,依据"三看三评"科技金融服务模式,根据小微企业发展的规律和特点,弱化对企业财务指标数据的关注,创新担保方式,优化产品服务,助力台州市科技金融服务,有利于助推台州民营经济高质量发展。

(资料来源:http://www.cbirc.gov.cn/cn/view/pages/ItemDetail.html?docId=903538&itemId=4171&generaltype=0)

本章小结

(1) 商业银行市场细分要遵循可测性、可进入性、差异性和经济性原则。商业银行市场细分的标准根据客户的不同分为个人客户和机构客户两种。

(2) 在细分市场选择中,商业银行有3种不同策略可以运用:无差异目标市场策略、差异目标市场策略和集中目标市场策略。

(3) 竞争定位策略是指商业银行根据其所处的竞争位置和竞争态势来制定竞争策略,按照商业银行在金融市场上所处的竞争地位的不同,可分为市场领导者、市场挑战者、市场追随者和市场补缺者4种类型。

本章复习思考题

(1) 阐述个人客户和机构客户细分标准的差异。你能想到的商业银行中,哪些银行个人客户的营销策略最有特点?分析其策略与其他商业银行的不同。

(2) 简述商业银行主要使用的几种市场细分策略。以你最熟悉的一个当地银行为例,试分析其在市场细分方面的营销策略。

(3) 回顾关于竞争战略的知识,试分析一家新的民营银行进入市场后,应该采用什么样的竞争战略。

第四章 商业银行产品策略

知识目标

（1）深入理解商业银行产品的特性，了解商业银行产品的类别。
（2）清楚金融产品各生命周期的特点。
（3）了解商业银行产品的开发流程。

能力目标

（1）能够从商业银行的角度，理解并运用产品组合策略。
（2）识别商业银行金融产品所处的生命周期，并能够给予相应的营销策略。
（3）在实际商业银行营销工作中运用新产品开发策略。

关键词

商业银行产品　商业银行产品组合　商业银行产品的生命周期

知识框架

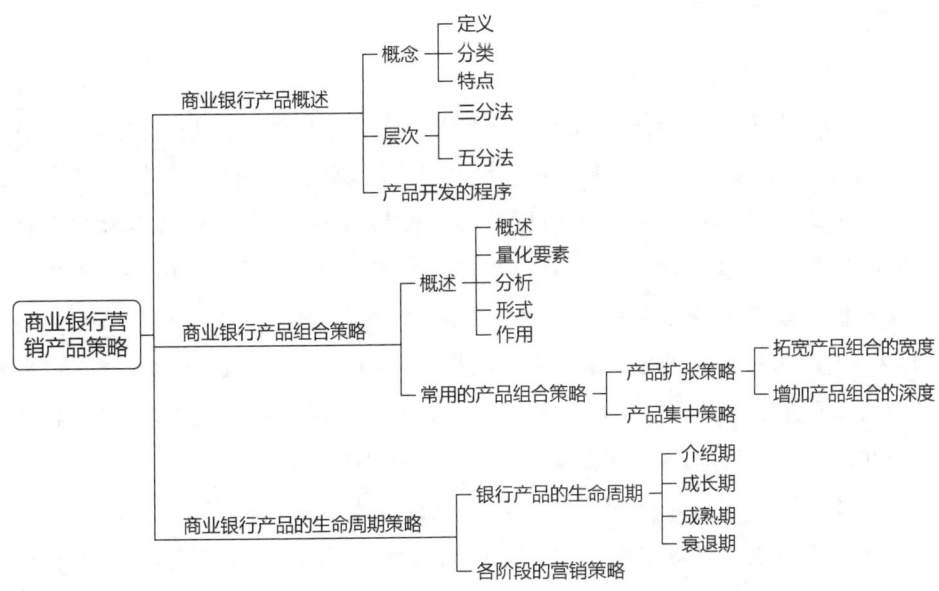

本章导言

产品策略是商业银行营销策略的核心,其他的策略如价格、促销策略都是围绕产品策略展开的。实行适宜的产品策略是商业银行开发业务品种、开拓市场机会的重要途径和具体方法,是商业银行开展营销活动的重要环节。对于遵守效益性、安全性、流动性"三性"原则的商业银行来说,制定科学的产品策略更是生存之本。

可供选择的产品策略主要分为两大类:与产品组合有关的策略和与产品生命周期有关的策略。本章主要通过对商业银行产品基本特点和现有产品类型的介绍,引入商业银行产品的开发策略和组合策略,并从商业银行产品的生命周期角度阐述不同时期的营销策略,以充分了解商业银行产品的开发过程,熟悉如何根据不同的经营环境与不同的要求来创造、组合商业银行产品。

导入案例

案例4-1 从粗放到精耕 银行"大零售"转型持续深入

党的十八大以来,中国经济发展进入新常态,国内商业银行面临供给侧结构性改革调整和寻找新增长动能的双重压力。与此同时,互联网金融的迅速崛起,借助金融科技,实现零售业务战略转型势在必行。以大数据、云计算、AI、区块链等信息技术为支撑的金融科技成为银行零售业务实现跨越式发展的核心驱动。从借势外部互联网巨头的科技能力到练好银行科技实力内功,近年来银行在科技方面投入持续增强,金融科技对银行金融服务的赋能能力不断提高,银行零售业务也实现了从粗放增长到精耕细作的"大零售"发展升级。

一、科技驱动零售全面转型

随着"十三五"规划的实施落地,国内商业银行也进入供给侧结构性改革和发展模式转变的转型期。在互联网金融迅速崛起和扩大消费拉动经济增长的背景下,各商业银行纷纷启动零售业务转型战略,寻求新的增长动能。2010年后,招商银行二次转型推进以零售为核心的"一体两翼"战略,率先拉开银行业新零售转型序幕。2016年,平安银行也宣布启动零售战略转型,围绕"科技引领、零售突破、对公做精"三大核心策略全力发力零售;2017年,建设银行转向实行零售优先的发展战略,为零售业务让道。各银行纷纷将零售业务转型上升至全行层面的核心发展战略。经历了10年的跨越式发展阶段,银行零售业绩指标实现高速增长,已占据商业银行营收结构的半壁江山。

金融科技是近年来商业银行零售业务实现快速发展的核心驱动。业内普遍认为,2010年以来互联网金融迅速崛起后,以大数据、云计算等为核心的信息技术在金融领域的创新应用,从业务流程、产品设计、渠道入口等全方面重塑了传统银行业务的生态模式。

只有拥抱金融科技,银行业才能降低成本、提升获客效率,实现零售业务的突破发展。银行一方面纷纷与百度、阿里、腾讯、京东等互联网巨头跨界合作;另一方面也在加速自身科技投入,提升银行科技能力。麦肯锡此前发布的一份中国银行转型与创新白皮书中明确指出,2016年开始,随着利率市场化、对公不良信贷激增和互联网金融的崛起,零售银行正在全面迈入由全渠道银行、智能投顾、区块链、大数据和物联网为基础的数字化银行,即进入零售银行"4.0时代",集约化、智能化、数字化成为零售银行新趋势。

二、开放平台推进综合化零售升级

在科技赋能的驱动下,银行零售业转型经历前期高速增长后增速开始放缓,零售转型压力上升。2020年以来,随着数字化转型的深入,部分银行开始了零售业务战略二次转型升级,通过综合化、开放化平台打造,实现"大零售"业务发展,以寻求新的增长引擎。

平安银行行长助理蔡新发此前在该行年报发布会上指出,经过三年转型攻坚,该行三大零售业务条线各自突破且呈现均衡发展,也呈现增速放缓的趋势,需要升级"打法",实现粗放经营向精细化经营转型,寻找新的增长引擎。

某股份制银行零售业务负责人认为,过去的几年,在金融科技驱动下银行零售业务发展很快但比较粗放,现在已进入发展瓶颈期,需要深耕细作,这就需要不同业务条线的交叉融合,真正以用户为中心,进行营销运营和产品设计等。

实际上,据披露的最新年报内容显示,多家上市银行公布了升级版零售发展战略,围绕"用户中心"打通业务板块,实现"大零售"综合化发展。如招行提出,将"打造大财富管理价值循环链";面向"大"客群、搭建"大"平台、促进"大"生态,将客户资金端和融资端需求更有效地连接,打造差异化竞争优势。成都银行宣布,构建"一个平台四个系统"的大零售系统体系,打造全行零售业务新动能。南京银行于2020年启动大零售2.0战略,围绕"以客户为中心"的经营理念,搭建"私行客户—财富客户—基础客户—互联网客户"的分层管理架构,健全零售板块专业分工与统筹协同相结合的机制体制,进一步提升零售客户精细化管理、综合化的服务能力。平安银行进行了组织架构和业务系统的打通重组,通过各种中台建设,将零售银行内几大业务条线打通,以"客户"为中心,进行产品整合。

零售业务的交叉融合发展,需要统一、综合化的平台支撑。银行业人士普遍认为,新冠肺炎疫情加速了零售业务全面线上化的步伐,也催化了银行的综合化、开放化终端平台的建设进程。据《2020年全球零售银行报告》显示,由于关注客户体验的新晋竞争对手抢占了大量市场份额,零售银行正面临巨大的转型压力;由于新冠肺炎疫情的持续影响,消费者将继续转向数字银行,进一步推动该数据的增长。银行必须向基于平台的模式演变,以此推动增长和创新,从而保持竞争力,并接受 Open X 模式以便取得长期的成功。毕马威也分析认为,2020年新冠肺炎疫情带来的经济衰退对零售银行的盈利性带来挑战,迫使零售银行考虑改变其商业和运营模式,其中数字化转型已经成为零售银行的当务之急。

据各银行披露的年报内容显示,银行App已普遍成为各家银行面向零售客户提供综合化金融服务的最主要入口,且近年来银行在场景生态链布局、业务覆盖范围、运营管理流程、个性化服务设置等方面持续发力升级,终端客户活跃率上升明显。易观国际分析认为,手机银行App作为银行数字化转型的重要战场,各大商业银行在通过人海战术、营销渠道拓展、应用场景下沉等运营手段,不断促进手机银行App规模攀升,截至2021年第一季度,手机银行App用户规模已达58 466.01万户,同比增长达23.8%;随着数字化经营的深入,手机银行App已然从流量的正面"交锋"迭代至"以客户为中心"的精细化运营阶段。上述银行零售业务负责人认为,随着银行数字化、智能化转型深入,现在大部分个人业务都是通过手机App、电脑终端等线上渠道完成,尤其App平台已经成为零售业务竞争的主要战场;为了满足用户越来越多元化、个性化的金融服务需求,App平台需要更加开放、智能的升级,以真正互联网的思维模式进行重构,不仅要银行内部金融服务的融合打通——走出去,还需要更多场景、服务"引进来"。

(资料来源:http://www.cb.com.cn/index/show/jr/cv/cv12520165235/p/2.html)

思考:

(1)什么是商业银行零售业务?

(2)金融科技的发展对商业银行的零售业务产生了哪些影响?

第一节 商业银行产品概述

一、商业银行产品的概念

(一)商业银行产品的定义

菲利浦·科特勒将产品定义为:"向市场提供的一切能令人留意、获取、使用或消费的物品,能满足人们的某种欲望和需要"。因此,商业银行产品也就是指商业银行向市场提供的能满足人们某种欲望和需求的、与货币相关的服务。还需注意的是,银行产品不仅是指银行提供的各种服务,也包括银行提供服务所需的载体,以及银行提供服务的渠道,甚至为提供服务而开发的银行金融工具等。例如,银行提供的存款服务,往往需要借助银行账户、存折、银行卡等服务载体,以及柜面操作系统、电话银行系统、网上银行系统等服务渠道。

(二)商业银行产品的分类

商业银行产品的内容十分广泛,可划分为基础性银行产品、开发性顾问类产品和其他新兴产品三大类。

1. 基础性银行产品

(1)资产类银行产品。资产类银行产品的突出特点是风险高,因此在向客户提供此类业务时,一定要把风险防范放在首要位置。资产类银行产品主要包括票据贴现、银行承兑汇票、中期流动资金贷款、短期贷款、固定资产贷款、个人住房贷款等。

(2) 负债类银行产品。负债类银行产品几乎没有风险,但此类产品在竞争日益白热化的市场条件下,对银行的生存和发展至关重要,主要包括向中央银行借款、向同业拆借资金、发行金融债券、储蓄对公存款等。

(3) 结算类银行产品。结算类银行产品主要包括银行承兑汇票、现金收付、银行汇票、委托收款、支票、汇兑等。

(4) 租赁类银行产品。租赁类银行产品包括经营租赁和融资租赁。

(5) 涉外类银行产品。涉外类银行产品包括涉外银行资产类产品、负债类产品、外汇买卖与国际结算。此外,资产类银行产品包括对国内厂商贷款、对国内厂商贴现、对国内厂商押汇和出口买方信贷 4 种。负债类产品主要有吸收国内外币存款、在国外吸收外币存款、在国外发行外币债券和向国外借款 4 种。

2. 开发性顾问类银行产品

(1) 财务顾问。财务顾问包括证券公开标价交换顾问、公司并购中的财务顾问、公司重组中的财务顾问、公司上市中的财务顾问等。

(2) 投资顾问。投资顾问包括风险投资顾问、证券投资顾问等。

(3) 战略顾问。战略顾问包括竞争战略顾问、营销战略顾问、发展战略顾问等。

(4) 融资服务。融资服务主要包括投资回报测算、提供顾问意愿与资金、就融资事宜谈判等。

(5) 信息服务。信息服务是指商业银行依靠自身在信息、人才、信誉等方面的优势,对这些信息以及银行和客户资金运动进行记录与分析,并提供给客户,以满足其业务发展需要的服务活动。

3. 其他新兴产品

其他新兴产品主要包括金融期货、离岸金融、期权等。

案例 4-2　招商银行加大服务中小企业力度,助力企业实现电子招投标

近些年,国务院相关部委不断出台各类政策,推动工程担保电子化,旨在提高中小企业投标效率,同时降低其投标成本。招商银行作为国内领先的股份制银行,一直秉承着"因您而变"的服务理念为客户提供优质服务,而保函市场规模大、适用场景广、覆盖客户多,一直是招商银行服务中小企业的重要产品。自 2019 年起,招商银行便紧跟政策导向,投入大量资源在全国范围内搭建电子保函服务体系。迄今为止,招商银行已成功对接包括各地公共资源交易中心、海关、核心企业等在内的超过 50 家平台,走在银行同业前列。

相较传统纸质保函,电子保函优势明显。一是保函交付过程更高效。纸质保函原件

需线下收取与寄送,费时费力,而电子保函通过 API 专线对接等方式实现电子数据传输,企业开立保函后数据可直接从银行传输至受益人/平台。二是提高保函真伪识别效率。银行与平台间专线对接本身已形成天然防伪,数字证书加签等方式将进一步提高防伪效力,能很好地解决当前纸质保函存在验真问题。

除在保函交付形式上下足功夫外,招商银行也从客户体验出发持续推出创新产品。为进一步提升银行保函开立时效,2020 年 4 月推出爆款产品——全额保证金保函闪电开,不仅实现全流程线上化,更是让银行保函的开立时效一举从数天级跃升至分秒级,再紧急的情况也无需担心保函开不出来。

尽管这款产品从面世起便广受好评,但招商银行并未停下其创新的脚步:在满足客户时效性要求的同时,如何进一步释放客户的保证金占用?基于数据实现在线自动授信是招商银行找到的完美答案。2021 年 2 月,招商银行正式推出保函闪电开 2.0,该产品自带的数据风控授信模式相较传统银行授信有几个突破。一是授信申请全线上化。企业通过网银发起授信申请,避免线下资料用印和递送。二是系统自动核额。与传统银行授信复杂的贷前审批流程不同,数据风控授信由系统自动审批。客户获批数据风控授信后,则可使用该额度闪电开立保函,保证金比例最低可降至零。因此,数据风控授信的推出既保证了企业开立保函的时效,同时又能为企业减少资金占用,是银行在中小企业融资问题上的一大突破。

推出一年来,招商银行保函闪电开业务量已突破 70 亿,服务企业近万家,业务范围覆盖全国,投向涉及工程基建、贸易、制造、信息科技等各行各业。

(资料来源:http://www.cmbchina.com/cmbinfo/news/newsinfo.aspx?guid=7662fed1-fe42-4466-94c1-62813f98fccb)

(三)商业银行产品的特点

商业银行通过提供银行产品来满足客户的需求,银行产品是商业银行传递价值的载体。商业银行营销组合中的其他要素是以银行产品为核心的(虽然其他因素也很重要,但它们的主要功能是促进市场接受产品)。因此,在了解银行产品的特征的基础上,增加银行产品附加利益和服务,才能获得银行产品的竞争优势。具体来说,银行产品具有以下特征。

1. 无形性

一般工商企业提供的产品大多是有形产品,具有外形、颜色、式样等实体形态,客户可以通过视觉、味觉、嗅觉、触觉等来感知和识别;而银行产品在自然形态上经常是无形的,如为客户提供的贷款、结算、代理等服务。由于银行产品具有较强的抽象性,其本身可能并不具备某些鲜明的物理或物质上的特性,客户在购买之前无法进行触摸,只能通过文字、数据、口头介绍等方式来了解产品的性质和功能。同时,银行产品的无形性也使其在扩展方面有广阔的"想象"与填充空间。所以,如何通过某些"有形"的形式与特点设计,使银行产品具有吸引客户的强大"魅力",是银行产品设计开发的关键。

2. 不可分割性

银行产品的无形性,使得商业银行在提供银行产品时,需要把各种相关过程,如银行产品的销售过程与服务过程等联系起来,即产品与服务者不可分割。一旦商业银行向客户提供了产品,就应将一系列服务分配给客户。在任何时候,客户想要获得银行产品就必须通过商业银行,这一特性也决定了银行产品在分销过程中不用通过批发和零售等中间商,因而商业银行产品的生产者和销售者合为一体。

但是,近年来由于现代信息技术在金融领域的广泛应用,使得银行产品的提供与服务的分配出现了一定程度的分离。

3. 多样性

商业银行的金融服务是一种高级的劳动,不同服务之间缺乏一个统一的质量标准,服务的质量在很大程度上取决于服务由谁来提供以及在何时何地提供。这导致了多数银行产品受人为因素影响。例如,不同银行、同一银行的不同分支机构、同一机构在不同时间所提供的银行产品和服务质量可能会有较大的差别。另外,由于商业银行面对的客户需求也是多种多样的,因而需要有多样化的银行产品来满足不同层次类型的客户需要,银行产品也就具有了多样性的特点。

4. 易被仿效性

一般企业提供的产品,生产者都可以向有关方面申请专利或商标,以维护其创新产品的权益;而银行产品大多为无形产品,无法申请专利。任何一项被认为是有利可图的新业务或服务品种的出现,都可能在短时期内以较低的成本被其他商业银行引入,例如新开发的产品或营销手段等。

银行产品易被仿效的特点一方面使得开发和创新银行产品的商业银行极难维持其创新利润,另一方面也使得区别于其他商业银行的产品或服务成为一件非常困难的事情。并且,由于引进银行产品的费用较低,引进速度较快,同类产品或服务在市场的占有率会迅速提高。

5. 价格的一致性

由于现代信息社会及资金市场的区域化与全球化,价格传递迅速且广泛,使得同类银行产品在国内市场甚至国际市场上出现价格趋于基本一致的状况,从而加剧了各类商业银行之间的产品与业务的竞争。

6. 服务叠加性和持续性

一般产品只具有某项特殊的使用价值,其使用价值往往比较单一;而银行客户则可以享受到商业银行提供的多种服务。例如,客户在办理信用卡后即可得到银行转账结算、存取款、消费信贷,以及账户管理、债权债务清偿、咨询等多项服务。

商业银行的金融服务与客户关系是具有持续性的,这和普通的商品消费不同。商业银行与客户关系的保持,取决于相互信任,以及商业银行提供的可靠的财务顾问服务。目前,虽然服务自动化使商业银行工作人员与客户面对面联系的机会减少,但商业银行仍需重视具有全面业务知识能力的专职人员的设置,以便为客户提供咨询服务。

案例 4-3 中信银行区块链雄安样本:科技赋能谋差异化

2021年6月7日,工业和信息化部、中央网络安全和信息化委员会办公室联合发布《关于加快推动区块链技术应用和产业发展的指导意见》提出,到2025年,中国区块链产业综合实力达到世界先进水平,产业初具规模。实际上,目前伴随区块链等新技术在产业上的应用,越来越多创新商业模式正在成为推广的应用案例。对于商业银行而言,市场对新技术的需求倒逼银行在实际业务中加大科技赋能,而科技也逐渐成为银行间竞争的一个硬实力体现。

据《中国经营报》记者了解,作为国家"千年大计"的雄安新区建设一直备受市场关注,在以创新为驱动的前提下,区块链等新技术的应用也体现在了新区建设的各个方面。以雄安新区建设的资金拨付为例,中信银行受托开发的建设资金管理区块链信息系统将所有参与建设企业收支纳入其中,实现了所有项目资金的可溯源和不可篡改。中信银行相关负责人称,由于科技属性的需求增加,银行传统的营销方式方法正在向"科技+营销"转变。银行科技部门和人员也从幕后走到了台前,在很多项目中结合科技赋能方面的实际应用支持银行在当地金融经营中脱颖而出。

一、区块链应用落地

"中信银行是首批入驻雄安新区的股份制银行之一。自2017年10月以来,银行积极参与雄安新区科技智慧城市的建设。"中信银行雄安分行负责人表示,该行受托研发了雄安建设资金区块链信息系统,并通过该系统在新区建设施工领域实现了金融业务的快速跟进。

据上述中信银行雄安分行负责人介绍,由于区块链技术的可溯源和不可篡改的特性,新区管委会希望使用融合区块链技术的新系统实现整个新区建设资金拨付全流程上链存储,以加强新区政府对财政投资项目资金的全链条监控。"银行于2019年8月接到了新区管委会的项目需求。经过3个月紧张的开发和政府组织专家评选,中信银行成为了雄安建设区块链系统的第一家上链银行。"目前,该系统累计交易金额已经达到了146亿元,交易笔数9.67万笔,已为3万多农民工代发工资,且数量一直持续增长。上述中信银行雄安分行负责人表示,由于新系统的应用,银行的金融业务也能够快速跟进。在2020年新区施工类项目147个开标项目中,项目合同金额683亿元,而中信银行雄安分行在合作项目中规模接近一半。

中信银行雄安建设资金区块链项目负责人吴熊楚表示:"目前建设资金管理区块链信息系统已经运营了一年半时间,涵盖了客户交易、农民工代发工资等业务,这给银行带来了沉淀资金。同时,该系统今年还做了一些创新,比如尝试将供应链金融产品嵌入到该区块链系统中,帮助新区各企业供应商进行融资。"

"中信银行总行此前在工作会上就要求总分行一起携手加快形成技术赋能分支行的新打法和新特色。在这个新背景下,结合雄安新区建设智慧城市的总体规划要求,银行跳出了传统的营销方法,结合科技赋能支持分行在竞争中脱颖而出。"上述中信银行雄安分行负责人表示。

其还表示,区块链的应用场景是和政府建设资金支付的应用场景密切相关的。通过区块链系统,实现了可溯源、保密、全程透明可监控的方式,既满足了透明政府的要求,也实现了最新技术在新区智慧城市建设上的运用。同时,系统还嵌入了中信银行对整个建设资金的领域支付流程的理解,实现三者很好的衔接。"区块链技术是我们通过科技赋能银行发展,以及实现银行营销转型的很好的例证,这个模式在雄安分行无论从业务结果上,以及在政府的服务效率、建设企业带来的便利性方面均得到了认可。"

二、科技赋能差异化

尽管目前大部分银行都在不断强调科技转型和科技赋能,而多数银行涉及的科技属性产品或服务均在幕后,客户端仅能凭借客户体验来感受。然而,如今不少银行业务的科技赋能正从幕后走到台前,并成为银行间竞争的一个重要砝码。"中信银行在资金区块链信息系统的建设和应用中,一个深刻的体会是营销的转变。传统营销模式在未来发展路径上越来越单薄,服务企业的效率会比较低,这需要银行通过自己的业务升级和业务科技赋能实现新发展。"中信银行相关人士称。该人士介绍,在实现科技和业务的深度合作中,过去银行更多的是将业务的需求返给技术团队,技术团队则研发覆盖面较广的产品进行推广。但是,如今雄安新区的技术是实行驻场模式,科技人员走到前端进行无缝对接,在满足客户需求的同时让体验达到最佳状态。"新的模式由科技条线的人员直接和前排营销人员结合,共同研究业务领域带来的需求,通过科技系统的建立,支持业务的发展,反向来实现金融的双向良性循环的发展。通过科技加业务团队的模式,达到共同服务一线,需求的传递无偏差。过去是前后台的服务模式,现在通过总行的开发快速迭代的模式,这让客户的需求能够最大化满足,能够在市场比拼中跑赢竞争者。"

记者了解到,雄安新区的建设资金区块链目前一共有4条链。除了中信银行以外,工行、建行和农行也建设有3条链,且链与链之间是互通的。据了解,在雄安新区区块链系统取得显著效果后,已经有两家央企对中信银行该系统表示出了相当兴趣,正在洽谈将新技术应用到产业的合作。"区块链的运用是银行的输出服务,而中信银行在积极拓展这样的服务模式。"上述中信银行相关人士称。

(资料来源:http://www.cb.com.cn/index/show/jr/cv/cv12520141231/p/2.html)

二、商业银行产品的层次

商业银行产品是一个复杂的概念,从客户需求到具体的产品形式有着不同的层次。

(一) 三分法

按照基本的划分方法,金融产品主要分为核心产品、形式产品和扩展产品3个层次。

1. 核心产品

核心产品是指客户从银行产品中可得到的基本利益或效用。核心产品是客户真正要买的东西,因此,它是银行产品中最基本、最主要的组成部分,也称为利益产品。

客户购买银行产品,就是为了满足一定的需要,这是购买的实质。每一种银行产品都是为了解决某一特定问题而设计的。核心产品就是客户真正购买的基本利益。例如,客户使用信用卡,是希望利用它进行转账结算、存取现金和透支,因此,这三大功能就是信用卡的核心所在。存款账户要能满足客户货币收付活动和安全增值需要,这是存款账户的核心所在。

可见,核心产品体现了银行产品的本质——消费者所能得到的基本利益,这是银行产品的实质内容。在银行产品的3个层次中居于中心地位。如果核心产品不能符合客户的需要,那么形式产品和扩展产品再丰富也不会吸引客户。

2. 形式产品

形式产品是指银行产品的具体形式,用来展现核心产品的外部特征。

形式产品主要表现为各种金融手段或工具,如支票、汇票及其他各种票证等。

由于银行产品大多是无形产品,无法像普通商品那样可以通过外观、色泽、式样、商标、包装等进行多方位的展示,为了方便客户对银行产品的认识和评价,必须将无形的产品尽可能实体化,借助一定的外部表现形式对其予以反映和区分。

使服务有形化的具体做法就是使服务的内涵尽可能地附着在某个实物上。以银行卡为例,虽然银行卡本身没有什么价值,但它代表着银行为客户提供的各种服务,如"招行一卡通"。同时,银行卡作为有形体,体现了不同的银行服务,例如银行卡根据不同的清偿方式分为借记卡和信用卡,我们也能从银行卡的颜色和款式判断出发卡的银行。商业银行在进行产品营销时,应重视形式产品,注重产品外在形式的设计,以增强银行产品的吸引力。

3. 扩展产品

扩展产品也称为附加产品,是指银行产品在满足客户的基本需求之外,还可以为客户提供额外的服务,使其得到更多的利益。扩展产品是银行产品的延伸和扩展部分。

银行产品具有较大的相似性,不同商业银行为客户提供的多种服务在本质上是相同的,为了使本行的产品有别于其他商业银行的同类产品,吸引更多的客户,商业银行必须在扩展产品上多下功夫。随着银行业竞争的不断加剧,商业银行的金融服务呈现系列化的趋势,在某一产品中往往附加其他服务以满足客户的多种需求,为客户提供更大的便利。增加产品的附加价值,为客户提供灵活多样的附加服务,是提高商业银行竞争力的有效手段。

(二) 五分法

从营销角度,银行产品可以进一步细分为5个层次。

1. 核心产品

核心产品是指顾客所购买的基本服务和利益。

2. 基础产品

基础产品是指银行产品的基本形式,是核心产品借以实现的载体。基础产品是各种硬件和软件的集合,包括营业网点和各类业务。

3. 期望产品

期望产品是指购买者购买产品时通常希望和默认的一组属性和条件。期望产品表现为良好和便捷的服务,如银行品牌、服务支持、方便、安全性等。

4. 延伸产品

延伸产品是指某种产品衍生增加的服务和收益。由于顾客购买某种产品的目的不仅出于满足某种需要,还要求获得相关的附加服务,例如产品的咨询和融资便利等。因此,商业银行在设计和营销产品时必须建立整体的系统概念,从而通过延伸产品把自己的产品和其他银行的类似产品区别开来。

5. 潜在产品

潜在产品是指延伸产品的更长度延伸,也就是延伸产品继续最大地延伸和转换,从而塑造出更能符合客户需要的新型产品,使客户从本行提供的产品和服务中得到最大限度的愉悦感,成为本行的忠诚客户。

银行产品概念层次的不断细分,体现出对商业银行的客户需求认识的不断深入,为推行更有针对性和效果的市场营销提供了更详细准确的依据。以客户需求为中心,把握好银行产品的整体概念,是正确制定产品策略和其他营销策略的基础。

延伸产品所体现的是现今在产品中所包括的附加功能与服务,而潜在产品所体现的则是将来可能的扩展部分。这些潜在部分或者是消费者尚未明确意识到,或者是商业银行尚未发现的,或者是现有经济水平和技术条件不可能实现的。商业银行所能达到的产品水平反映了一国或地区银行业市场的发达程度,也体现了市场的竞争状况。大多数发达国家的商业银行竞争往往集中在延伸产品和附加产品上,而大多数发展中国家的银行产品竞争则多集中在产品的期望条件上。我国银行业现正处于商业化转型阶段。所以,我国银行产品的水平是较低的,现有的有限竞争也主要集中于产品的品种和期望产品上,与发达国家还有相当大的差距。随着改革开放的深入,商业银行的竞争将在更广泛的产品层次上展开。

在延伸需要方面,客户需求往往是相当广泛的,竞争也是多种多样的,所以在制定产品扩展策略时,商业银行应当注意扩展的成本,要考虑费用是由商业银行自己承担还是转嫁给消费者、消费者是否愿意或是否有能力承担等问题。由于竞争的结果,扩展的利益与服务很快会成为消费者的期望利益与服务,这样也会激励竞争者不断寻求其他新形式的附加服务。在激烈的产品扩展化竞争过程中,由于价格竞争的升级,也逼迫一些竞争者以低价、简捷的产品服务吸引那些不愿意负担更多费用的消费者,所以一些小的、名气不大的商业银行也会有相应的市场。但是应当注意的是,产品的竞争性扩展要与经济发展水平(客户的收入水平)和客户对生活质量的追求意向相关联,否则,这种扩展就只能是超前的、没有现实意义的消费方式。在激烈的市场竞争中,对产品的宣传与广告往往大都集中在部分期望产品和延伸产品上,核心产品或一般产品通常是不需要宣传和广告的,但有两个例外:①消费者尚未了解或缺乏了解的、刚投入市场的新产品或全新产品;②作为一种竞争对比策略,当各商业银行都在外围竞争且难解难分之时,需要宣传核心产品与一般产品。

三、商业银行产品开发的程序

商业银行产品开发与创新是一项艰巨且复杂的工作,它不仅需要投入大量的资金,而且其最终是否能够成功也是未知数。因而为了减少开发新产品失败的风险,必须科学遵循一定的程序进行开发。一般来说,银行新产品从设计、试销到全面推广要经过以下8个阶段。

(一)搜集构思阶段

开发新产品的关键在于从众多的构思当中选取最合适、最有发展前途的构思。构思是指对能够满足现有客户或潜在客户某种需求的新产品所作的各种设想。西方营销学家的调查发现,60%的设想来自客户、竞争对手和情报资料,其余的40%则来自商业银行内部。充分征求、研究客户对商业银行服务的意见和看法是新产品开发成功的保证。

新产品方案的搜集与构思的主要任务是:从各个来源挖掘出对产品的设想,并提高构思的有效性。商业银行首先应仔细研究客户的需求,尤其要摸清潜在客户的要求,从各方面搜集新产品的方案。搜集新产品方案及构思可以从内部和外部两种渠道着手。其中内部渠道有银行的研究与开发部门、营销部门、职员;外部渠道有客户的意见、代理行与联营机构、同业竞争者、政府部门、专家学者的研究。

(二) 筛选阶段

筛选的目的是剔除那些不适合商业银行发展目标或资源的新产品构思。银行获得的关于新产品的构思,不一定符合银行的需要,是否与银行的整体经营目标、政策及银行资源相一致,还需要经过筛选。产品构思的筛选直接关系到银行产品开发成本的高低,因此十分重要。通常,产品构思的筛选过程通常包括两个阶段:第一阶段,根据构思是否适合银行的发展规划、业务专长和资金实力剔除那些明显欠妥的建议。这种迅速、准确的判断有助于商业银行节省资源。第二阶段,在余下的产品构思中进行进一步审查,利用评分表方法评出等级。在对一系列因素作出适当评价的基础上,慎重地作出决策。

(三) 产品概念的形成与测试阶段

产品构思经过筛选后发展成为产品概念。对于经过筛选的产品构思,银行要用详细的文字或模型来表示,将停留在产品开发方案中的抽象的概念产品转化为具体的产品描述,构建成型的产品概念。对于成型的产品概念,一般由银行产品经理或开发人员组织实施选择某一顾客群体进行测试,并向他们详细描述新产品的功能、运作过程、给顾客带来的利益、该产品与其他同类产品的不同之处等,看看新产品能否满足顾客的需要,并进一步征求顾客的意见,以便顾客全面了解该产品,并对其进行评价。

(四) 可行性分析阶段

新产品经过测试以后,商业银行还要对新产品开发从财务可行性分析和技术可行性分析两个方面进行经营分析。财务可行性分析主要是对新产品方案从财务上分析预计销售、成本、利润和投资收益率,同时进行长期的成本效益分析,预计长期销量和盈利目标,以保证新产品财务上的可行性。而技术可行性分析是对新产品进行技术论证,分析其技术上是否可行。在新产品技术可行的基础上,进行新产品实际开发,为客户提供新产品。

(五) 产品开发阶段

经过对新产品的测试和分析以后,商业银行就进入了全面开发阶段。银行产品大多是无形产品,所以它的开发要比其他企业产品的开发方便得多。一般而言,银行在进行产品开发时会涉及以下领域,包括:①塑造一个独特的品牌;②市场分析,客户分类;③竞争力分析;④买方行为;⑤定价;⑥成本和收益;⑦产品设计和定义,产品定位;⑧创新和生命周期发展;⑨反馈和商业计划;⑩产品面市后的分析,制订产品方案。

(六) 产品试销阶段

开发出新产品之后便可以进入试销阶段,即向少级的客户进行试验性销售,观察客户的反应,衡量其广告效果、购买率,并推断能否实现预期目标,检测其对现实情况的适应性。银行通常在一定期限内选择某一市场让客户试用该产品,并根据客户的反映来衡量产品的效果及销售前景。在试销阶段银行还可以利用多种方式,例如表格调查、电话询问等来收集客户的意见和其他各种相关信息,以便对产品进行针对性地改造与调整。

(七) 商业化阶段

当新产品试销成功后,就必须立即投入正式生产,并尽快投放市场,以满足市场需求,并对新产品进行商业化经营。在此阶段,银行应确定新产品投放的时间、地点、目标市场、推广策略等具体细节。产品商业化阶段是实现产品创新目标的实践过程,也是各项营销策略的综合运用过程。

(八) 评估与检测阶段

新产品投放市场后,银行还必须对客户的使用情况进行评估与检测,注意是否采取调整补救措施。有效的检测可以促使银行能够及时搜集到客户对产品的反应,随时对产品的一些缺陷加以改进,或是对营销战略进行适当的调整,并有助于促进下一个新产品的上市。

案例 4-4 商户 E 贷的设计与构想——以某银行直属支行为例

一、产品创意概述

(一) 创意背景

在消费升级、政策支持和金融科技发展的共同推动下,个人消费信贷需求强劲。相比较于传统的线下贷款,需要抵押物和诸多资料验证,线上贷款凭借方便、快捷的产品优势迅速抢占了信贷市场份额。以某银行直属支行近 3 年来的网捷贷产品举例:2018 年年末余额 1 938 万元,2019 年年末余额 2 793 万元,到 2020 年 6 月 30 日余额突破 4 000 万元,增幅均在 50% 以上。

为做大线上贷款规模,推进互联网金融服务以及适应数字化转型,满足客户资金需求,湖北某行推出了"烟商 E 贷""药商 E 贷"等个贷线上金融产品,为专业商户提供资金支持。其直属支行也推出了"烟捷贷""虾农贷""渔农贷"等惠农 E 贷特色线上金融产品,为农村专业大户提供资金支持。以"烟商贷"或"烟捷贷"为例,通过连接外部系统数据——新商盟,采集客户订烟额和烟草档位信息,线下入户调查,采集客户基本资料,整理数据后汇总,通过网捷贷场景化贷款批量预授信导入白名单,客户可以直接在掌银上进行申请贷款—实时审批—签约放款,贷款最快一分钟到账,客户体验佳。仅 2019 年,某银行直属支行就累计发放烟捷贷 188 笔,金额 2 539 万元。由此可见,在存量商户多,资金需求大,前期已成功推广的线上金融产品的商业银行中,线上贷款等业务市场应用前景广阔。

(二) 主要设计架构

目前,某银行直属支行已经推广上线的金融产品,无不是针对某一特定群体专门打造,例如烟商、酒商、药商等,包容性不足,且需要采集诸多资料。如外部系统数据(新商盟、医保结算平台等),在前期资料收集上需要耗费时间和精力。采用"商户 E 贷"模型,可以从银行商户系统后台提取到客户流量,实现批量化作业。"商户E贷"面向对象是整个市场商户,涵盖面更广泛,兼容性更好,无论是批零还是特色产业,均可以利用"商户E贷"牵引客户,带来信贷1+N的效果。其主要架构如表4-1所示。

表4-1 "商户E贷"模型

商户系统		多模型测算
银行E管家	"商户E贷"	根据商户流量和资产情况给出预授信额度剔除其中明显偏离正常值的商户流量
POS机		
收款码、聚合码		

系统连接商户平台、C3、BOEING、人脸识别、征信、贷后管理、反欺诈等信息。

可以支持线上、线下数据整合,并将客户的基础信息、财务情况、商户流量等信息进行分类并存储,以备客户后续准入和授信使用。

"商户E贷"以黑名单(包括但不限于法院黑名单、治安黑名单、医疗卫生黑名单、行业经营黑名单、银行内部黑名单、人行征信黑名单等)、准入规则(年龄、固定住址、经营年限、资金流量,是否禁入行业等)和征信信息为前提,利用已分类并存储的客户数据信息筛选瑕疵客户。

(三)应用场景

在掌银App、E管家App以及微信公众号和小程序聚合码商户、POS机工具等平台上,均可申请用信。掌银贷款栏目下,可以增加"商户E贷"选择,客户使用银行商户系统或产品时,自动同步到掌银端,可以实时查看收款信息及预授信额度。在微信端也可以打开贷款申请端口,跳转到掌银界面再进行贷款的申请和用信。在客户准入场景,实现对符合条件的商户进行筛选预授信;在授信场景,根据客户的具体信息通过授信模型设定授信额度,并在掌银上进行实时查询征信,人脸识别,签约电子合同和用信放款;在用信和还款场景,用户可以通过银行掌银端等电子渠道进行用信及还款;在贷后风控场景,"商户E贷"定期采集用户商户流量和银行账户信息跟踪预警;对接外部系统,比如工商、法院查询系统和法院被执行人系统,实时更新用户的营业执照情况、涉司情况、反欺诈信息等,将相关情况变动以及风险预警信息及时推送至该行C3贷后管理系统。客户经理收到预警信息后进行调查核实,有针对性地开展贷后管理。

二、产品的市场前景分析

(一)商户众多,市场前景广阔

商户数量多,可批量化操作,一键获客。以某市城区为例,专业市场有百盟市场、万达商圈、两湖交易市场、蓝特陶瓷城、北京路商圈、人信汇商圈等,客户对象涵盖了餐饮、服装、农贸、农资市场等商户,"商户E贷"解决了客户准入范围较窄的问题。

(二) 渠道互联,打造金融生态圈

以商户平台和信贷互联的模式,为银行的"网捷贷""金穗快农贷"提供了新的思路和方法,可操作性强,场景互联,在商户平台加入线上信贷场景,增加产品入口和营销渠道。

(三) 提高动户率,增加活跃客户数

银行平台商户、"商户E贷"产品、掌银贷款平台三者互联互通,以"商户E贷"线上信贷产品为切入点,向商户提供一站式金融服务,激活该行存量商户,增加活跃客户数。

三、收益分析(略)

四、风险分析及防控措施

(一) 虚假商户流量风险

"商户E贷"主要授信依据是银行用户的商户流量,存在客户利用账户资金对倒、信用卡套现等手段,制造虚假流量,骗取授信额度风险。

主要防控手段,利用大数据建模监测、分析商户流量,剔除非正常的数据流量,防控利用虚假流量骗贷的风险。针对不同行业商户,设置参数校验,剔除非正常值流量。

(二) 贷后管理风险

"商户E贷"可以批量准入,线上授信用信。在贷后管理上,存在系统监测信息不全、不准确和不及时的问题,造成贷后管理的难度。

在技术监测上,重点运用好贷后监管系统、账户资金监管、风险预警、人行征信效验、企业营业执照、法院被执行人信息等手段。在客户经理的监管上,主要依靠定期和不定期贷后管理,实地调查走访等手段。

五、小结

线上信贷的发展与思考,是基于银行商户流量给出预授信额度的"商户E贷",方案的设想参考了"烟商E贷""药商E贷""烟捷贷""直属百盟商户贷"等产品,方案打破了烟商、药商、百盟商户贷等产品的准入限制,将存量商户与线上信贷结合起来,扩大了准入群体,实现了一站式金融服务。同时,绕开需要连接外部系统的公积金模型、所得税模型等,在银行自有系统上实现互通互联,可操作性更强,产品模式更容易复制和推广。

[资料来源:李春丽,徐孟.商户E贷的设计与构想——以某银行直属支行为例[J].时代金融,2020(36):42-44.]

第二节 商业银行产品组合策略

一、商业银行产品组合概述

(一) 商业银行产品组合概念

商业银行产品组合是指商业银行向客户提供的全部产品的有机组合方式,即所有银行产品的有机构成。与此有关的概念有产品线、产品类型和产品项目。产品线是指具有高度相关性的一组银行产品。这些产品具有类似的基本功能,可以满足客户的某一类需求,例如存款产品线。产品类型是指产品线中各种可能的产品种类,例如储蓄存款中的定期存款和活期存款分别属于不同的银行产品类型。产品项目是指某个特定的个别银行产品。产品项目是银行产品划分的最小单位,例如3年期的定期存款。

产品组合由多条产品线组成,每条产品线又由多种产品类型构成,而每种产品类型又包含了很多类产品项目。在现代营销中,大多数的商业银行都是多产品或多品种经营者,根据市场供需的变化和自身的经营目标来确定产品的结合方式和经营范围。

(二)产品组合的量化要素

一个银行产品组合通常包括产品组合宽度、深度、关联性等量化要素。确定产品组合就要有效地选择其宽度、深度和关联性。

1. 产品组合宽度

产品组合宽度,是指产品组合中不同产品线的数量,即产品大类的数量或服务的种类。例如,某商业银行有证券类、信贷类和中间业务类等产品类别。这些产品大类即产品线的数量,就是这个银行产品组合的宽度。银行拥有的产品线越多,其产品组合宽度就越宽;反之则越窄。

2. 产品组合深度

产品组合深度,是指银行经营的每条产品线内所包含的产品项目的数量。例如,信贷类产品若包含10种业务,则其产品线的深度就为10。每条产品线拥有的产品项目越多,其产品组合深度就越大;反之则越小。

3. 产品组合关联性

产品组合关联性,是指银行所有的产品线之间的相关程度或密切程度。一般而言,若各类产品在产品功能、服务方式、服务对象和营销方面都有着密切的联系,则关联性较大;反之,则关联性较小。

不同量化要素的银行产品组合可形成不同的营销特色:①合理地扩大产品组合的宽度,增加产品系列,可以使其在更大的市场领域内发挥作用,分散投资风险,增强活力,提高市场份额;②深挖产品组合的深度,围绕某一类银行产品去开发更多的品种,可以满足不同的需求,占领更多的细分市场,吸引更多的客户;③增大产品组合的关联性,使银行有更强的营销力量去占领市场,扩大金融机构的影响,巩固和增强其市场地位。

可见,产品组合的宽度、深度等因素,反映了商业银行的经营能力、规模、市场前景和发展方向,同时也体现了商业银行的竞争能力和经营管理的复杂性。例如,我国的商业银行都有业务范围的限制,特别是在《中华人民共和国商业银行法》等法律颁布后,商业银行的经营范围、产品线的宽度都要受到法律所规定的业务范围的局限。商业银行的产品组合尽管受到某种程度的法律约束,但随着我国市场经济和科学技术的发展,其宽度和深度不断扩展,必将有更多的金融工具得到开发和运用,其产品项目也将越来越多。同时,竞争也越来越激烈,对商业银行的经营管理也将提出更高的要求。因此,商业银行要提高自身的信誉和服务质量,增强竞争能力和盈利能力,必须进行产品组合管理,合理地确定自己产品组合的宽度、深度和关联性。

(三) 产品组合的分析

通过对现有产品组合的分析、评价和调整,商业银行可进行自身的产品组合管理,以实现银行产品组合的合理性和高效益。

这里以介绍波士顿咨询集团法(又称为波士顿矩阵法、四象限分析法、产品系列结构管理法等)来进行产品组合分析。波士顿咨询集团法是由美国大型商业咨询公司——波士顿咨询集团首创的一种规划企业产品组合的方法,是营销学中一种根据相对市场占有率和销售增长率两项指标,掌握企业产品所处市场地位,进行产品筛选的矩阵图分析法。该种分析评价的程序如下所述。

1. 计算各种品牌产品的相对市场占有率、销售增长率和销售额占销售总额的比重

相对市场占有率,是指本银行某一产品的市场占有率与同行业最大的竞争对手的同一产品的市场占有率之比。如果某产品的相对市场占有率为0.4,则表示该产品的市场占有率是行业中最大竞争对手产品市场占有率的40%。

2. 绘制象限图

波士顿矩阵(见图4-1)是以相对市场占有率为横坐标,以销售增长率为纵坐标;以1.0为界,将相对市场占有率分为高低两个档次;以10%为界将业务增长率分为高低两个档次,这样就把矩阵图分为4个象限。每一种产品按销售额比例大小以不同的圆表示,并根据各种产品的销售增长率和市场占有率分别标示于矩阵中。

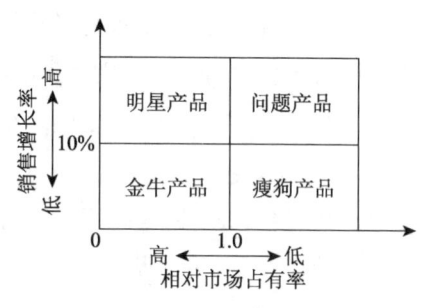

图4-1 波士顿矩阵

3. 分析、评价、调整

根据绘制的象限图,可以把银行的全部产品所处的市场地位分为4种类型,并根据具体情况对这些产品采取不同的调整策略。

(1) 明星产品。明星产品是指相对市场占有率和销售增长率都较高的产品。明星产品最有发展前途,很有可能成为未来的金牛产品,故可以加大在这些产品上的投入,以维持相对市场占有率,继续扩张市场。当明星产品的销售增长到一定程度,其销售增长速度趋向下降时,便转化为金牛产品。

(2) 金牛产品。金牛产品是指市场占有率相当高但销售增长率已经很小的产品。这

类产品一般是稳定盈利的产品,其成本低、获利大。由于销售增长率低会阻止竞争者的加入,可以不必投入资金以保持市场领导地位,从而使产品获得较高的利润,因此金牛产品是银行发展其他产品和新产品的重要资金支持者,商业银行可以用金牛产品的收入来支持明星产品和问题产品。尽管金牛产品是厚利产品,商业银行也应尽力改进这些产品的服务质量,降低服务成本,增加盈利。

(3) 问题产品。问题产品也称为风险产品,是指销售增长率高但相对市场占有率低的产品。对于这类产品,商业银行应分析其发展前景,若销售量能够继续增大,就应投入较多人力、物力给予扶持,使之能扩大市场占有率,尽快成为商业银行的名牌获利产品;若发展前景不佳,则应掌握时机,使之退出市场。

(4) 瘦狗产品。瘦狗产品是指销售增长率及相对市场占有率均较低的产品。瘦狗产品一般是已经进入衰退期的产品,但有些也可能是刚刚进入市场试销的新产品。这类产品既看不出发展的前景,又不能为商业银行带来较大利润,耗费精力,继续经营往往得不偿失,因此应尽量避免经营,也是战略调整和整顿的对象。

从上述分析可以看出,把各种金融产品项目放到矩阵图上定位后,可较清楚地判断银行目前的产品组合是否合理。一般而言,明星产品与金牛产品多且销售量大的产品组合较为合理,能够保持当前利润和长远利润的稳定;反之则为不合理的产品组合。对于不合理的产品组合,商业银行再根据不同的产品类别制定不同的调整策略。例如,对于不可能上升为明星产品的问题产品以及无法转移成为金牛产品的瘦狗产品,商业银行应及时放弃,以便把有限的资源转移到更有利可图的产品中去。

(四) 产品组合的形式

具体地说,产品组合策略主要包括以下几种形式。

1. 全线全面型

全线全面型产品策略是指金融机构尽量向自己业务范围内的所有客户提供所需的产品。采取该种策略的金融机构必须有能力照顾整个市场的需要。例如,近年来,国外一些商业银行不断扩大产品组合的宽度和深度,向客户提供全方位金融服务,包括存贷、融资、保险、信托、租赁、咨询、房地产、证券及外汇买卖、信用卡、信用证、货币市场共同基金等,客户所需的金融服务几乎都能提供。

2. 市场专业型

市场专业型产品策略是指着眼于向某专业市场提供其所需要的各种产品。这种策略强调的是产品组合的宽度和关联性,而较少强调产品组合的深度。

3. 产品线专业型

产品线专业型产品策略是指专注于某几类产品或服务的提供,并将它们推销给各类客户。这种策略强调的是产品组合的深度和关联性,而较少强调产品组合的宽度。

4. 有限产品线专业型

有限产品线专业型产品策略是指根据自己的专长,提供有限的甚至单一的产品线,以适应有限的或单一的市场需求。例如,某银行专门经营信贷业务围绕信贷业务提供很多种信贷产品。这种策略更加强调的是产品组合的深度和关联性,而忽视产品组合的宽度。

5. 特殊产品专业型

特殊产品专业型产品策略是指根据自身所具备的特殊资源条件和特殊技术专长,专门提供或经营某些具有优越销路的产品或服务项目。这种策略的特点是产品组合的宽度极小,深度不大,但产品组合的关联性极强。由于该策略中产品或服务的特殊性,这种产品组合只能开拓有限的市场,但市场竞争力极小。

(五) 产品组合的作用

商业银行将银行产品进行合理有效的组合,对其产品营销方面有以下几个突出作用。

1. 产生广告的规模经济效应

银行产品的合理组合,有利于发挥广告的规模经济效应。因为将同一条产品线中的几种产品放在一起进行宣传,可以节省产品的宣传、广告费用,并带动产品线上各类金融产品的销售。

2. 有利于树立银行产品的形象

银行产品的合理组合,有利于统一相关银行产品的"包装"。银行产品"包装"的统一有两点好处:①促进银行产品线的产品销售;②可以使客户对该类银行产品有深刻的印象。

3. 有利于银行产品高效率地销售和分销

银行产品线的丰富,能使商业银行为消费者提供较大范围的选择余地。从一般企业的情况看,如果企业提供产品线的全部产品,则分销人员和零售商会更愿意"储存"该企业的产品,并且一个产品线的产品运输和仓储成本也比相同数量的、单独的产品项目低;而对银行来说,系列的银行产品会使客户有更大的选择空间,从而刺激其购买欲望。

4. 有利于商业银行"以点带面",扩大产品销售

一般来说,消费者通常会认为一个产品线的所有产品的质量大体相同。如果一家银行产品线上的某类银行产品非常吸引人,消费者出于好感或信任,会购买、投资同系列产品或同类产品。

二、商业银行常用的产品组合策略

商业银行对于产品组合策略的选取,不仅涉及相关金融法规,还受到机构的经营规模、竞争力、自身管理水平、市场前景和市场发展方向等诸多条件的限制。因此,商业银行在进行产品组合选择时,应考虑多方面的影响因素,并考察自身的实力、目标和条件。若

商业银行具有较强实力,且经营目标在于占有更多的市场份额和增加产品销售,则在银行产品组合中,就应增加产品的数量,即增加产品组合的宽度与深度,多开发新的银行产品;反之,则应选取较窄的银行产品组合,将营销的重点放在某一种或几种银行产品上。

商业银行可以采用的产品组合策略包括产品扩张策略和产品集中策略。

(一)产品扩张策略

产品扩张策略主要从拓宽产品组合的宽度和增加产品组合的深度这两方面入手。

1. 拓宽产品组合的宽度

商业银行可以在现有产品线的基础上增加一条或几条产品线,以进一步扩大银行产品的范围,实现产品线的多样化。通过为客户提供"全套"银行产品或"一站式"服务,使客户能够获得系列的产品或全套的金融服务。这样,一方面可以满足客户对不同银行产品的不同需求,使客户在一家商业银行处理其大部分甚至全部的银行业务,有利于留住客户;另一方面,通过增加产品线、扩展产品组合的广度和深度,能够达到商业银行经营上的规模经济和分散业务风险的目的。例如,目前大量出现的全能银行业务,即为系列产品策略实施的最好例证。

这种策略的优点是可以充分利用商业银行的技术、人才、资源等优势,实现多元化经营,从而扩大市场,吸引更多客户,同时也可通过业务多元化分散经营风险,增强竞争能力,但是实施这种策略的商业银行必须具备较高的经营管理水平,抓好产品线的综合管理,否则可能会引起经营混乱,使商业银行声誉受损。

2. 增加产品组合的深度

商业银行可以在原有的产品线内增设新的产品项目,以丰富银行产品种类,实现多样化经营。根据产品组合的深度,商业银行可以从高档产品策略与低档产品策略两个方面入手。高档产品策略是指在一条产品线内,增加高档、高价产品项目,以提高商业银行现有产品的声誉。这样,一方面可以增加了现有产品的销售,另一方面又吸引了高收入者购买这类产品。低档产品策略是指在高价产品线中增加廉价产品项目,目的是利用高档名牌产品的声望和地位,吸引无力购买高档产品的顾客慕名购买名牌产品线中的低价产品。因此,经营高档产品可使商业银行的整体业务获得声誉,而经营低档产品则可增加销量、提高收益。商业银行可以根据自身情况,选择其中之一或两者同时使用。

这种策略的优点是可以使银行产品适应不同的客户或同一客户的不同层次的需求,提高同一产品线的市场占有率,从而增强商业银行的竞争能力;其缺陷是新项目的开发可能要花费大量的资源,经营成本投入上升。

(二)产品集中策略

产品集中策略是指通过减少产品线或产品项目来缩小经营范围和种类,以实现产品的专业化。采用产品集中策略的目的是将有限的资源集中在更有竞争优势的产品组合上，以产生更大的收益。这种策略与产品扩张策略正好相反。

产品集中策略是以市场细分为基础的。商业银行通过对市场的调查与划分，选择产品需求巨大的市场，集中精力在这些市场上开展业务。

1. 优质产品和服务取胜策略

商业银行市场形象的树立取决于其产品和服务的信誉。因为消费者与顾客只有通过产品和服务才能真正认识并了解商业银行。优良的产品和优质的服务会使商业银行名声大振；而劣质的产品和不良的服务只能使商业银行声誉扫地。商业银行产品和服务质量的优劣主要通过消费者和顾客来认定，是消费者在消费与购买同类产品和服务中比较、鉴别的结果。优良的产品和服务能够为消费者与顾客带来更多的利益，也是商业银行与消费者和顾客建立良好公共关系的桥梁。因此，利用优质的银行产品和服务，可以帮助商业银行形成忠实消费者群和顾客群，从而有助于商业银行在竞争中取胜。商业银行可以通过创建和推广具有鲜明特色、有代表性的产品或品牌，也可以通过营造优良的服务来树立品牌形象，吸引消费者，占领市场。

2. 以新取胜策略

商业银行的生命力在于不断创新，不断地开发新产品和服务。现代科学技术日新月异，市场瞬息万变，商业银行要在激烈的竞争中树立自己的市场形象，取得既定的经营目标，其出路就在于开发出让消费者和顾客愿意接受、使用，甚至追求的银行产品。同时，商业银行只有不断地开发出适应市场需要的新产品，或者根据消费者需要，提供新的业务与服务，才能在激烈的市场竞争环境中把握主动权，才能树立良好的市场形象，提高信誉和地位，从而满足消费者的需求，达到获利与自我发展的目的。

3. 以快取胜策略

兵贵神速，以快取胜，这是商业银行迎接和应付竞争的重要手段之一。商业银行的产品和服务要想在激烈的竞争环境下为客户所接受，除了要有优异的质量、合理的价格、有效的促销外，还要把握住准确的市场信息，在适宜的时机迅速推出新的产品和服务，特别是对于特定的阶段非常流行的产品和服务。这类产品和服务的时间性强，机会转瞬即逝，如果推出速度慢或者错过有利时机，就会成为"短命"的产品和服务，有可能很快被淘汰。

4. 以廉取胜策略

大多数客户都有一种倾向，愿意购买低价产品和服务。因此，商业银行要想使自己的产品和服务迅速占领市场，在推销阶段，可以考虑将产品和服务的价格适当定得低一些，必要时甚至可以低于成本。当产品和服务的销路畅通后，结合产品质量和服务水平的提高等，逐步地将价格提高到预期的水平。采用此策略还有一种考虑：以产品和服务的低价为手段，把利益让给客户，从而树立良好的市场形象，牢牢地占领市场，战胜竞争对手。

这种策略的优点是可以增强银行业务的专业化程度，提高服务质量，集中资源优势，占领某一市场,并大大降低经营成本,获得盈利。但是,这种策略使经营集中于几个产品,不利于金融资源的综合运用。此外,由于产品的品种较少,客户过于集中,商业银行应变能力会有所下降,这就可能增加经营风险。

案例4-5　招商银行"五通"综合服务方案,一一击破企业经营痛点

银行要为企业创造价值,帮助企业提高效率、降低成本、促进销售,就要真正地从客户需求、行业痛点出发,对企业的生产、经营、管理起到支持和促进作用。招商银行深入不同类型企业的采购、销售、财务管理和员工管理等经营场景,推出"五通"综合服务方案,一一击破企业经营痛点。

企业账户管理环节,招商银行以全渠道金融服务,助力企业资源优化配置。过去企业管理账户资金,常常需要跑去银行线下网点柜台办理,无法随时随地获取银行金融服务,对企业造成了极大的困扰,并且大型集团企业下属公司银行账户较多,难于统一管理。招商银行"企账通"打造全流程、全覆盖的线上化渠道,让每一位企业客户能随时随地获取高效、便捷、流畅的在线金融服务,并通过集团网银+CBS,实现集团及旗下公司所有账户的跨行归集管理,帮助集团企业极大地提高了管理效率。招商银行打造的CBS+开放服务平台,已经为3 000多家集团企业客户近10万家集团成员单位提供财资管理服务。

付款管理环节,招商银行以全流程全周期支付结算,打通银企合作"最后一公里"。企业在生产经营中,经常面临大量订单支付需求,付款方信息难以管理,付款环节多、流程复杂、耗时长、到账时间不确定,财务付款效率和付款准确性面临极大的挑战。招银"捷算通"针对企业不同的收款场景,对不同的收款人、不同用途或不同性质的收入款项进行自动识别、清分、对账和统计,实现了账务信息和业务信息的智能匹配,轻松化解付款难题。

资金融通环节,招商银行围绕核心企业产业发展需求输出数字化金融服务能力。通过线上化供应链金融服务上下游企业,将产业链中真实生产经营的业务流、数据流与银行资金流深度融合,将金融服务与产业生态的数字世界打通,深化产融结合,支持供应链产业链稳定循环和优化升级。招银"易融通"依托企业自身信用或贸易基础,通过付款保函、国内证开证、付款承诺等担保服务,有效解决了交易环节中双方互不信任问题。同时,为企业采购和销售全程提供运营资金融通,帮助企业加速销售资金回款,扩大销售,并提升采购效率,降低采购成本。

围绕客户数字化经营与管理需求,招商银行推出"企服通",为客户提供的面向业务、财务、税务、企业政务、公共事业服务及金融科技等在内的企业数字化服务。例如,招商银行通过携手战略合作咨询机构及科技公司,为某大型集团企业提供财务共享中心建设咨询及落地服务,帮助企业对财务组织架构及业财流程进行全面重构,并对其以财资管理为核心的信息化体系进行了升级。

目前,招商银行围绕企业发票"收-管-付-用"四大场景创新提供"发票云"服务,票夹签约客户数已超 2.6 万户,管理客户发票数近 700 万张,通过云直联实现与 ERP、HR、费控、供应链等垂直赛道头部 SaaS 服务商建立总对总的连接,探索打造"企业服务＋金融服务"直联生态圈。

此外,招商银行的"跨境通"为企业全球化经营提供全方位、一站式的金融服务。 依托全面的跨境金融产品体系和全球化的平台布局,以及综合金融服务特有优势,招商银行为企业提供聚焦行业、产品和场景的跨境三通综合化解决方案,帮助企业加强市场风险管理、债务成本管理,提供资金保值增值服务,覆盖了企业日常经营涉及多币种金融场景,为企业国际化发展保驾护航。

(资料来源:http://www.cmbchina.com/cmbinfo/news/newsinfo.aspx? guid＝254ef3c5-234a-4521-862d-5db151689863)

第三节 商业银行产品的生命周期策略

与其他产品一样,商业银行产品投入市场后也会经历一个产生、发展与衰亡的过程。人们对多种不同的产品销售历史进行了研究,形成了产品生命周期的概念。

一、商业银行产品的生命周期

商业银行产品的生命周期,是指银行产品从投入市场开始一直到被市场所淘汰的整个过程,也就是银行产品在市场上存在的时间。不同银行产品的生命周期时间的长短差异很大。根据客户对银行产品的使用或银行产品的销售情况,各种银行产品的生命周期可以分为 4 个阶段,即介绍期、成长期、成熟期和衰退期(见图 4-2)。在生命周期的不同阶段,客户对产品的需求是不一样的,银行产品的销售额以及利润额也不相同。因此,在各个阶段,商业银行营销有着不同的任务与特点,必须采取不同的产品策略。

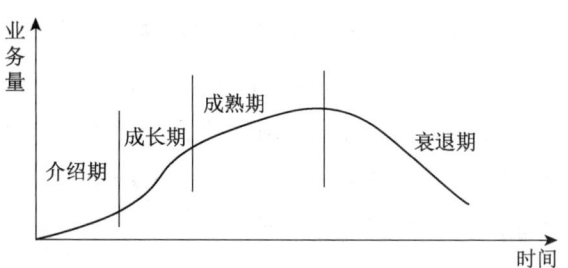

图 4-2 银行产品生命周期阶段

影响银行产品销售量的因素很多,而经济形势、宏观政策、汇率、投资组合等因素是造成市场需求波动的常见原因,即使在成熟期,销售量也可能存在较大波动。所以,银行产品究竟处于生命周期的什么阶段,不能仅仅从短期的业务量的波动来确定。

（一）介绍期

介绍期是指银行产品投入市场的初期，即试销阶段。当新的银行产品投入市场之后，消费者对它不了解，认识程度也不高，所以需要一个接受的过程，因此，这一阶段银行产品的销售量比较少，销售速度也比较缓慢。此外，开发费用和销售费用在这个阶段也比较高，因此，银行产品的成本比较高。在产品的介绍期，产品开发者不能确定产品的购买力情况，产品的定价比较困难，价位定高了对顾客没有吸引力，价位定低了会影响商业银行的利润。产品介绍期销售量少、成本高、利润少，会给商业银行带来很大的风险。这一阶段的营销目标主要是建立知名度，鼓励客户试用。为了减少损失，提高收益，并避免竞争者仿制而抢占市场，应该尽量缩短介绍期的时间，使产品尽早进入成长期。

（二）成长期

成长期是指银行产品通过试销打开销路，转入成批生产和扩大销售的阶段。产品经过介绍期后，客户对已有银行产品有了一定的认识，产品的销售规模会逐渐扩大，价格会有所回落，利润逐渐增加。但是，当产品进入成长期之后，其他商业银行受到经济利益和诱惑，也会开发同类型的银行产品。因此，在这阶段会出现行业竞争，且愈演愈烈，最大程度地占有市场也成为这一阶段的主要营销目标。随着竞争的出现，银行产品的定价也会趋于合理化。

（三）成熟期

成熟期是指银行产品在市场上的销售已达到了饱和的时期。该阶段产品销售量达到最大，成本比较低，价格趋于稳定，利润达到最大。在这一时期持续的时间往往比较长。银行产品进入成熟期之后，客户对该产品的内容和特征都非常了解。市场在这个阶段会逐渐呈现饱和的状态，产品过剩，因此会促使新的替代品出现。银行产品在成熟期持续时间的长短主要决定于消费者对产品的满意程度，所以商业银行会不断地提高自身的服务质量和信誉。成熟期的营销目标主要是保护市场，争取最大利润。

（四）衰退期

衰退期是指银行产品已滞销并趋于淘汰的时期。此时，产品已不适应市场需求，销售量呈现下降趋势，竞争力降低，将逐渐退出市场。银行产品在衰退期的显著特征是产品的成本逐渐增加，利润逐渐减少，销售量也逐渐减少。衰退期产品的营销目标是压缩开支，榨取最后价值。

二、银行产品生命周期中各阶段的营销策略

（一）介绍期的营销策略

对于一般的银行产品而言，介绍期可能很长，但也可能相当短暂，甚至一投入就直接进入高速的成长期。介绍期长短取决于该产品是否有广大的客户需求基础、投放时机是

否合适、广告宣传力度及新产品营销准备是否充分等因素。所以,在产品介绍期,商业银行应考察银行产品的需求状况,选择好的市场投放时机,扩大宣传和影响,做好渠道网络布点、客户咨询、服务准备等营销工作,使客户的需要能够得到及时满足。具体来说,银行产品在介绍期有以下几点营销策略。

(1) 建立有效的信息反馈机制。主动地收集客户反馈的意见和建议,并进行科学分析,及时改进产品的设计,再将改进后的产品迅速投放市场,以取得客户的信任与支持。

(2) 促销策略。通过广告等多种途径让客户尽量了解金融新产品的用途和特点,使客户真正体会到银行产品的方便与实惠,以激发客户的购买欲望。

(3) 制定合理的价格。如果为了引起客户注意,树立产品信誉,尽快收回投资,可以采用高价策略;而为了抢占市场、扩大销售,可以进行低价渗透。

(二) 成长期的营销策略

在产品成长期,商业银行应增加人、财、物的投入,增设服务网点,宣传、树立企业形象,创立名牌效应,并扩大细分市场的范围。这一阶段的营销策略应集中体现一个"快"字,要占领市场、扩大占有率。具体来说,银行产品在成长期有以下营销策略。

(1) 不断提高产品质量,改善服务。为了能使本行产品异军突起,必须不断开拓产品的新用途与特色服务,改善产品的性能,赋予产品新的活力。

(2) 扩大广告宣传。重点是让客户信任银行产品,为产品树立良好的形象,提高声誉。

(3) 适当调整价格,增强产品的竞争力。

(4) 利用已有的销售渠道积极开拓新市场,进一步扩大销售。

(三) 成熟期的营销策略

在产品成熟期,商业银行应注重提高服务质量,运用多种促销手段强化分销,维护商业银行信誉,注重特色宣传,发掘并开拓新的细分市场,改进产品和服务,延长产品生命周期,并随时准备投放新的银行产品。具体来说,银行产品在成熟期有以下营销策略。

(1) 产品改进与开发。改进产品性能并努力实现产品多样化与系列化,通过包装组合满足客户的不同需要,以提高产品的竞争能力。

(2) 开拓市场。采用进攻性战略不断拓展产品市场,这又包括纵向拓展(即刺激老客户使用产品的频率)与横向拓展(即寻找新客户)两种策略。比如,中国建设银行于1999年推出了生肖储蓄卡,将市场定位于少年儿童,深受孩子们的欢迎。他们虽然不一定去取款,但对建行的认同度大大提升,其将成为建行的潜在客户。

(3) 综合运用营销组合策略。综合运用营销组合策略以增加产品销售,如增加销售网点、降低产品价格、改变广告内容等。这样做的目的是延长产品的成熟期。

(四)衰退期的营销策略

在产品衰退期,商业银行的营销策略应侧重于减少损失,并有选择性地保留一些经营网点,维护消费者的忠诚度,逐步从市场撤退。大多数银行产品的生命周期是相当长的,出现衰退并不意味着消费者的需求不存在了,而是兴趣转移了。

通常导致银行产品衰退的原因有以下几种:①商业银行的信用出现危机,这种危机不仅会导致一个产品的需求急剧衰退,还可能导致商业银行的倒闭,甚至整个国家或世界经济大的衰退;②新的金融工具的出现,特别是新技术导致服务方式的改变而使老产品出现衰退;③商业银行被迫停止;④政策影响,特别是宏观调控政策,如明显地不利于商业银行经济政策的大的变动;⑤政局动荡或战争爆发。

商业银行产品在衰退期有以下几点营销策略。

1. 持续策略

当产品进入衰退期,大量竞争对手会退出市场,可以沿用过去的策略吸引部分老客户使用老产品。例如四大银行逐渐退出盈利能力较差的农村市场后,农信社继续做好支农信贷的业务,因市场份额扩大,服务成本降低,可能获得比以前更好的收益。

2. 转移策略

由于不同市场、不同地区客户需求的发展程度不尽相同,一些产品在这个市场上趋于淘汰,而在另一市场上可能还处于成熟期,所以可以对各个市场进行比较,将产品转移到仍有潜力的市场上进行销售。

3. 收缩策略

收缩策略即缩短营销战线、精简人员、降低营销费用,把人力、物力、财力集中于最为有利的市场上,以获取最大的利润。例如农业银行将大城市作为其利润的主要来源,对农村市场则采取收缩的政策。

4. 淘汰策略

淘汰策略即彻底地将产品驱逐出市场,用新产品取代老产品,以维持或扩大市场占有率,增加产品销售。例如,原深圳发展银行最初是由6家农信社改造而成的,这家股份制银行成立时采取的策略是全面退出农村信贷市场,将重点放在全国大中城市的客户。再如,早期通过银行代收费用时,用户向每家银行缴费都得办一个账户,后来各银行联手,开发出缴费一本通业务,马上解决了用户多本存折、多个账户的管理难题。

案例4-6 广发银行硬核升级"自在人生"养老金融服务品牌

2021年3月20日,中国人寿"健康生活 乐活人生"系列产品和服务发布会在青岛CBA全明星周末期间举行。发布会上,广发银行宣布升级"自在人生"养老金融服务品牌并发布首张中老年专属信用卡,在业内率先将养老金融延展至客户的全生命周期管理。

中国人寿副总裁兼广发银行党委书记王凯,广发银行党委委员林德明,总分行相关领导以及篮协主席姚明,CBA球员代表赵睿、吴前、张镇麟共同启动品牌升级。

一、金融体育再跨界,助力健康中国建设

王凯副总裁在发布会上表示,"十四五"规划纲要提出,全面推进健康中国建设,把保障人民健康放在优先发展的战略位置。自2017年起,中国人寿作为CBA联赛首个官方主赞助商、其成员单位广发银行作为官方合作伙伴,充分发挥保险、投资、银行三大业务板块协同发展的综合金融优势,金融与体育的跨界合作取得了丰硕的成果,陆续推出CBA联名信用卡、球员失能保障险等一系列"金融+体育"产品。

借本届全明星周末之际,中国人寿举办系列产品发布会,带来一系列健康中国方面的最新产品举措。广发银行洞察人口老龄化背景下全民痛点,再次迈出助力健康中国的重要一步,宣布升级"自在人生"养老金融服务品牌,积极搭建覆盖老中青三代、全年龄段的养老金融服务体系。

本次广发银行对养老服务体系焕新升级,旨在通过全方位的开放合作,开发适应个人高品质生活需要的养老规划、创新产品、创新金融衍生服务,为客户规划保障养老资金,提供便利就医、慢病管理服务,为高质量的退休及养老生活打造"金融+、健康+、生活+、社保+"的金融生态圈。

二、金融养老深融合,探索服务模式升级

作为中国人寿集团成员单位,广发银行历来重视将履行社会责任与银行自身经营发展紧密结合,寻求可持续发展的商业模式。

早在2016年,围绕中老年客户金融与生活需求,广发银行就积极探索,并逐渐形成"自在人生"养老金融服务体系,目前已服务行内超过600万名中老年客户。

其中,中老年客户专属借记卡"自在卡",为客户带来"省心、舒心、安心、贴心、开心"的五心服务体验;"自在卡-百旅会"联名卡,打造中老年旅游一站式服务品牌;年度"全国广场舞大赛"形成品牌,累计服务50万中老年人;依托"自在卡"金融服务,加入中国银行业协会养老金专委会;推出"自在钻石卡",搭建线上一站式养老服务平台。

近年来,广发银行在健康医疗领域也提前布局,借助"互联网+"的东风,依托产品和科技创新,探索"互联网+医疗+金融"的服务新模式,智慧医院项目遍地开花。

发布会上,林德明党委委员与知名篮球运动员赵睿、吴前、张镇麟以及广发银行客户代表一同揭秘了中老年人专属信用卡福禄卡的面纱,并现场向客户代表授出第一张福禄信用卡。

据了解,福禄卡适应老龄化进程,将用卡申请人的年龄限制提高至70周岁,大大契合当今社会变化与中老年人金融服务需求。整个卡板以高山、流水为背景元素,卡面上的福鹿图案设计,与福禄同音,敦煌风格传递出中国传统文化底蕴,也寄托着对中老年朋友福

禄美满的祝福。此外,福禄卡针对老年人用卡安全、健康养生需求方面,还推出专属安康权益,为用卡人提供财富、健康双重守护,轻松体验刷卡乐趣。

未来,广发银行将与CBA等合作伙伴在模式、形式、内容、行业等维度,持续为中老年客群提供涵盖银行、保险等在内的综合金融服务,打造覆盖健康医疗、养老养生、健康社交等在内的全生命周期、全产业链的大养老"生态圈"。

(资料来源:http://www.cgbchina.com.cn/Info/24806310)

本章小结

(1) 商业银行产品的特征有无形性、不可分割性、多样性、易被仿效性和价格的一致性等。

(2) 基础性商业银行产品包括资产类银行产品、负债类银行产品、结算类银行产品、租赁类银行产品以及涉外类银行产品。

(3) 在产品介绍期,商业银行应考察产品的需求状况,选择好的市场投放时机,扩大宣传和影响,做好渠道网络布点、客户咨询、服务准备等营销工作,使客户的需要能够得到及时满足。

(4) 在产品成长期,商业银行应增加人、财、物的投入,增设服务网点,宣传、树立银行形象,创立名牌效应,并扩大细分市场的范围。这一阶段的营销策略应集中体现一个"快"字,以占领市场、扩大占有率。

(5) 在产品成熟期,商业银行应注重提高服务质量,运用多种促销手段强化分销,维护商业银行的信誉,注重特色宣传,发掘并开拓新的细分市场,改进产品和服务,延长产品生命周期,并随时准备投放新的金融工具与金融产品。

本章复习思考题

(1) 产品扩张策略和产品集中策略分别在什么情况下使用?用现实生活中的实例来佐证你的答案。

(2) 回忆你使用过的银行产品,分析其属于哪种产品,以及该产品在营销过程中使用的策略。

(3) 2013年以来,互联网金融快速发展,如果你是一家股份制商业银行的产品开发人员,你会采用怎样的新产品开发策略?试详细阐述。

(4) 什么是商业银行产品生命周期?每个阶段的营销策略分别是什么?

第五章 商业银行产品定价策略

知识目标

(1) 了解商业银行定价的目标。
(2) 掌握商业银行产品定价的方法和基本策略。
(3) 熟悉商业银行产品定价模型和原理。
(4) 熟悉商业银行产品定价流程。
(5) 了解我国银行定价策略的演进过程。

能力目标

(1) 培养运用商业银行产品定价的原理的能力。
(2) 培养分析宏观环境和市场变化对商业银行产品价格的影响的能力。

关键词

产品定价　定价策略　定价流程

知识框架

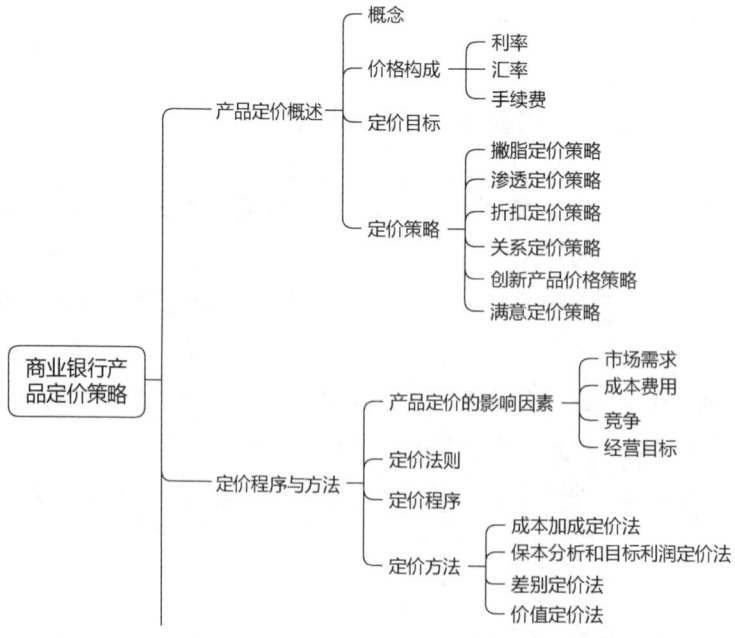

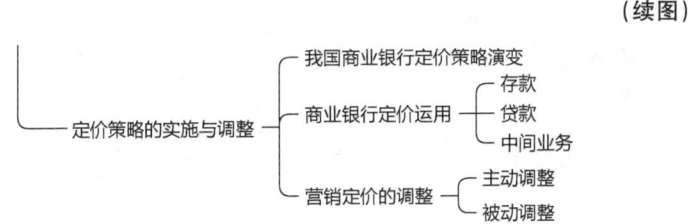

(续图)

本章 导言

商业银行的产品如何定价、采用什么方法定价是银行营销策略的重要组成部分。商业银行定价是否合理,直接影响其市场竞争地位和市场占有率。商业银行的产品定价策略,对于商业银行起着至关重要的作用。一般产品的定价是以商品的价值为基础,按照供给和需求的情况决定。在产品供求变动的情况下,产品的价格围绕价值上下波动,产品价格的变化影响产品销量的变化。对于大多数商业银行的产品而言,单个银行对产品价格的影响和控制是非常有限的,商业银行根据内外部环境以及和客户的关系,在相对小的浮动范围内决定。随着金融自由化、金融国际化、金融创新以及商业银行经营业务和范围的不断拓展,商业银行的竞争环境日趋复杂。全球性的通货膨胀、通货紧缩变化无常,利率、汇率的波动更为频繁,商业银行的价格空间越来越大。因此,商业银行的产品定价策略,对于商业银行而言尤为重要。

导入 案例

案例 5-1 央行"松绑"信用卡透支利率管理 利率市场化再进一步

2020年底,央行下发《中国人民银行关于推进信用卡透支利率市场化改革的通知》,明确取消信用卡透支利率上限和下限管理(即上限为日利率万分之五,下限为日利率万分之五的0.7倍),信用卡透支利率由发卡机构与持卡人自主协商确定。央行同时要求,各发卡行应通过该机构官网等渠道充分披露信用卡透支利率并及时更新,应在信用卡协议中以显著方式提示信用卡透支利率和计结息方式,确保持卡人充分知悉并确认接受。银行在披露信用卡透支利率时应以明显方式展示年化利率,不得仅展示日利率、日还款额等。

这些政策的实施,一定程度上为信用卡业务实现了松绑,同时也为信用卡的个性化经营奠定了基础政策的实施。信用卡透支利息可以灵活定价后,将有利于信用卡业务在信用消费领域,在与其他互联网信用消费产品的竞争中取得有利位置。在我国利率市场化改革背景下,信用卡利率管理放开,是顺应金融市场发展的必然选择。

在这一政策背景下,我国信用卡的透支利率表现为以下趋势。

(1)银行定价差异化。不同银行会根据信贷资源、发展目标、市场策略等采取不同的透支利率,中小银行或将通过较低利率吸引客户。

(2)客户定价差异化。透支频率和金额高、信用良好的客户,将获得更优惠的透支利率。

(3)银行间竞争压力加大,信用卡透支利率难免会有下行压力。整体而言,对于信用卡这类客户端业务,由于单户授信额度有限,客户更多考虑的是便捷性,用卡黏性较大,对利率敏感度较低,政策不足以驱动信用卡透支利率明显下行,定价调整将是一个较慢的过程,现阶段多数银行仍在执行日息万五而不是打折。

(4)放开信用卡透支利率,并不意味着信用卡透支利率将出现恶性杀跌的现象。由于银行的资金都是有成本使用,发卡银行即便按照市场化透支利率来定价,也要顾及资金成本,制订合理的透支利率标准。

(资料来源:http://finance.eastmoney.com/a/202101131773544716.htm)

思考:

(1)我国信用卡利率的变化趋势是什么?

(2)在利率市场化的趋势下,商业银行应该如何根据自身的特点,制定价策略?

第一节 商业银行产品定价概述

一、商业银行产品定价概念

商业银行产品定价是商业银行产品价值的货币表现形式,其实质是对产品内在质量的真实反映。商业银行经营不同于一般性质企业,它经营的是特殊商品,即货币与信用,它所提供的产品价格具有特定的内容。狭义的商业银行产品价格包括贷款利率、存款利率、最低余额要求等。从广义角度来看,商业银行产品价格包括中间业务,尤其是一些创新型金融产品的收费标准或佣金等。银行产品定价的主要任务是确定存贷款利率水平和服务项目的收费标准。

二、商业银行产品的价格构成

商业银行产品定价的主要内容包括确定存贷款利率水平和各项服务的收费标准,价格构成主要包括利率、汇率和手续费水平。

(一)利率

利率是银行产品的主要价格。存贷款利差收入是大多数银行的主要利润来源。利率的种类非常多:按时期的长短可以分为长期利率和短期利率;按在有效期内是否变化可以分为固定利率和可变利率;按决定因素可以分为市场利率和法定利率;按是否扣除通货膨胀因素可以分为实际利率和名义利率。商业银行在定价过程中，最重要的利率包括以下3种。

1. 基准利率

基准利率一般由一国的中央银行确定，主要是指再贷款利率和再贴现利率。基准利率可以影响市场资金的供求，是实现一国货币政策目标的重要工具。科学合理的基准利率有利于指导商业银行的产品定价，正确反映社会资金供求状况。

2. 银行同业拆借利率

同业拆借利率是商业银行及其他金融机构为了解决短期资金需求、调整头寸而进行的资金融通。同业拆借市场信用程度高、流动性强、时效性好，其利率水平也成为市场资金供求关系的反馈信号。

3. 存贷款利率

作为以吸存放贷为主要业务内容的商业银行，存贷款利率成为最重要的银行定价对象。存款利率的高低直接决定银行的融资成本，而贷款利率是否恰当则关系到银行的业务规模大小和主营利润高低。

(二) 汇率

汇率是指两国货币间的汇兑水平。随着国际资本流动的加快，商业银行的业务国际化倾向更加明显。汇率成为银行必须认真对待的价格因素之一。

汇率的分类角度同样很多：按是否可以变动分为固定汇率和浮动汇率；按交割日期的不同可以分为即期汇率和远期汇率；从银行买卖的角度出发则可分为买入汇率、卖出汇率和中间汇率。

(三) 手续费

商业银行在主营存贷款业务的基础上，利用其资金、信息、人员和技术的优势可以开展种类繁多的中间业务，从而收取手续费。大量的中间业务无需动用银行资金，银行只是作为受托人的角色代为办理各项经济事务，风险较低。常见的中间业务包括结算类、代理类、信托类、咨询类、租赁类、衍生工具类等。随着银行业竞争的加剧和产品创新速度的加快，商业银行的利润来源逐渐由存贷利差收入向服务收费转移。

三、商业银行产品定价目标

商业银行定价目标是指商业银行通过制定特定的价格水平，凭借其产生的效用所要实现的预期目的，它是商业银行营销目标体系中的一项具体目标。在制定价格之前，商业银行必须首先根据目标市场定位确定产品的定价目标，并以此作为制定价格的指导。商业银行的定价目标越明确，制定价格就越容易。商业银行通常追求以下几个定价目标。

(一) 利润最大化

利润最大化是指商业银行以在一定时期内所能获得的最高盈利总额作为营销活动中对金融产品定价的战略性目标。作为企业,银行经营的最终目标是为了获取最大的利润,但这并不意味着要制定最高的价格,因为银行的利润除了受价格影响之外,还受到金融产品的销售规模、营销成本以及其他诸多因素的影响。具体来说,商业银行的利润目标可分为利润最大化和一定投资收益率两种。

(二) 扩大市场份额

市场份额是衡量银行经营状况与竞争能力的重要指标之一。较大的市场份额可以保证银行产品较高的销售数量,实现盈利水平的增长。尤其是一些新兴商业银行,为了发展壮大,抢占市场先机,实现长期的盈利水平,往往会广设分支机构,以争取市场份额为定价目标。一些新开发的银行产品,在生命周期的早期阶段,为迅速打开市场,赢得一批稳定的客户,也常以此为目标,适当以低价格打入市场、拓展销路。

(三) 应对价格竞争

在银行激烈的竞争中,价格竞争已成为市场竞争的一个重要而又有效的手段,银行可以运用价格手段来应对竞争。一般来说,大银行处于行业领导者地位,一般采取较稳定的低价策略,以主动防御为主。而中小银行无力左右行业价格,一般采取跟随主导行来定价。但在一般情况下,银行产品定价过低并不是最优的决策,因为这可能造成顾客对产品质量的不良感知。因此,以低价格来应对竞争、维持生存的定价目标只能作为一个短期目标,就长期来看,商业银行应着眼于增加银行产品的附加价值,提高盈利能力,而不是陷入价格战。

(四) 树立银行品牌形象

品牌形象是银行的无形资产,具有重要的市场价值。在银行产品日趋标准化和同质化的今天,商业银行的品牌形象已成为顾客的主要识别工具。客户在选择商业银行时,不再单纯地依据产品的服务功能进行评判,而是更加关注其品牌形象。一个具有良好形象的银行必然可以赢得更多顾客的信赖,从而留住已有的顾客并不断吸引新的顾客,大大提高银行的盈利水平,故而许多银行都以树立银行形象作为重要的定价目标。如著名的投资银行摩根士丹利的形象,定位于提供优质服务的投资银行,它对产品和服务制订了较高的价格,但客户还是欣然接受。这在于客户认同它塑造的品牌和形象。

四、商业银行产品定价策略

(一) 撇脂定价策略

撇脂定价策略又称为高价定价策略。银行业的产品不同于其他企业的产品可以申请专利保护,一些设计优良的金融工具和产品上市后,就会出现大量复制品。因此在新产品上市初期采用此策略,能迅速收回成本,降低经营风险。另外该策略还能提升银行的市场形象,一般高价都会给顾客带来优质的印象。撇脂定价策略给予银行更大的价格调整空间,一旦发现市场需求出现不利变化,银行可通过降价来保住市场份额。

实施撇脂定价策略,需要满足以下几个条件:①市场上大多数客户对价格变化不敏感;②银行拥有一个较好的营销系统和广告宣传能力;③银行产品独特新颖,竞争者难以模仿。

该策略的优点是可以使银行在较短时间内实现预期的盈利目标,提早收回投资,减少经营风险。但是它必须满足以下几个条件:①金融市场上有相当多的客户对这种产品需求的价格弹性较低,较高的定价也可以吸引较多的客户,从而实现较高的总利润;②银行要有一个较好的营销系统与较好的广告宣传能力,从而激发出人们购买本行产品的欲望;③产品最初的高价不会立即招来众多的竞争者。

此种定价策略尤其适用于银行新产品的销售。这是因为:①新产品受价格的影响要比在以后市场竞争激烈时产品受价格影响要小;②由于商品降价容易涨价难,采用这种方法还可为金融产品以后的价格调低留下回旋余地。如果高价能被市场接受,则金融机构就能获得高额利润;如果高价在市场上反应不好或者有竞争者加入,则可以再降低价格。

(二)渗透定价策略

渗透定价策略又称为薄利多销策略。与撇脂定价策略先高后低的做法相反,它主要是在新产品上市时,先以低价打开市场,抢占市场份额,站稳脚跟后,再逐步将价格提高到一定水平。这是一种先低后高的策略,商业银行力图通过市场占有率的提高和形成规模经济,来阻止竞争者加入市场,增强市场竞争力。

实行市场渗透定价法也必须具备一定的前提条件:①新产品的需求弹性较大,低价能够刺激需求,需求迅速增加;②随着金融新产品业务量的扩大,能产生规模效益,成本应呈递减趋势;③新产品的市场购买力较弱,产品以低价出售容易被消费者接受,并有利于扩展市场占有量。因此,在一般情况下,渗透定价方法适用于创新程度不高、专用性不强的金融产品。

采用渗透定价策略的好处有:①可以使金融机构迅速打开新产品市场,扩大销量;②由于产品的价格较低,可使竞争者感觉无利可图,从而避免竞争者迅速进入市场,有利于金融机构在一个较快的时期内保持较高的市场占有率,并实现利润最大化。

但是,这种方法也有几点不足:①低价销售产品会造成产品成本或投资的回收期较长;②竞争力不强的金融机构采用这种定价策略有被竞争者淘汰的可能;③低价位可能使消费者产生"便宜没好货"的联想,低价与产品质量不高、服务不好联系起来,会对产品的销售产生不良影响;④"先低后高"的价格定位在实践中可能容易引起消费者心理上的反感,并遭到消费者的抵制。

案例 5-2　中小银行"价格战"花式拉存款

市场利率下行的背景下,银行理财产品利率也一路下滑。据统计,理财产品收益率自 2018 年以来已经连续 18 个月下降,2019 年 8 月平均收益率降至 4.07%。但是,一些中小银行由于经营范围狭窄、业务类型单一、线下网点少等原因,为提升其存款规模,通常以"价格战"为竞争切入点。

多家银行在线上力推智能存款,通过"团购定存""领券加息"等活动,使收益率超过 5%。多家银行针对 2019 年国庆推出的假日款理财,对比同款同期限的普通理财产品,提高了 26 个基点。2019 年 9 月,民营银行亿联银行力推 5 年期"亿联智存(利添利京东专项团购款)"智慧存款活动。这款智慧存款产品是亿联银行给京东提供的个人团购产品,参团人数阶梯递增,购买人数越多,产品收益越高。团购结束后,将根据实际参团人数确定满期复合年化利率,最高利率可达 5.88%。该款产品存款期限 5 年,支持客户一次性提前支取。此外,多家银行推出"加息券",例如蚂蚁财富平台上,同期开售的广东华兴银行的两款理财产品,存款利率为 2.25%,加送 2.26% 的福利券,领券之后,上述产品 1 年期定存利率可达 4.51%。除上述银行外,营口沿海银行、众邦银行、蓝海银行、河南平顶山银行等多家银行,也在京东金融 App 中推出了利率 5% 以上的存款产品,起存金额在 50~1 000 元不等。

假期结束前多家银行热推"国庆理财"。据普益标准的统计数据,理财产品收益率已经连续 18 个月下降。2018 年 2 月时,封闭式预期收益型人民币理财产品平均收益率为 4.88%,而今年 8 月平均收益率降至 4.07%。9 月 14~20 日,该水平进一步下降至 4%。9 月底并未出现季末翘尾行情,个人投资者不妨关注一下"假期专享",赶在国庆节结束前锁定高收益产品。

总的来说,今年高息的银行假期专属理财产品不算多。在中国理财网,银行发行的国庆节专属理财产品共 27 款,绝大多数销售结束日均在国庆假期结束后。发行此类产品的银行涉及中国银行、建设银行等国有大行,也有股份制、城商行和农商行。随机抽取对比发现,国庆专享产品平均预期收益率比同类同期限普通理财产品高出 20 个基点,这意味着如果你购买了 10 万元,能有 200 元的收益差额。

(资料来源:http://field.10jqka.com.cn/20191006/c614248290.shtml)

(三)折扣定价策略

折扣定价策略,是指金融机构在产品定价时,通过减让部分价格或给予消费者一些补贴,使产品的价格在基本价格基础上做一定幅度的下调,从而争取和鼓励消费者购买金融产品,达到扩大产品销售目的的定价方法。金融机构经常使用的折扣定价策略包括以下几种。

1. 数额折扣

数额折扣,一般是指在客户购买商品达到一定数量或金额后给予客户一定比例的价格折扣。工商企业产品销售中的数额折扣是一种极为常见的经济行为,金融机构也会根据具体情况,采用一些数额折扣的定价策略来吸引客户。例如,如果客户在商业银行的存款余额能够保持较大的数量或者较长的时间,商业银行可能会给予利率上的某些特别优惠。

2. 季节或周期折扣

季节或周期折扣,一般是指企业为了保持均衡生产、加速资金周转和节省费用等,对在产品需求淡季或者"反季节"购买产品的客户在产品基本价格上给予一定折扣。这种定价策略主要适用于季节性消费的产品或市场需求随时间变化较大的产品。金融机构所提供的产品大多属于服务性产品,其季节性变化不如一般产品明显。但是,金融机构产品的推广和销售与经济周期的变化、金融市场的变化等密切相连。例如,在经济繁荣时期,为了避免经济过热、降低通货膨胀的压力,或者是出于盈利方面的考虑,金融机构通常会提高存、贷款利率,提高相应的筹融资条件等,结果是加大了各种筹融资的成本,同时也在一定程度上提高了银行的盈利能力;而在经济增长缓慢或衰退时期,金融机构会降低存、贷款等筹融资利率,相对放松各种筹融资条件,降低筹融资成本等,以刺激经济增长或经济复苏。此时,金融机构采取的有关产品"降价"措施就是一种周期折扣的定价策略。

3. 付款折扣

付款折扣是与付款条件有关的折扣,一般是指当客户用现金一次性缴纳款项或提前付款时,企业为了鼓励客户提早付款,以减少赊销或拖欠货款等带来的麻烦和损失所给予客户一定的价格折扣。例如,金融机构常把贷款利率与客户的还款情况联系在一起,在信用卡贷款业务中,如果客户能够在一定期限内还款或是提前还款,则金融机构会给予贷款免息。当然,金融机构在采用付款折扣的定价方法时,需要考虑自身的资金来源与资金运用的相应安排,充分考虑其产品营销的目的,而不可盲目使用。

4. 费率优惠

费率优惠,是指在客户缴付费用或利率等方面给予价格上的优惠。例如,金融机构在对资信状况较好、具有长期稳定信贷关系的客户发放贷款时使用的优惠利率。在实行费率优惠时,金融机构需要根据客户的具体状况,制定不同的费率优惠幅度。

(四)关系定价策略

随着金融市场竞争的加剧,关系定价策略的作用日益明显,关系定价策略注重与客户建立良好的关系,着眼于客户的长期价值。该策略的适用条件是商业银行与客户保持持续的业务接触。关系定价策略是商业银行与客户关系的集中反映,通过建立与客户的良好关系,商业银行可以运用交叉销售方式最大限度地销售银行产品,使客户愿意为感觉到的满足支付额外费用,从而在增加客户数量和扩大市场份额时最大程度地获取潜在的利润和降低成本。

关系定价策略建立在客户长期价值基础上,其主要优势在于它既可以增加客户信任度,也可以将来自客户的回报最大化。在运用关系定价策略时,重点是掌握充分的客户信息,合理进行成本结构分析和市场细分,从而建立银行产品与客户组成的特殊关系。一般来说,关系定价策略可以采用长期合同和多购优惠两种方式。长期合同是商业银行可以运用长期合同向客户提供价格和非价格刺激,使双方进入长期合作关系,加强现在的关系或发展新的关系,这样的长期合同能根本转变商业银行同客户之关系,能将一系列相当独立的交易转变为一系列稳定的、可持续的交易。多购策略的目的在于促进和维持客户关系,它包括同时提供两个或两个以上相关产品,价格优惠确保几种相关产品项目一起购买比单独购买要便宜。

(五) 创新产品价格策略

一般来讲,商业银行创新产品有4种类型:

(1) 发明型新产品。发明型新产品又称全新产品,是商业银行根据市场上出现的新需求,利用新原理与新技术开发的前所未有的全新产品。

(2) 改进型新产品。改进型新产品是指商业银行在现有银行产品基础上进行改造,使其在内容和形式上具有新特点,以满足客户需求。

(3) 组合型新产品。组合型新产品是指将现有产品或服务加以组合与变动而推出的一类新产品。该定价策略的特点是只核算总成本,而不核算单项产品成本,然后用成本低的产品或服务去补偿成本高的产品或服务,用收益高的产品或服务去弥补收益低的产品或服务,从而实现产品组合在总体上盈利。采用这种策略,银行利用价格低廉的服务为纽带吸引客户,与他们建立起良好的关系,进而带动收益较高的产品或服务的销售。

(4) 模仿型新产品。模仿型新产品是指商业银行模仿市场上其他银行的产品,结合自身特点加以调整、改进和补充而推出的新产品。模仿型新产品的定价通常是参照被模仿产品的价格,或用降档定价的策略,即采折扣定价策略。

(六) 满意定价策略

满意定价策略是介于撇脂定价与渗透定价之间的一种策略。它既可以避免撇脂高价竞争影响销售量的风险,又可防止渗透低价导致商业银行盈利及形象的损失。它试图在两者之间选取一个平衡点,使银行和客户均达到一定的满意程度。

提高商业银行产品及服务附加值是银行在满意定价策略中掌握主动权的一个重要手段。如果客户对银行产品及银行提供的服务满足程度很高,银行就可以较低成本制定更高的价格,对客户的价值与客户满足程度密切相关。银行产品及服务的便利性、安全性、与银行的关系等,都是影响对客户的价值判断的因素,在定价时要充分考虑。

案例 5-3　中国银行成功实现境内同业 TERM SOFR 新基准利率定价贸易融资业务首发

2021年7月30日,中国银行成功实现境内同业 TERM SOFR 新基准利率定价进口融资和出口融资业务双首发,开创了境内银行采用 TERM SOFR 替代伦敦银行间同业拆借利率(LIBOR)的先河,体现了中国银行在外汇外贸领域的同业领先地位和专业服务能力。

(1)敏捷反应,全面做好国际新基准利率产品创新工作。为积极稳妥推进外币贸易融资各项改革工作,2021年5月28日,中国银行苏州分行已率先实现境内同业英镑 SONIA 贸易融资首发。北京时间2021年7月29日晚,美国替代利率参考委员会(ARRC)宣布芝加哥商品交易所(CME) SOFR 期限利率可被正式使用。在获知消息后,中国银行浙江分行和福建分行第一时间接洽客户需求,并成功于2021年7月30日分别实现境内进口、出口新基准 SOFR 定价贸易融资业务落地。在新基准利率产品推广方面,中国银行真正做到在不同区域、不同币种、不同产品上实现先行先试、应试尽试。

(2)聚焦实体,用心为客户提供定制化专业解决方案。国际基准利率改革是国际金融市场重大变革,对全球的外贸及"走出去"等对公客户是一项重大挑战。对此,中国银行及时对贸易融资客户进行调研,了解客户问题和诉求,形成监管政策解读、协议文本修订、利率报价转换及融资成本测算等一篮子专业解决方案。专业化服务,不仅为企业存量业务转换吃下了"定心丸",更为企业未来新基准业务推广注入了"强心剂"。

(3)发挥优势,促进境内外币利率改革平稳推进。面对国际基准利率改革加速推进的大背景,下一阶段,中国银行将结合前期试点经验,继续发挥专业优势,全方位满足客户对新基准利率产品的需求,促进境内外币利率改革平稳推进。

(资料来源:https://www.boc.cn/aboutboc/bi1/202108/t20210803_19846504.html)

第二节　商业银行产品定价程序与方法

一、商业银行产品定价的影响因素

根据传统营销理论,市场需求水平将决定产品定价的最高点,成本费用水平将决定产品定价的最低点,竞争水平将决定产品的市场价格。因此,考虑到市场因素的影响,我国商业银行定价需要综合考虑市场需求水平、成本费用水平、竞争水平和经营目标等多方面的因素。

（一）市场需求水平

如果市场对金融产品的需求直接与价格有关,则对价格反应比较敏感。如果市场需求是有弹性的,那么降低服务的价格就会增加服务的使用量。在正常情况下,商业银行服务产品市场需求将按照和产品价格相反的方向变动。服务产品价格越高,市场需求趋于减少,客户可能会寻找替代品来达到同样的目的,以减少费用支出;服务产品价格降低,市场需求趋于增加。而需求变化可能有快有慢。市场反应很快,说明需求富有弹性;市场反应迟缓,说明需求缺乏弹性。

因此,商业银行定价应了解需求的价格弹性,即了解市场需求对服务产品价格变动的反应。实际上,需求的价格弹性反映了需求量对服务产品价格的敏感度。如果以 e_{qp} 表示需求的价格弹性,计算公式为：

$$e_{qp} = -\frac{(Q_2 - Q_1)P_1}{(P_2 - P_1)Q_1}$$

式中：P_1 为服务产品初始价格,Q_1 为初始价格下的需求量;P_2 为服务产品新价格,Q_2 为新价格下的需求量。如果 $e_{qp} > 1$,说明需求对服务产品价格很敏感,价格升降将引起需求的较大降升幅度,即该需求曲线是富有弹性的;反之亦然。

（二）成本费用水平

只有商业银行服务产品的定价高于成本费用时,才有可能以营业收入来抵偿各项成本。商业银行的成本是其在从事业务经营活动的过程中发生的各项支出。由于银行业务种类较多,因此其成本的构成比较复杂。按照成本的形态和对盈亏影响的重要性这一标准,商业银行的成本可归纳为：

（1）筹资成本。商业银行向社会公众以负债的形式筹集各类资金以及与金融企业之间资金往来按规定的适用利率而支付的利息,即存款利息支出和借款利息支出。

（2）经营管理费用。商业银行为组织和管理业务经营活动而发生的各种费用,例如员工工资、电子设备运转费、保险费等。

（3）税费支出。包括随业务量变动而变化的手续费、业务招待费、业务宣传费、营业税金及附加等。

（4）补偿性支出。包括固定资产折旧、无形资产摊销、递延资产摊销等。

（5）准备金支出。包括呆账准备金、投资风险准备金和坏账准备金等。

（6）营业外支出。与商业银行的业务经营活动没有直接关系,但需要从商业银行利润总额中扣除的支出。

商业银行的成本也可简单区分为利息成本和营业成本。利息成本是商业银行以货币形式向个人、机构等债权人支付的报酬。商业银行营业成本一般包括固定成本和可变成本两大类,而固定成本又包括直接成本和一般性行政支出。其中,直接成本是商业银行提供服务的主要资源,例如建筑物、土地、设备、专职人员及必要的数据处理设备等方面的支出。通常,这些成本在短期内不会因业务量的变化而变化。当然,业务量的长期变化也会导致成本的变化,例如分行的工作量增加到一定程度时就需要扩展网点。一般性行政支出主要用于支付和管理一个机构的运作,主要包括广告成本、债务支出、员工薪金支出等。商业银行可变成本主要包括办公用品、兼职人员及其他方面的支出。

(三) 竞争水平

商业银行在确定产品最高价格、最低价格后,其最终定价还将取决于竞争者的同类产品的价格水平,即市场竞争水平决定了商业银行产品的市场价格。国内商业银行可采取适当方式,了解竞争者所提供产品的特点和价格,并结合自身经营实力,制定有竞争性的产品价格,使产品既能为市场所接受,又能创造尽可能多的利润。

(四) 经营目标

最大化利润目标一般对中长期定价政策有主要影响。商业银行也经常需要考虑短期目标,例如以某一市场或某种产品作为主导。要实现这些目标均可以通过价格调整和其他营销策略加以配合,价格也可用来改变银行形象,如果银行想走高档路线,可使某些大众化的产品价格高于竞争对手,但服务素质也要相应跟上。

除上述因素以外,竞争对手的定价策略、政府相关政策的变动、宏观经济环境的发展变化等都会对银行产品定价产生影响。

二、商业银行定价法则

商业银行服务产品定价还需要考虑两个法则。

(一) 帕累托法则

根据帕累托法则,商业银行定价有可能在某一点处于最优状态,如果再重新调整,则将损害商业银行及客户双方的利益。此时,商业银行应力求在现有价格水平下以尽可能低的费用取得尽可能高的收益,同时以尽可能少的客户数量取得尽可能多的收益。总之,商业银行定价策略应能体现商业银行和客户双赢的基本原则。

(二) 经历累积和规模效益法则

根据经历累积和规模效益法则,随着商业银行产品在时间上的延伸和规模数量的扩大,其单位成本呈递减规律,从而使商业银行产品定价水平逐渐趋于降低。

三、商业银行产品定价程序

(一) 选择定价目标

商业银行应根据本身的发展方向、经营实力、资源潜力等内部条件及市场供求、竞争者状况等外部环境选择具体的定价目标。

(二) 定价信息收集整理和价格预测

完备、准确、及时的价格信息的收集与预测是定价程序的基础。价格信息的内容十分广泛,既包括分析和预测市场价格状况和变化趋势的信息,也包括直接影响定价决策的各类因素变化信息。

(三) 测定需求的价格弹性

不同价格弹性的金融产品要运用不同的定价方法及策略。商业银行应尽量收集与该产品有关的信息,调查其市场潜力、占有率、价格水平及其变动可能对市场造成的影响等,以便正确测定产品需求的价格弹性。

(四) 测算产品成本

商业银行通过调查金融产品的营销状况,投入的人力、财力、物力及营销过程中的费用开支等全面地掌握产品的成本水平。

(五) 确定盈亏平衡点

通过估算与不同价格水平对应的客户量及市场上竞争对手对于价格的反应等来预计商业银行可能实现的产品销售量,确定其保本点。

(六) 选择定价的方法与策略

商业银行在综合定价目标、成本费用及市场需求等因素的基础上,选择合适的定价方法。同时,针对不同的银行产品与金融服务的特征制定相应的定价策略,使其价格体现合理性与灵活性的统一。

(七) 确定产品的最终价格

商业银行运用恰当的定价方法与定价策略并考虑客户与竞争对手对价格的反应之后,即可确定金融产品的最终价格。

(八) 价格的执行与调整

商业银行产品的定价不可能一成不变,而是随着市场竞争情况、银行条件及其他因素的变化而得到不断调整。从此意义上讲,价格的执行过程也是价格的调整过程。

四、商业银行营销定价方法

商业银行服务产品定价的具体方法比较多,主要有成本加成定价法、保本分析和目标利润定价法、差别定价法、认知价值定价法等。国内商业银行在综合考虑各方面因素后,可从中做出选择。

(一) 成本加成定价法

成本加成定价法是商业银行成本管理中最基本、最简单的定价方法,即在某金融产品的成本基础上加上一个标准的加成。该方法主要在零售银行中使用,其优点在于定价方便,不随市场需求的变化而频繁地调整定价,且如果零售银行大都采用此法定价,则定价将会趋于相似,因而价格竞争就会降到最低限度。但是很显然,成本加成定价法没有考虑市场对各种金融产品和服务需求及其不同的客户需求弹性,无法体现竞争对手之间的差异,在市场环境发生变化时往往处于被动地位。

(二)保本分析和目标利润定价法

保本分析和目标利润定价法主要是以收支平稳即以保本为定价最低限度,以实现目标利润率为最高限度。该定价方法优点在于定价目标明确,简单方便,同时又具有机动的余地。但该方法不适用所有的金融产品服务,特别是市场需求不稳定的金融产品,目标利润不明确,尤其不大适用创新金融产品。

(三)差别定价法

差别定价法针对市场和客户各种不同的具体情况,对同一产品制定不同的价格,以扩大市场份额。在现代资讯技术极其发达的条件下,差别定价法一般很难做到。因此实行差别定价法必须具备以下条件:①市场必须能够细分,而且这些细分市场须有不同的需求弹性;②不同定价市场相对分割,相同的金融产品之间的购买者难以直接交易;③细分市场的费用不得超过差别定价所得的额外收入;④差别定价的特定形式不应违反有关法律、法规。

(四)认知价值定价法

认知价值定价法,是指商业银行在产品定价时,利用市场营销组合中的非价格因素在客户心中建立对某一种产品的认知价值,并以这种认知价值为依据来进行产品定价。认知价值定价法与现代产品市场定位思想相吻合。该理论认为,金融产品的定价的关键,不是银行金融产品的成本,而是客户对金融产品价值的认知。该种定价方法来源于客户对金融产品的服务、品牌、质量等综合因素的考量。因此,金融产品的定价以客户的心目中的认知价值为准。银行经营管理人员在对金融产品定价时,要明确目标市场和目标客户,预估金融产品销售数量和产品单位成本以及预期利润,如果能带来预期的利润,再进行产品的开发和销售。可见,认知定价法的关键在于准确地确定市场对所提供价值的认知,为此必须进行周密科学的对客户需求的市场调研。

因此,实现认知价值定价策略的关键有两点:①商业银行能够提供高效的、附加价值较多的产品或服务,并让客户由于其所具有的某些特别之处,如使用上的便利、服务态度的亲切等,感受到其"物有所值",从而愿意支付较高的价格来获得相关产品或服务;②准确估算客户对产品的认知价值,这就需要商业银行进行认真的市场调研和分析,准确把握客户对某一金融产品认知价值的高低,从而比较准确、合理地定价。

案例 5-4 中国人民银行:《关于加强存款利率管理的通知》

2020 年,中国人民银行下发了《中国人民银行关于加强存款利率管理的通知》(以下简称《通知》),对结构性存款提出新的规范要求,新规之下存款基准利率下调可期,降银行负债成本以降贷款利率。此次《通知》主要内容包括：一是各存款类金融机构应严格执行中国人民银行存款利率和计结息管理有关规定，按规定要求整改定期存款提前支取靠档计息等不规范存款"创新"产品。二是中国人民银行指导市场利率定价自律机制加强存款利率自律管理，并将结构性存款保底收益率纳入自律管理范围。三是中国人民银行将存款类金融机构执行存款利率管理规定和自律要求情况纳入宏观审慎评估(MPA)，同时指导市场利率定价自律机制将上述情况纳入金融机构合格审慎评估。

2018年年中，中国人民银行等机构联合下发了《关于规范金融机构资产管理业务的指导意见》指出，资产管理业务不得承诺保本保收益，打破刚性兑付。该资管新规意味着自监管层禁止发行保本理财产品，而结构性存款在此之后有成为其替代品的趋势，成长迅速。

银保监会在2018年9月发布的《商业银行理财业务监督管理办法》中明确，结构性存款是指商业银行吸收的嵌入金融衍生产品的存款，通过与利率、汇率、指数等的波动挂钩或者与某实体的信用情况挂钩，使存款人在承担一定风险的基础上获得相应收益的产品。

数据显示，截至2020年1月底，我国结构性存款总规模达10.79万亿元，规模较大。而银行的结构性存款产品也在发展过程中出现了各种不规范的问题，例如银行误导销售、违规展业等问题。而在2020年10月份，银保监会发布《关于进一步规范商业银行结构性存款业务的通知》再次整顿结构性存款相关问题，其中针对结构性存款的管理方式、资格认证、销售、信息披露以及过渡期裁定都进一步做了规范。

(资料来源：https://xw.qq.com/amphtml/20200311A0H9AL00)

第三节 商业银行定价策略的实施与调整

一、我国商业银行定价策略演变

我国商业银行营销定价策略演变，大致分为4个阶段。

第一阶段(1949~1978)：改革开放前，国家实行单一的银行体制，银行机构完全由国家控制，银行只是政府资金存储、放贷、流通的管理机构，不具备商业银行以盈利为目的的特点，几乎不存在营销定价策略。

第二阶段(1979~2000)：银行由单一制逐渐向商业银行转变，除四大国有银行之外，股份制银行、城市商业银行、农村商业银行纷纷出现，银行业逐渐呈现竞争状态，但四大国有银行以及最大的股份制商业银行交通银行仍然占垄断地位，5家银行规模超过全国银行业总规模90%。该阶段商业银行为抢占市场份额，采取的市场营销定价策略非常模糊，盲目追求客户总量，忽视信贷质量，导致各银行机构不良贷款率大幅攀升，利润下降，银行业呈现无序竞争状态。

第三阶段(2001～2010):2001年,我国加入WTO,银行业面临着国际化竞争压力,国家进行多次利率和汇率改革,经济保持高速增长,国内金融形势复杂多变,商业银行向现代金融转变,基本完成电子信息化建设。尽管大型商业银行垄断地位有所动摇,但受到消费者思想观念的影响,对大型商业银行信赖程度明显高于中小商业银行,大型商业银行来自市场竞争的压力小,商业银行市场营销的主要对象是公司客户,对中小微企业和个体客户重视程度不够,市场细分不够,产品结构单一,呈现出粗放营销的特点。

第四阶段(2011至今):国家金融改革步伐加快,利率市场化逐步放开,互联网金融迅速崛起,2015年规模突破10万亿元,给商业银行造成冲击。电子信息化技术带来大数据时代,大数据成为商业银行隐藏的巨大资源。商业银行市场营销走向精细化、现代化,市场开发竞争日益激烈,银行纷纷发展社区银行业务。同时,随着金融管制的放松和金融工具创新的发展,不但银行业存贷款的种类越来越多,而且出现了很多的全新金融工具即金融新产品,如票据发行便利(NIFs)、期货(future)、期权(option)、互换(swap)等,大都属于银行的表外业务。这些金融产品所带来的手续费收入已占银行总收益的相当比重。金融中间业务的收入日益成为商业银行收入的主要来源。因此,众多的创新金融产品的定价成为商业银行市场营销管理的决策重点。

二、商业银行定价运用

定价方法运用需要与具体业务结合起来,主要包括存款、贷款、中间业务等3个方面。

(一)存款定价运用管理

在利率市场化情况下,存款定价的选择是商业银行的一项难题。合理的存款定价可以成为银行吸引客户的基础,存款价格变动不仅影响银行的存贷款利差,也影响银行存款营销。在进行存款定价时,商业银行必须在满足客户和确保其经营利润之间寻求到一种均衡。具体的定价模式有基准利率模式、行业价格模式、综合评价模式等。基准利率模式和行业价格模式一般以央行基准利率、行业普遍接受认定的价格为定价的核心利率,根据市场竞争、经营成本等实际情况,确定加减的百分点,最终确定执行利率。如我国外币利率市场化后,外币小额存款即执行银行业协会制定的利率。综合评价模式是将存款利率的确定与该客户其他业务如结算、资金沉淀、票据等给银行带来的综合效益结合起来分析测算定价。此外,存款定价要综合考虑竞争对手的定价策略、消费者需求对利率的敏感性、存款的期限结构、存款账户资金流向等因素。

(二)贷款定价运用管理

随着利率市场化改革推进,贷款利率浮动区间越来越大,目前已经没有上限,最低下浮可达 10%(个人住房贷款优惠可达 15%),因此贷款定价空间更大。有代表性的贷款定价模式主要有基准利率加点模式、成本加成模式和成本收益模式。

(1) 基准利率加点模式也称价格领导模式,是目前银行业广泛采用的一种定价模式。其具体操作程序是:首先选择某种基准利率作为基价(一般是央行基准利率),然后针对客户贷款风险程度相应的风险溢价确定该笔贷款利率,它以市场平均价格水平为出发点,贴近市场,但由于对资金成本重视不够,有时可能导致占有市场而失去利润的结果。

(2) 成本加成模式是一种较为传统的定价模式,价格由成本加目标利润而形成,但贷款资金成本、期限匹配、贷款间接费用、信用风险溢价等准确计量难度较大,同时忽略了与客户的互动关系及市场竞争情况,可能影响贷款定价的市场竞争力。

(3) 成本收益模式综合考虑客户与本行的整体关系,全盘测算银行为该客户提供所有服务的总成本、总收入及银行的目标利润,以此来权衡定价水平,要求准确测算单个客户的成本和收益。比较而言,成本收益分析模式是一种较为理想的定价模式。

传统的贷款营销中,价格往往是根据银企关系和客户要求主观商定,缺少量化的依据,且大多停留在简单的利率百分点浮动模式,尚未建立科学的定价模型。以科学、综合的客户盈利分析为核心的成本收益定价模式体现了以客户为核心的经营理念,是商业银行贷款定价的发展方向。

(三) 中间业务定价运用管理

中间业务产品价格虽然与存贷款价格表现形式有一定区别,但在定价原理和方法上仍然相同。可以采用的定价有以下几种:客户认知价值模式、分类定价模式、产品组合定价模式、成本加成模式等。由于中间业务产品实质上是无形的服务,通过提高产品和服务的功效、质量等,满足客户需求,达到为客户创造价值和提高满意度的目标,也就是通过客户价值创造来体现产品的价格。

目前国内商业银行中间业务发展的一个特点就是业务地位附属化,许多分支机构发展中间业务不是以利润最大化为目标,而是作为吸收存款、吸引客户的一种手段,定价倾向于低廉乃至免费。由此看来,中间业务产品定价还要处理好中间业务与资产负债业务的关系、处理好成本与收益的关系、处理好中短期培育和长远发展的关系。

案例 5-5　银行理财子公司乘风破浪　花式掘金资本市场

2019 年 6 月,我国第一家银行理财子公司——建信理财在深圳开业,拉开了资管行业新变局的帷幕。截至 2020 年 12 月 2 日,全国已有约 20 家银行理财子公司开业。银行理财子公司的设立,为银行理财市场打开了更为广阔的发展空间,有助于银行理财产品覆盖更多普通投资者,也为资管行业和资本市场带来"新鲜血液"。

中国银行业协会日前发布的《中国银行业理财业务发展报告 2020》称,理财子公司产品体系表现出三大特点:一是以固定收益类为主;二是初期主要通过FOF、MOM和私募股权等形式探索布局权益类投资;三是产品体系规划凸显差异化战略布局,充分发挥各自比较优势。

具体来看,银行理财子公司产品固收类占比仍然很高。中国理财网2020年12月2日数据显示,包括工银理财、建信理财、招银理财和兴银理财等在内的多家银行理财子公司共发行产品2 611只。其中,固收类产品2 023只,占比高达77.48%;混合类产品583只;权益类产品仅5只,分别是:"工银理财·工银财富系列工银量化理财-恒盛配置理财产品""招银理财招卓沪港深精选周开一号权益类理财计划",以及光大理财的"阳光红ESG行业精选""阳光红300红利增强""阳光红卫生安全主题精选"。理财子公司已不满足于在固收领域耕耘,他们正不断拓宽权益投资渠道,除多家公司已发行FOF产品外,工银理财和建信理财还进行了股权投资。

各家理财子公司正基于各自发展战略定位,设计出差异化的产品体系。例如,建信理财的产品规划以指数投资方式切入资本市场意图明显,开业时即发布建信理财粤港澳大湾区资本市场指数,紧紧围绕《粤港澳大湾区发展规划纲要》,设计了"1+5"产品体系框架,以粤港澳大湾区高质量发展指数为主线,贯穿粤港澳大湾区价值蓝筹、红利低波、科技创新、先进制造、消费升级5条子指数线,以满足不同风险偏好客户的需求;除"现金管理+固收+混合+权益"四大常规系列产品外,农银理财还有两个具有农行特色的惠农和绿色金融系列产品。尽管初来乍到,银行理财子公司却活跃在与其他类型资管机构合作的前沿,合作伙伴包括券商、基金、保险资管机构等,并在产品销售、投研体系等多领域加速布局。

国内一些大型券商也积极为银行资管(银行理财子公司)等客户服务提供新业务。券商既会在股权、债券类项目方面为银行理财子公司进行精准推介和充分的信息沟通,也为银行理财子公司提供投研服务。

就基金公司而言,除参与产品投资外,银行理财子公司还通过将资金委托给基金公司进行管理方式合作。中国证券投资基金业协会产品公示信息显示,目前,包括建信理财、工银理财、中银理财、中邮理财和光大理财等在内的多家银行理财子公司与基金公司成立了集合资产管理计划。

银行理财子公司也与同为长线资金的保险资管有着深度合作。互购产品是两大资管力量合作的常见形式。例如,交银理财去年末认购英大保险资产管理有限公司"活利壹玖"产品,单日最高认购规模接近40亿元。此外,不少保险资管已成为银行理财子公司产品投资合作机构方。

银行理财子公司承载了商业银行转型的重要使命,对其他类资管机构来说,银行理财子公司的建立并不是"狼来了"。相反,理财子公司期待与优秀资管机构合作。

(资料来源:http://www.xinhuanet.com/fortune/2020-12/03/c_1126814722.htm)

三、商业银行营销定价的调整

作为主要从事融资以及与其关联业务的微观经营实体,商业银行需要根据市场情况,对相关金融产品进行价格调整。因此,市场状况的变化是金融产品价格调整的关键性影响因素。金融产品的价格变化也与市场供求状况密切相关,金融企业需要根据市场供求情况来决定其价格的调整策略。

随着某类金融产品在金融市场上的推广使用,其经营成本可能会发生改变。同时,金融产品在推广使用中会根据客户的使用情况与要求逐步完善,增加各种附加服务和内含价值,成本自然也逐步提高。这时,商业银行为了弥补增加的支出,就需要适当提高产品的价格。因此,商业银行需要在产品的推广与使用过程中,关注经营成本的变化情况,并采取相应的价格改变或调整措施。

相较于产品的特征、渠道而言,价格是一个更容易调节的因素。价格调整分为主动调整和被动应对两种策略。

(一)主动调整策略

主动调整策略包括主动降价策略和主动提价策略。

1. 主动降价策略

主动降价策略是指金融机构将原有产品的价格调低。主动降价的原因主要有以下几种:①在强大的竞争压力下,市场占有率的降低迫使商业银行降低价格来维持原有市场份额;②生产能力过剩而又不能通过改良产品和加大促销来扩大销售;③为了控制市场而发动降价;④受环境因素影响主动降价,如宏观经济不景气,需求不振,若不降低产品价格有时会危及生存。

由上可知,降价有时是商业银行的自主选择,有时却是商业银行被迫做出的决策。降价的方式主要有两种:①直接降价,即直接降低产品报价;②间接降价,即商业银行保持价格目录表上的价格不变,但通过增加服务等方式,在保持名义价格不变的前提下,降低产品的实际价格。

2. 主动提价策略

主动提价策略是指商业银行将原有产品的价格提高。主动提价的原因主要有以下几种:①产品成本上涨,通过提价来转嫁成本上涨带来的压力,这是提价的主要原因;②产品供不应求,通过提价来抑制部分需求,以缓解市场压力;政策影响,如人民银行上调了人民币存贷款利率,住房按揭贷款和消费按揭贷款就按照新的利率水平计算利息,加息后月供将相应增加。

主动提价的方式主要有两种:①直接调高,即直接提高产品价格;②间接调高,即商业银行采取一定方法使产品表面价格保持不变但实际隐性上升。例如银行在提供贷款时,提升贷款客户的最低存款额度。

(二)被动应对策略

由于提价常常导致客户需求下降,因此竞争者的提价对商业银行来说是获取竞争者客户的机会。如果竞争者是因为成本的压力而提价,商业银行则可能考虑与竞争者同步提价以保证利润的实现。如果提价是因为产品价值的提升,商业银行需要研究竞争者究竟对产品做了什么改进。

金融产品价格的调整,是商业银行主动适应竞争变化的结果,这个调整过程极具挑战性。商业银行必须特别重视产品价格的调整,充分考虑好以下因素,并在恰当的时机推出重新定价的金融产品。价格调整应注意以下几个问题。

(1)调价产品的数量,即对一系列产品的价格进行调整还是对某一产品进行削价或提价。

(2)价格调整的方式,即是明调还是暗调。明调是标价的改变,而暗调则是采用其他方式使实际价格发生改变。

(3)价格调整的幅度,即要调整多大的比率。

(4)价格调整的时间,包括何时向客户宣布及何时正式开始执行新价格。

(5)其他相应的营销措施的调整,如包装或广告收费、产品质量改善、提供配套服务等。

四、我国银行业价格体系改革的目标模式

在经济全球化的大背景下,金融全球化和金融自由化已成为一个不可逆转的趋势。金融全球化的发展,必然要求我国逐步放松对金融市场的行政干预,充分发挥市场和金融中介的作用。同时,金融自由化也要求放松利率管制,使利率由市场决定,放宽对商业银行的限制,准许商业银行扩充业务范围,积极推动货币市场和资本市场的发展;放宽外汇管制,解除对国际资本流动的限制,并允许外资银行及金融机构在国内开展业务。

金融资产价格是衡量一个国家金融自由化程度的重要标准之一。金融自由化意味着金融资产价格能够准确反映客观存在、能替代现时消费的投资机会和消费者对延迟消费的非意愿程度。一种理想的状况是,由于资金能够在更大的范围内进行配置,当某一个国家的金融市场资金需求大于供给时,资金流入;反之则流出,其结果是各国金融资产价格水平变动趋势逐渐趋于一致。

为适应金融全球化、自由化和国际金融市场发展的要求,充分运用价格的信号作用、经济杠杆作用,发挥市场机制的调节作用,我国银行业价格改革目标模式的基本框架应为多层次、有差别、开放型和能控制的定价体系。

多层次是指我国银行业价格体系中既有货币当局控制的基准价格和产业优惠价格,

又有大量由市场供求决定的市场价格。

有差别是指我国商业银行在确定服务产品的基础价格和产业优惠价格时,应考虑总体形势、国家产业政策、宏观调控方向以及地区、行业和产品的不同,体现一定的差别;市场价格的确定,主要由资金供求双方考虑导向价格、自身筹资成本、风险、期限、市场占有份额等因素。基础价格、产业优惠价格和市场价格将共同组成一个合理的差别价格体系。

开放型是指货币当局仅对商业银行少数产品的价格实施控制,对绝大部分产品价格则予以放开。

案例5-6 LPR改革对商业银行的影响

中国人民银行于2019年8月提出改革完善贷款市场报价利率(LPR)形成机制,推动贷款利率市场化,利率市场化改革取得重要进展。经过推广应用,目前市场运行较为平稳。但随着LPR下行,对商业银行贷款经营产生的影响也在逐步显现。LPR,是贷款市场报价利率(Loan Prime Rate)的简称,是指金融机构对客户执行的贷款利率,其他贷款利率可根据借款人的信用情况,考虑抵押、期限、利率浮动方式和类型等要素,在贷款基础利率基础上加减点确定。目前,对社会公布1年期贷款基础利率,它是由具有代表性报价行,根据该行对最优质客户的贷款利率,以公开市场操作利率加点形式的方式报价,由人民银行授权全国银行间同业拆借中心计算并公布的基础性的贷款参考利率。其中有10家全国性银行、2家城商行、2家农商行、2家外资银行、2家民营银行合计18家商业银行参与报价,并经银行间市场发布,为市场提供一个最优贷款利率。

一、改革原因分析

(一)促进央行货币政策的传导

根据货币银行学理论,央行货币政策的传导最终由银行信贷来完成,利率是货币政策传导机制中的重要"媒介"。我国货币市场利率已经实现市场化,央行的货币政策能很快在货币市场中传导,但许多贷款依然根据存贷款基准利率定价,部分以LPR定价的贷款,也由于LPR在相当长的时间内与央行基准贷款利率保持高度相关,导致存贷款利率对市场利率变动不敏感,原LPR形成机制形成利率计价方式在一定程度上削弱了货币政策的传导效力。

(二)提升金融资源的有效配置

改革LPR形成机制能有效疏通货币市场利率向贷款市场利率的传导,形成货币市场利率与贷款市场利率在时间和方向上变化的一致性,提升金融资源的有效配置,缓解当前经济环境中存在的"融资难、融资贵"问题。在央行实行适度宽松的货币政策的环境下,LPR新形成机制能提高金融机构信贷资源配置效率,降低实体企业的融资成本,推动实体经济的发展。

二、对银行业的影响

(一)促进业务创新,催化经营转型

随着利率市场化改革的深入,商业银行传统的存贷利差收入将不断缩减。为稳固盈利水平,商业银行必须在竞争环境中寻求创新突破,研发新的金融产品,拓展新的服务领域,不断寻找新的利润增长点。因此,商业银行会更加关注市场变化,增强风险意识和成本意识,更加注重开展低资本依赖性业务,提高中间业务的收入占比,确保经营效益不因利率市场化产生太大的波动。同时,利率市场化有利于商业银行找准自身市场定位,发挥自身优势,形成自有特色和核心竞争力,寻求"专业、特色、精品"的商业化发展道路,有助于解决同质化经营和不当竞争等问题。

(二)息差面临收窄压力,部分银行或被动提升风险偏好,资产投放能力强的银行有望受益

改革后,两期LPR均有所下调。从宏观经济状况来看,受全球经济下行和贸易摩擦等影响,LPR后续下调的可能性不断加大。而存款基准利率未作同步调整,导致利差收窄。根据央行表态,存款基准利率短期内发生调整的可能性不大,预期利差将大概率继续收窄。但另一方面,短期内大幅下调LPR的可能性也不大。此外,2019年9月16日,央行全面降准0.5个百分点,扩大了商业银行的放贷规模,与利差收窄对净息差收入造成的影响形成对冲,维持了商业银行利息收入的稳定。因此,总体来看,利差收窄已成趋势,但商业银行的盈利依然稳健。

由于银行存款端定价相对刚性,LPR改革使银行贷款利率下降或导致银行息差承压。息差整体承压,部分银行或提升风险偏好,配置更高收益的资产以弥补息差的缩小,进而带动信用环境宽松。当前环境下,具有较强风险定价能力、有能力发现优质资产的银行将更有优势。商业银行对优质资产、优质业务的竞争将日趋激烈,"资产荒"将成为普遍现象。在当前经济环境下,商业银行风险偏好相对审慎,资质较好的大中型企业是各家商业银行竞相追逐的对象。但该类客户议价能力较强,融资渠道多元,商业银行只能通过不断让利的方式在竞争中争取主动,信贷资产收益率面临持续下降。因此,对商业银行而言,"资产荒"的本质并不是市场上不存在资产,而是市场上资产收益率的下降快于自身负债成本下降,获取能够覆盖负债成本的优质资产愈发困难。如何挖掘风险加权后收益较高的资产将成为各家商业银行资产方的核心竞争点。

(三)新旧贷款利率基准的转换过程中,客观上提高了商业银行的利率风险管控难度

第一,商业银行资产、负债定价基准的不同将增加商业银行的基准风险。随着LPR的推广应用,商业银行资产方基本已实现市场化定价,而负债方仍然存在定价相对刚性、"易上难下"的存款利率,在事实上盯住相对固定的存款基准利率,商业银行利差存在较大波动性。第二,本次LPR改革采取"新老划断"原则,商业银行存量的、以贷款基准利率定

价的中长期贷款,在实质上相当于固定利率贷款,这虽然在利率下行期有助于保护利差,但客观上扩大了商业银行的期限错配程度,增加了未来利率风险管理和资产负债调整的难度。第三,新旧贷款利率基准定价水平差异将引起贷款客户提前还款行为的变化,商业银行面临客户提前还款行为带来的期权性风险。

(四)"以价补量"的吸存模式不可持续,商业银行"吸存难、吸存贵",综合负债成本上升压力凸显

商业银行资金来源以存款为主,但近年来,商业银行存款在增速持续放缓的同时,也呈现出结构性变化,表现为一般性存款增长缓慢,高成本存款增长迅速,存款由低成本向高成本的搬家现象日趋明显,商业银行的综合负债成本不断攀升。单纯地用"以价补量"的策略进行业务营销,在短期内确实可以迅速做大存款规模,但从长期看并不利于提高客户黏性,甚至会形成成本不断攀升的恶性循环,为后续经营埋下隐患。对于"存款立行"的战略性意义,需要结合实际情况进行周全考量。

[资料来源:冯宁军.论 LPR 改革对商业银行的影响及应对策略[J].现代商业,2020(10).]

思考:

(1) 对于 LPR 改革,商业银行应如何结合自身条件进行应对?
(2) LPR 改革对商业银行有何影响?

本章小结

(1) 商业银行产品定价的主要内容包括确定存贷款利率水平和各项服务的收费标准,商业银行产品的价格构成主要包括利率、汇率和手续费水平。

(2) 商业银行产品定价策略包括撇脂定价策略、渗透定价策略、折扣定价策略、关系定价策略、创新产品价格策略、满意定价策略。

(3) 商业银行定价需要综合考虑市场需求水平、成本费用水平、竞争水平和经营目标等多方面的因素。

(4) 商业银行定价方法运用需要与具体业务结合起来,可以从存款、贷款、中间业务3个方面分析产品定价实施。

本章复习思考题

(1) 简述影响金融产品定价的主要因素,并以你身边银行的定价策略为例加以分析。
(2) 试举一例以成本导向定价法定价的金融产品,再将成品导向定价法与需求主导

定价法进行比较。

(3) 比较你接触到的银行理财产品的收益率,试分析不同期限的产品价格有什么不同。

(4) 什么是撇脂定价策略?有什么优势?

第六章 商业银行促销和渠道策略

知识目标

（1）熟悉商业银行促销策略的方式和内容。

（2）掌握商业银行营销渠道的方法和基本策略。

（3）了解商业银行营业推广策略。

能力目标

（1）培养分析商业银行的促销策略选择的能力。

（2）培养分析商业银行的各种分销渠道的优缺点的能力。

关键词

商业银行促销策略　商业银行渠道策略

知识框架

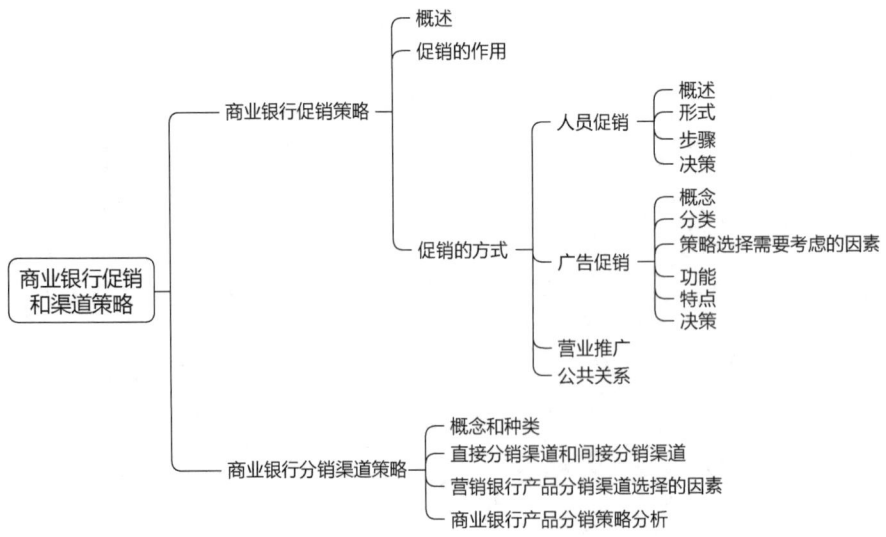

第六章　商业银行促销和渠道策略

本章导言

商业银行在金融市场中的竞争不仅表现为产品的质量、服务和价格上的竞争,而且还表现在信息传播的竞争上。商业银行为取得营销成功,除了提供适销的产品、制定合理的价格,还必须采用恰当的促销方式、选择适当的营销渠道。商业银行的促销策略是商业银行营销组合的构成部分,好的促销策略能使上银行在短时间内营销出去,尽可能多的产品,从而获得盈利。同时对于商业银行来说,让目标市场的客户在一定的时间、地点便利地得到商业银行的服务,才能实现营销的目标。

导入案例

案例6-1　重庆银行中石油85折活动

一、活动时间

2020年5月21日起至2021年11月30日。

二、活动对象

重庆银行信用卡客户(需激活卡片,卡片状态为正常)。

三、活动内容

活动期间,我行信用卡持卡人至中石油重庆地区指定门店使用"云闪付"App,选择重庆银行信用卡进行绑卡扫码支付,可享单笔交易金额8.5折优惠,单笔最高可优惠30元。(注:每用户每日限享1次,每月限享2次优惠。)

四、活动规则

(1) 本活动为重庆银行信用卡持卡人专享。持卡人需在云闪付App查询加油站点仍有活动名额后,使用"云闪付"App绑定重庆银行信用卡进行扫码支付方可享受优惠。

(2) 同一用户(包括但不限于同一设备、同一注册手机号、同一银行预留手机号、同一银行卡、同一身份证号视为同一用户)每日限享1次、每月限享2次优惠。

(3) 客户每成功享受一次优惠,扣减其卡内60积分。活动期间每个自然月初批量扣减上月参与活动客户卡内积分。

(4) 本活动优惠金额不能兑换现金,优惠部分不予开具发票。本活动一次消费仅限使用一张卡进行结算,若同一用户发生分单结账、虚假刷单等恶意行为,将取消优惠资格并不另行通知。

(5) 本活动不与店内其他优惠同享,享受本活动优惠部分不做退换。

(6) 如因合作商户地址变更、工程装修、停业整顿、自然灾害、系统故障等不可抗力因素导致客户无法享受本活动优惠的,建议持卡人在参加活动前向商户进行咨询确认。本活动中因商品或服务质量等引起的投诉和咨询请与所消费门店联系和解决。

（7）在法律允许范围内，重庆银行保留对活动的最终解释权。最新活动内容以重庆银行对外公告为准。

（资料来源：https://www.kameng98.com/youhui/details/7805）

思考：

重庆银行的促销活动的优缺点有什么？

第一节　商业银行促销策略

一、商业银行促销概述

商业银行促销是指商业银行开拓资金融通渠道，扩大资金融通范围，在了解客户的需求的基础上将服务产品通过适当的方式进行报道、宣传，引起客户的注意和兴趣，激发其购买欲望，促进其购买行为的活动。商业银行促销也可理解为在了解客户需求的基础上，为扩大服务产品的销售，将特定的信息，在特定的时间和地点，以特定的方式传递给特定的客户。商业银行促销的根本目的在于说服客户理解、接受本行的服务产品，同时树立商业银行信誉，提高产品美誉度和销售增长率。商业银行促销策略是商业银行营销组合的构成部分，营销策略的好坏关系到商业银行的竞争力和生存能力。

二、商业银行促销的作用

商业银行促销在市场竞争中发挥了重要作用。

1. 提供信息

商业银行通过促销向目标客户提供商业银行产品的信息，如商业银行向客户提供何种产品，这种产品能满足何种需求，客户通过何种方式能够获得这种产品，明确的信息的提供能够迎合客户的需求，便于客户的分析选择和购买。

2. 引导消费

商业银行通过对银行产品的促销，就是要有使现有的或潜在的客户关注产品、接纳产品，从而促使客户由消费需求欲望转化为消费行为。通过促销活动可以让客户看到不同商业银行产品价格特点，便于客户进行选择和比较。

3. 扩大销售

随着金融创新和影子银行的发展，商业银行的营销环境越来越复杂多变，各种业务量的增减差异很大，不利于商业银行的稳健经营。商业银行只有通过各种有针对性的促销活动，才能稳定地扩大业务量，提升市场占有率。

4. 增强品牌效应

商业银行通过促销，让更多的客户注意到商业银行的产品，感受到银行的优质服务和熟知银行产品的功能特点。通过这些宣传,商业银行不断强化自己产品的形象,增强品牌效应。

5. 提升竞争力

通过促销活动,可以让客户看到不同商业银行产品价格特点,便于客户进行比较及选择。各个商业银行之间通过促销来相互了解,加强竞争。与此同时,商业银行通过宣传不断强化自身及产品的形象,无形中提升自己的竞争力。

三、商业银行促销的方式

我国商业银行促销方式主要有两大类:①人员促销;②非人员促销,包括广告促销、营业推广和公共关系等形式。

(一)商业银行人员促销策略

1. 商业银行人员促销策略概述

商业银行的人员促销是指商业银行促销人员为推销商业银行产品,而对客户开展的说服、引导其购买或消费的活动。具体而言,主要是指商业银行营销部门的专门人员有目的地去某些企事业单位、居民家庭推销商业银行的产品和服务,当面向客户介绍和说明其用途、特点,并说服他们购买所开展的行销活动。

2. 商业银行人员促销的形式

商业银行人员促销的形式主要有柜台促销和上门促销两种形式。

(1)柜台促销。柜台促销是指客户来到商业银行后,由商业银行的临柜人员在办理业务的同时,向客户介绍或向其发送介绍相关宣传材料等活动。

(2)上门促销。上门促销是指商业银行专门去某些单位或部分优质个人客户家中推销新的产品或联系其他业务,例如分送宣传产品的折页、当面介绍新产品等一系列工作。

案例6-2　美国社区银行如何助力小微企业融资

美国社区银行是指资产规模较小于10亿美元、主要为本地中小企业和居民家庭提供服务的地方性银行。尽管美国的社区银行资产仅占银行业总资产的21%,但是它们为中小企业提供的贷款占中小企业所获得总贷款的58%,助力中小企业在创造就业、经济发展等方面发挥重要作用。美国社区银行的主要特点:

(1)健全的法律体系保障。《反托拉斯法》《小企业法》和《社区再投资法》是对美国社区银行影响深远的三部法律,为社区银行的生存定位提供了法律保障。《反托拉斯法》规定"美国银行之间的并购,除了银行监管机构同意外,还要经司法部和联邦贸易委员会审批",有效地防止和抑制行业垄断的产生,为社区银行减少被兼并威胁提供了保护;《小企业法》于1953年开始实施,美国联邦政府根据该法制定了针对小企业的各种优惠贷款条件,建立了贷款担保二级市场,并成立联邦小企业管理局为小企业融资提供履约担保服务,并且指定社区银行作为优先向小企业贷款的银行;《社区再投资法》规定,美国的各类存款金融机构必须为所在社区的小企业提供融资,并由多个监管机构进行考核监督,督促本地区吸收的存款资金投入到区域建设中,减少资金外流,并将"社区再投资表现"作为银行增设分支机构的重要指标。

(2) 灵活的关系信贷。美国的社区银行主要从事关系型信贷,即主要凭借与中小企业以及社区成员长时期交往中所获取的定性"软"信息来发放贷款,"软"信息包括:银行信贷员与中小企业所有者常年直接交往形成的对其人品、可信度的评价;银行过去为中小企业提供存贷款或其他金融服务获得的部分中小企业收支记录;与中小企业供货商、顾客、邻近商家交流形成的对该中小企业发展前景的预测等。

(3) 稳定的吸储来源。美国是最早实行存款保险制度的国家,并建立了对居民存款安全提供保证的政府保险机构——联邦存款保险公司,一旦金融机构经营出现风险甚至倒闭,无法向存款者兑付存款,该保险基金可替金融机构向存款者还款;此外,美国独立社区银行协会还成立了专门针对社区银行的存款保险公司,大幅增强了存款人对银行的信心,为储户安心到社区银行存款提供了保障。社区银行来的存款客户主要是社区内的企业和居民,这些储户存款利率敏感性低,短期内存款余额可能有所波动,但长期是相对稳定的,确保了社区银行廉价且稳定的资金来源。

[资料来源:张洁.美国社区银行如何助力小微企业融资[J].中国小企业,2021(7).]

3. 商业银行人员促销的主要步骤

商业银行人员促销一般遵循"公式化的推销"理论,主要过程分为以下 7 个步骤:

(1) 寻找目标客户。商业银行人员促销的第一步是找出潜在的目标客户。这一类客户须具备以下条件:有需求、能实施、有购买决策权、有接近的机会、有使用能力。寻找目标客户的方法很多,一般可通过促销人员个人观察、访问、查阅资料等方法直接寻找,也可通过促销人员之间协作等间接法寻找。

(2) 促销前准备。促销前,商业银行促销人员须具备商业银行产品、目标客户和市场竞争者等方面的知识。具备上面几类知识的同时,要选择好最佳的访问时间和最佳接近方式。

(3) 接近目标客户。接近目标客户是指商业银行促销人员与目标客户发生接触,以便成功转入面谈。此时,商业银行促销人员应给对方一个不亢不卑的好形象,验证准备阶段所得的全部信息,并为后面的面谈做好准备。

(4) 介绍阶段。这一步骤是促销过程的中心,是商业银行促销人员运用各种方法说服目标客户购买的过程。在说服的过程中要针对客户的心理灵活、恰当地运用提示说服,或演示说服,或两者结合施用的策略。

(5) 异议处理。客户异议指目标客户针对商业银行促销人员提示或演示的商业银行产品提出反面的意见及看法。商业银行促销人员应认真分析客户异议的类型及其根源,然后有针对性地施用处理策略。

(6) 达成交易。接近客户和达成交易是商业银行人员促销过程中最为困难的步骤。在洽谈中,商业银行促销人员应随时给予客户成交的机会,在这一阶段,商业银行促销人员尽量提供一些优惠条件,促成交易达成。

(7) 后继服务。后继服务是指商业银行促销人员为已购买商业银行产品的客户提供的售后服务。后继服务是人员促销的终点,也是促销工作的起点。通过后继服务能加强客户的忠诚度,同时也能获得各种反馈消息,为商业银行决策提供依据,为促销人员积累经验,从而为开展新的促销提供广泛而有效的途径。

4. 商业银行人员促销决策

商业银行人员促销决策是商业银行根据外部环境变化和内部资源条件来设计和管理销售队伍的一系列过程。内容又可分为两个层次:①战略决策,包括销售队伍规模的确定、销售工作安排、销售区域的确定等方面的内容;②管理决策,包括对销售人员的挑选、招聘、训练、激励和评价等方面内容。其中,管理决策是商业银行人员促销决策的核心。

人员促销战略决策的过程主要包括4个方面的内容:①确立人员促销在商业银行营销组合中的地位,为销售人员制定适当的销售活动组合;②根据商业银行自身资源条件和销售预算等确定销售队伍规模;③根据客户、商业银行服务产品和销售区域分配资源、时间和销售任务;④对销售活动进行组织激励和控制。

1) 商业银行人员促销战略决策与模型构建

以销售队伍规模的确定为例说明商业银行人员促销的战略决策。商业银行人员促销战略决策中销售队伍规模的确定有多种方法,本书采用工作量法对之进行深入分析。

商业银行利润与销售队伍的规模、预算、报酬方式等紧密联系,因此首先假设:最佳的销售队伍规模将使商业银行利润达到最大化。在利润最大化条件下,通过建立市场——反应模型可以确定商业银行销售队伍规模。具体计算公式如下:

$$\max Z = P \times Q(X) - C_1(Q) - C_2(X)$$

约束条件:

(1) 营销组合中其他要素不变。

(2) 忽略市场竞争的影响。

(3) 每位销售人员只推销一种产品。

(4) 销售人员的素质与其报酬是相吻合的。

式中:Z 表示利润;P 表示销售价格;Q 表示所售出的产品数量;X 表示销售队伍规模;$C_1(Q)$ 表示生产 Q 个产品的全部成本;$C_2(X)$ 表示 X 水平下的销售努力成本。

2) 商业银行人员促销管理决策

为鼓励销售人员完成销售定额,通常各家商业银行对其均有一些激励措施,佣金制度是最常见的。佣金一般是指按销售额或利润额的大小给予销售人员固定或可调整比率的报酬。在达到激励效果的前提下,对佣金占报酬的最佳比率的确定将构成商业银行激励决策的主要内容。

商业银行为达到最优的激励效果,商业银行佣金的确定一般是以商业银行利润最大化为原则。尽管为实现利润目标商业银行已给每个销售人员确定了销售定额,但如果该定额破坏了销售人员佣金收入最大化目标,则实际工作中销售人员可能不会受定额的约束。因此,商业银行应在两者之间进行均衡。

(二) 商业银行广告促销策略

广告是商业银行非人员促销的一种重要方式。

1. 广告促销策略概念

广告促销策略是商业银行对所提供的产品和服务所作的宣传。借助广告可以刺激需求引导消费、扩大销售,提高银行的竞争力。通过对产品的特点、作用、收益的介绍、告知,让客户了解银行的产品和服务,激发客户的购买欲望。

商业银行的广告一般分为形象广告、产品和服务广告,两者是互相补充的。通过形象广告引起客户的注意和兴趣之后,再用产品和服务广告向客户介绍各种金融产品和服务,使客户能知道产品和服务为其所带来的利益,从而增加购买,不断提高银行产品的销售。

2. 广告促销策略的分类

1) 按作用划分

(1) 先导型广告。先导型广告主要用于产品的市场开拓阶段,目的是告知消费者现在新出现了某类新产品,建立该类新产品的原始需求或基本需求,以便促进该类产品的销售。

(2) 竞争型广告。竞争型广告主要用于进入竞争阶段的产品,目的是为特定的产品(品牌)培植选择性需求。

(3) 巩固型广告。巩固型广告主要用于处于成熟阶段的产品,目的是提醒消费者不要忘记购买这一特定品牌的产品。为了使这种提醒的作用更广,通常还辅以一种相关形式的形象广告,其目的是增强商业银行的形象和声誉,而不是直接刺激销售。一个积极正面的商业银行形象,不仅有助于吸引消费者,而且有助于吸引员工和投资者。

2) 按广告的目标分类

(1) 说服性广告。说服性广告通常用于产品竞争趋于激烈的阶段,此时银行的目标是影响消费者心理,为其品牌培植选择性需求,大多数广告均属于这种类型。说服性广告的具体目标通常是:①培养品牌的偏好;②鼓励消费者改用本银行的品牌;③改变顾客对产品特性的认识;④说服顾客迅速购买;⑤说服消费者接受销售访问。

(2) 提醒性广告。提醒性广告较常用于已趋成熟期的产品,旨在保持顾客对其产品的注意。提醒性广告的具体目标一般是:①提醒费者对产品的需要;②提醒消费者购买的地点;③保持尽可能高的知名度。

案例6-3　不失创意又暖心,银行广告也可以这样

位于波士顿的桑坦德银行是美国最大的零售和商业银行之一,拥有650多家分支机构,主要分布在美国东北部,为210多万客户提供服务。2018年,桑坦德银行的一支广告在全球刷屏,并获得一致好评。这部名为《小猪》的广告宣传片是由Arnoldworldwide波士顿广告公司拍摄的。一开始,以一个家庭的宠物猪存钱罐不见为出发点,它打开了一个小女孩和她的父亲张贴公告寻找这只猪的故事。小猪走失后在城市里徘徊,很快就被卡车和高耸的建筑物所淹没。这时碰巧小猪被一群小男孩遇到,当小男孩抱起时他们听到里面有异响,争抢着要玩,困惑和好奇心促使他们打碎了小猪,里面硬币全部撒到人行道上。吵闹声引起了附近桑坦德分行一位员工的注意。银行员工把那只打碎的小猪带回家,重新把它粘在一起。然而令人意想不到的是小猪又活了下来。员工为小猪洗澡,穿上了衣服把零钱也放回原处,并且带他去散步。这时银行员工看到了小女孩寻找小猪的公告,意识到他所得的东西实际上属于别人,故事结束时,银行员工把修复好的宠物存钱罐还给小女孩。

这支广告在社交媒体上发布,同时还将配合户外活动,广播和数字广告。正如视频所阐述的,桑坦德银行希望帮你修复你破产的财务状况,并把钱给还给你。

(资料来源:https://www.sohu.com/a/217127511_151313)

3. 商业银行广告策略选择需要考虑的因素

商业银行在具体进行广告媒体选择时,需要综合考虑商业银行的广告目标要求;不同广告媒体的送达率、频率和影响价值;商业银行的服务产品特性、客户媒体习惯、市场竞争状况;广告费用等。

(1) 产品的类型。广告媒体主要有电视、报纸、杂志、广播、户外、网络等。不同类型的银行产品有着不同的促销特点和不同的客户群。如性能较为复杂的技术产品,需要一定文字说明,较适合印刷媒体;面向专业人员,多选用专业性杂志。

(2) 媒体的送达率。消费者常用的手机App和电视的送达率比杂志高,户外广告的频率比杂志高,而杂志的影响要比报纸大。例如对于证券业务,考虑客户分散性、阅读反复性、有关规定的严格性等因素,建议选用报纸媒体。对于某些需要展示的商业银行服务产品,则适宜选用电视和杂志媒体。

(3) 广告费用。广告费用包括媒体价格和设计制作费。不同的媒体有不同的价格。商业银行在选择广告媒体时,应依据自身财力选择效果尽可能好的媒体。

(4) 消费者接触媒体的习惯。不同的广告媒体,消费者接触的习惯不相同;不同层次

的消费者,经常接触和喜爱的媒体也有差别。因此,应针对目标顾客接触媒体的习惯去选择广告媒体,以保证广告信息的接收效率。

4. 广告促销的功能

商业银行广告的基本功能有两个:

(1) 向客户传递信息。商业银行在推出金融产品、服务项目进入市场时,要让公众了解产品的性质与功能,通过广告可以提供和传递信息,树立本银行与本行产品的形象,提高金融产品的知名度,从而激发客户的需求。

(2) 起到说服的作用。通过广告,可以展示产品和服务的优点、解除客户的疑虑,帮助客户建立起对银行产品和服务的信心,促使其迅速采取购买行动。特别是在客户购买决策犹豫不定的时候,银行广告可以帮助他们作出购买本行产品的决定。银行广告不仅是推销银行产品和服务、诱导客户购买的重要工具,同时也是树立银行形象的重要工具。

5. 广告的特点

广告和其他促销手段相比,具有以下一些特点:

(1) 广泛性。广告是在社会覆盖面上沟通客户和银行的桥梁,通过公共媒体可以把需要告知客户的信息传递到社会的广大角落。

(2) 非人员性。广告是通过媒体而非人员直接传播的,在一定程度上节省了人力。

(3) 低成本性。与其他促销方式相比,利用大众传媒传播信息的广告到达每个潜在客户的人均费用较低。

6. 广告促销决策

商业银行广告促销管理决策主要包括建立广告目标、制定预算决策和媒体决策以及广告效果的测定等内容。在目标和预算既定的情况下,商业银行广告促销管理决策以广告媒体选择为主,因为约 2/3 的广告费用将花在媒体上。此外,商业银行需要进行广告效果的测定工作。

适用于商业银行广告销售效果测定的方法主要有历史资料分析法和实验设计分析法等。在具体方法上,美国学者斯坦奇提出的 NETAPPS 率计算法,即通过广告得到的实际销售效果比率计算法,因其简单、快捷,不失为一种有效的广告效果测定方法,可借鉴并运用于我国商业银行广告销售效果的测定(见表 6-1)。

表 6-1 NETAPPS 率计算法

		广告认知		合计人数
		有	无	
购买	有	a	b	$a+b$
	无	c	d	$c+d$
合计人数		$a+c$	$b+d$	N

计算公式为：

$$NETAPPS = \frac{a \times (a+c) \times \frac{b}{b+d}}{a+b}$$

$$PFA = \frac{ad - bc}{b+d}$$

$$UP = \frac{a}{a+c} - \frac{b}{b+d}$$

$$AEI = \frac{1}{N}\left[a - (a+c) \times \frac{b}{b+d}\right]$$

式中：NETAPPS 表示通过广告得到的实际销售效果；PFA 表示因广告而增加的销售额；UP 表示广告使用上的吸引力；AEI 表示广告效果指数。

商业银行广告效果测定不仅需要关注销售效果，还应对心理效果和社会效果进行考察。心理效果测定主要是测定商业银行广告信息对目标客户引起的心理效应大小，包括对产品的注意、兴趣、记忆、认知、情绪、行为等心理活动的反应。广告效果测定项目可设计为注意强度、理解强度、记忆强度、行为强度和知名度等。通过对评定项目的打分，较容易确定商业银行广告对目标客户心理效应的好坏。广告社会效果测定主要对商业银行广告应承担的社会责任和取得的社会效益，如广告的真实性、对公众服务的程度等进行测定。

(三) 商业银行营业推广策略

1. 商业银行营业推广的概念及特点

商业银行营业推广又称商业银行销售促进，是指商业银行利用各种刺激性的促销手段吸引新的尝试者和报答忠实客户的促销方式。作为一种非价格竞争手段，商业银行营业推广在银行业中具有特殊作用。商业银行营业推广是一种低投入高产出的促销方式，主要包括确立营业推广目标、选择营业推广方式、制定营业推广方案等内容，通常在短期内可以收到立竿见影的效果。

商业银行在同业竞争中一般都设法回避进行直接的价格竞争，包括利率竞争和费用竞争，因为这样做的结果于人于己都不利。商业银行在营业推广时常常采用赠送一些特定的奖励性赠品方式。营业推广在西方银行业应用的例子很多，如在美国，银行对存入15万美元的储户提供轿车、家庭设施等奖励；在英国，对于住宅抵押贷款，银行采取利率折扣、提供固定利率贷款等促销方式吸引贷款。根据美国销售协会的定义，金融企业营业推广是指那些不同于人员推销、广告和公共关系的销售活动，旨在激励消费者购买金融产品和服务，促使金融产品经销商提高效率的多种非常规的、非经常性的销售尝试。商业银

行营业推广的基本特征主要有:

(1) 非规则性和非周期性。商业银行营业推广多用于短期的促销活动,目的在于解决具体的促销问题,因而不像广告、人员推销、公共关系等作为一种常规性的促销活动出现,而是往往用于短期的、额外的、补充性的促销工作,其着眼点往往在于解决一些更为具体的银行促销问题,因而往往表现为非规则性、非周期性。

(2) 方式灵活多样性。商业银行营业推广的具体方式繁多,包括赠送礼品、有奖销售、免费服务等。各种方式各有其长处和特点,商业银行可以根据其产品和服务的特点、不同的银行营销环境,灵活地加以选择和运用。

(3) 短期效益较为明显。一般来讲,只要商业银行营业推广的方式选择得当,其促销效果可在短期内迅速显现,而不像广告、人员推销公共关系等促销手段那样,要取得效益往往需要一个较长的周期。因而最适宜完成短期的具体目标,例如在短期内刺激顾客大量购买、吸引潜在顾客等。

2. 商业银行营业推广的作用

商业银行营业推广的主要作用为:

(1) 加速新的银行产品进入市场的过程。当消费者对投放市场的新产品尚未充分了解时,通过必要的促销措施可以在短期内迅速为新产品打开销路。

(2) 抗衡竞争者的促销活动。

(3) 刺激消费者的购买欲望,即通过适当的促销措施,使消费者对银行产品和服务形成好感,促成其购买行为。

3. 商业银行营业推广的局限

商业银行营业推广具有明显的优势,但同时也应该看到至少在目前阶段它还有一定的局限性:

(1) 难以获得客户忠诚。营业推广通常都具有这一特点,它可以打破购买者倾向于某一特定银行产品或服务的习惯。但营业推广在促成一次交易后,较难培养顾客的忠诚。如 20 世纪 80 年代以后,中国一些金融部门纷纷利用有奖储蓄来争夺客户,造成存款大搬家,但这种促销手段背离了银行同客户建立长期关系这一宗旨。

(2) 降低银行产品"身价"。如果银行频繁地使用营业推广,就会使客户怀疑银行提供的产品和服务的质量是否可靠、价格是否合理、安全是否有保障。事实上,很多客户愿意支付较高的费用来获得更为安全可靠的产品和服务。

4. 商业银行营业推广的形式

1) 营业过程中的营业推广

(1) 临柜人员推广。商业银行各经营网点的临柜人员,在为客户办理存取款、结算等业务时,向客户赠送商业银行新产品宣传折页,或通过演示示范和口头方式向客户推荐适合这个客户的其他产品,或对客户在办理业务时的咨询进行详细回答。

(2) 信贷员推广。商业银行信贷员有针对性地向企业推销适合于他们的中间业务及介绍其功能,向他们分送宣传折页和有关资料,或请企业有关人员到本行来深入了解银行的新产品及其特性。

(3) 大堂导储。在商业银行的营业网点设置大堂经理和导储小组,专门回答客户的咨询问题,指导客户办理业务,帮助客户解决一些困难,同时又向客户介绍、推荐其他产品和分送他们所需的宣传折页。

2) 业务宣传咨询

商业银行利用一些双休日或节假日,组织部分员工不定期地到人口流动较多的街道或办公场所开展新产品、新服务宣传。

3) 有奖销售

商业银行对购买商业银行的产品或享受商业银行服务的客户按一定的方式进行奖励,也就是有奖销售,以刺激客户进一步消费。但是,开展这种活动必须要遵守国家的法律法规,注重经济效益,要有创意,不要尾随别人、亦步亦趋。

5. 商业银行营业推广的策略

营业推广策略是商业银行在实施营业推广活动中所要进行的系列决策。这些决策主要包括:

(1) 确定营业推广目标。即确定在一定时期内,商业银行开展营业推广活动要达到的目的。商业银行营业推广目标是商业银行开展营业推广活动的出发点和归宿,是制定商业银行营业推广策略的首要任务。由于目标市场和产品生命周期不同,营业推广所要达到的具体目标也不相同。例如,对于银行产品,应鼓励客户重复购买;而对投放市场的新产品,则应吸引客户尝试购买。一般来讲,推广目标依据推广对象的不同,可分为3类:第一类是对消费者推广,其目标有:鼓励经常购买和重复购买;吸引新客户试用;吸引竞争者的客户;对付竞争者的营业推广活动。第二类是对中间商推广,其目标有:鼓励中间商持续销售本银行产品或代理本银行的业务;吸引新的中间商加入;抵消竞争性的促销影响等。第三类是对推销员推广,其目标有:鼓励推销员积极推销新的产品和服务;开拓新市场;寻找更多的潜在顾客等。

(2) 选择营业推广方式。商业银行营业推广方式很多,各有其特点和适用范围,为了实现促销目标,商业银行应依据推广目标、市场需求状况、竞争环境、成本效益来选择适当有效的营业推广方式。

(3) 制订营业推广方案。包括决定营业推广的时间、对象、参与条件、强度、途径(方法)、预算等,这些都是使推广活动得以顺利进行的相关决策。例如,商业银行在开展推广活动之前,要根据实际情况确定参与条件,即要确定什么样的客户有资格在这次推广活动中受惠,以保证让真正的客户得到激励。如赠品是送给哪些客户群,是所有的潜在客户群,还是某些特定的客户群;又如推广方法确定后还要选择相应的途径方法(传递方式),如赠送赠品的方法。

直接邮寄、上门赠送或在营业所门口赠送等,究竟采用哪一种方法,商业银行可以据实际情况加以选择确定。此外,商业银行制订方案要本着费用少、效率高的原则,具体规定营业推广的范围、途径、期限和成本等。

(4) 制定实施营业推广活动的行动计划。包括确定活动的实施程序和在每一阶段中要做的工作,以及如何对实施过程中各个环节的控制等,以便能及时发现、解决实施过程中出现的问题,以保证实现预期的营业推广效果。

案例6-4 工行上海分行探索特色推广方案——快速发展第一法人手机银行

2018年工商银行率先在业内全面推广"企业手机银行",2019年将"打造第一法人手机银行"提升到全行战略高度。工行上海分行全力推进法人手机银行工作。2018年,工商银行上海分行新开户企业4.74万户,证书版企业网银覆盖率达到94%,动户率达到81%;2019年工商银行上海分行新开户企业5.49万户,证书版企网覆盖率达到98%,动户率达到86%。

一、夯实基础,全面推进,快速发展企业手机银行业务

(1) 强化首用辅导,紧抓开户源头。分行明确以"新开户客户"为目标,以"首用辅导"为方法,在客户开户流程中融入企业手机银行营销,从源头培养企业客户的使用习惯。2019年分行举办4场企业手机银行产品培训,培训对象从支行网金专业人员,延伸至网点对公客户经理和开户专管员,累计培训500余人。分行持续推进管理精细化,为基层提供全机构、全流程、全时段的数据支撑,根据数据分析结果,对重点支行进行专项业务分析,上门现场座谈,协助支行分析问题,制定提升方案。经过分支行的共同努力,新开户客户的企手动户率从27%提升到61%。

(2) 开展精准营销,挖掘存量客户。上海分行约25万的存量企网客户中,有大量优质企业,企业手机银行的发展,离不开存量客户资源的挖掘。抓"新开不动户",部分新开户企业在开展正常经营前存在一段"静默期",分行将其作为重点目标客户,提供给基层网点进行持续营销。抓"企网活跃企手不动户",企网动户对我行网络金融产品接受程度高,企手营销成功率相对较高,分行筛选目标客户清单,通过管户客户经理进行逐户营销,并结合营销活动开展短信营销。

(3) 积极宣传造势,提升品牌效应。企业手机银行作为一款网络金融产品,要在同业竞争中抢占市场先机,广告宣传发挥着重要作用。在网点阵地宣传方面,上海分行利用i频道、走马灯、电子屏、开户室A4立牌等方式积极宣传企手产品功能,创新设计了"企业手机银行文件袋"提供给客户。在对外宣传方面,上海分行组织辖内员工在居家办公阶段积极转发总行微信图文宣传素材,在企业复工阶段迅速投放地铁灯箱广告,广告位覆盖上海市客流量最大的9条线路。

二、客户为先,创新突破,探索分行特色推广方案

工行上海分行虽然具有良好的企业网银客户基础,但其中大量国企和外企客户由于财务制度限制无法推广企业手机银行,业务发展遇到瓶颈。工行上海分行以客户为中心,在总行的大力支持下,创新突破,积极探索具有上海特色的企业手机银行推广方案。

(1) 应用场景思维,各专业合力推进,提升客户服务。上海分行企业社保缴费业务早在2005年就推向市场,企业客户无须亲至网点,通过与社保中心系统联动,即可为企业开通专用社保缴费卡,这项当年杨凯生行长但是亲自投标的创新业务,十几年来在分行业务发展中发挥了重要作用。但是由于与客户缺少接触点,只能通过纸质邮件、电话等渠道提供服务,这已经不能满足客户日益提升的金融需求。

(2) 发挥科技赋能,总分行协同攻坚,落实项目方案。由于社保缴费企业客户的特殊性,无法自助注册我行企业网银,要通过企业手机银行为客户提供服务仍需要在业务和技术层面进行突破。总分行积极联动,逐项攻克难关,2020年1月版总行投产企网普及版支持对公证件自助注册功能,为项目方案提供了"技术可行性";2月,分行机构养老金业务部、网络金融部确定"电子对账单"业务模式,为项目方案提供了"业务可行性";3月,总、分行网络金融部、金融科技部经过多次讨论后确定了总行开发框架、分行研发功能的"小程序"模式,项目方案最终落地。总、分行金融科技部高效对接,目前项目已进入联测阶段,分行网络金融部、机构与养老金业务部正在制定推广方案,预计将于二季度投向市场。

三、把握大势,坚定信心,打造第一法人手机银行

2018年,上海市政府提出"优化营商环境",总行全面推广企业手机银行业务;2019年,上海市政府启动"优化营商环境2.0方案",总行全新推出"企业手机银行2.0";2020年,上海市政府推出"优化营商环境3.0方案",总行全面推动"第一法人手机银行"战略实施。上海经济的转型升级,国际科创中心的建设,将会推动民营企业特别是中小企业的快速发展,而中小企业的发展必将加快推动对公金融业务的网络化、移动化。

上海分行发展企业手机银行业务,将聚焦"新""优""专"三类客户,打造具有上海特色的推广方案。一是"新",迎接上海在经济转型升级过程中带来的大量新开户企业,从源头培养客户企业手机银行使用习惯;二是"优",挖掘分行存量客户中优质企业,引导客户从企业网银向企业手机银行转化;三是"专",以客户为中心,探索代理记账、人力外包等新兴业态的合作创新,打造企业手机银行的特色场景。

[资料来源:中国工商银行上海分行网络金融部.探索探索特色推广方案——快速发展第一法人手机银行[J].杭州金融研修学院学报,2020(5).]

(四)商业银行公共关系促销

商业银行公共关系促销是一种使商业银行获得展示机会且花费较少的方法,也是商业银行建立、提高市场知名度的重要工具,主要包括确定业务目标、选择公共信息和公共媒体、实施公共关系促销计划、评估公共关系促销活动的效果等内容。商业银行公共关系促销的主要功能在于增进社会各界,包括客户、新闻舆论界、政府部门等和商业银行的联系、了解和合作,树立商业银行良好信誉和形象,并创造良好营销环境。实际工作中,我国商业银行可采取多种方式来开展公共关系促销活动。

(1)参与社会公益事业和活动。商业银行参与社会公益事业和活动,较之对服务产品广告的投入要少得多,但其社会产出却多得多。因为社会公益活动的影响面较广,尤其容易受到新闻媒体的关注。通过新闻媒体的广泛报道,有利于迅速提高商业银行的知名度,帮助商业银行积累更多的无形资产。

(2)举办新闻发布会。对于一些重大活动,例如推出有影响的新产品、独家参与某项社会公益活动、策划某项社会慈善事业、参与某次大型社会工程等,商业银行可以通过新闻发布会的形式,由新闻媒体事先向社会发布有关信息。

(3)加强新闻报道工作。就社会公众的心理而言,他们大多相信有独立来源、客观的新闻报道。同时,新闻媒体也倾向于报道有新闻价值的社会事件。因此,商业银行可借助记者招待会、商业银行介绍、服务产品报道、新闻通讯等形式,通过新闻媒体的宣传报道,将有关信息转化成新闻信息,有效地影响公众,扩大商业银行的知名度和美誉度。

(4)加强与员工的沟通和交流。在商业银行内部畅通沟通渠道,加强员工与领导、员工与员工之间的交流和沟通,增进相互理解,增强各级组织的凝聚力,创造和谐的工作环境,以获得较高的工作效率。

第二节 商业银行分销渠道策略

一、商业银行分销渠道的概念和种类

(一)商业银行分销渠道的概念

分销渠道,有时又称营销渠道,是指产品的所有权或使用权从生产者手中转移到消费者手中这一过程所经过的渠道。商业银行分销渠道也就是商业银行把金融产品和服务推向客户的手段和途径,包括筹资渠道和资金运用渠道。商业银行因其产品的特殊性,使其分销渠道与实体产品的分销渠道存在相当大的差异,银行的分销渠道有其相对独特的运作方式。

（二）商业银行分销渠道策略的种类

1. 直接分销渠道策略和间接分销渠道策略

这是根据商业银行是否自己销售产品和服务为标准来进行划分的。

银行直接分销渠道也称零阶渠道，是指银行将产品和服务直接售给最终需求者，不通过任何中间商。主要是通过广泛设置分支机构开展业务，或派业务人员上门推销金融产品。

银行间接分销渠道是指银行通过中间商来销售金融产品，或借助一些中间设备与途径（如发行银行卡，设置自动取款机，开设电话银行、手机银行、网络银行等）向客户提供产品和服务，这是银行最基本的一种分类方法。

2. 单渠道分销策略和多渠道分销策略

这是根据分销渠道的类型多少来划分的。

如果银行只是简单地通过一个渠道实现产品和服务的销售，全部由自己来销售或全部给经销商来销售，这种策略称为单渠道销售策略。

多条渠道分销策略则是指银行通过不同的销售渠道将相同的金融产品销售给不同的市场或不同客户的策略，如在本地区采用直接分销，对外采用间接分销。这种分销策略比单渠道分销策略能更有效地扩大市场占有率，对市场竞争激烈的金融产品的销售具有更大的作用。

3. 结合产品生命周期的分销策略

金融产品具有一定的生命周期，与之相对应，营销策略也可以根据金融产品的生命周期理论，在产品所处的不同阶段采取不同的营销渠道，这就是结合产品生命周期的营销渠道策略。如产品介绍期应以自销或独家经销为主，尽快占领市场，提高新产品的声誉；在成长期应选择有能力、有前途的中间商进行分销，提高销售量，扩大市场份额；在成熟期应拓宽营销渠道，与更多的中间商积极配合进一步扩展业务活动的范围；在产品的衰退期选择声望较高的中间商分销产品，获取产品最后的经济效益。

4. 组合分销渠道策略

组合营销渠道策略是指将银行分销策略与营销的其他策略相结合，以更好地开展产品的销售活动。这种策略又分为3种：

（1）营销渠道与产品生产相组合的策略。银行根据所提供产品的特征选择分销策略。

（2）营销渠道与销售环节相结合的策略。银行根据多渠道、少环节、平等互利的原则，尽量减少销售环节，拓宽营销渠道，更好地减轻客户的负担，促进产品的销售。

（3）营销渠道与促销相结合的策略。银行通过大力开展广告宣传或协助中间商做广告以促进金融产品的销售。

二、商业银行直接分销渠道和间接分销渠道

(一) 商业银行直接分销渠道

直接分销渠道在销售过程中没有中间商,主要分为下述几种类型。

1. 分支机构

商业银行在全国各地乃至全世界各地直接投资设立的分支机构,构成了其产品的直接分销网络,可直接服务于客户。例如,我国商业银行在各省市所设立的分行,分行在各区县市设立的支行,支行在各街区、乡村设立的各个分理处和储蓄所,构成了银行的分销网络。分支机构网络是银行传统分销渠道的典型形式。

2. 面对面推销

各金融机构除了通过完善的分支机构进行分销外,派人进行面对面的推销也逐渐成为一种普遍的销售方式。商业银行的客户经理就是从事面对面推销的销售人员。

3. 直接邮寄销售

这种方式是指通过事先的调查分析向潜在的客户寄送有关产品或服务的信件、传单、光盘、广告的形式,通过有效锁定目标客户,实现个性化服务,扩大产品销售市场。这种销售渠道非常便利,同时能大大节约成本。

4. 电视销售

商业银行借助电视直播广告和家庭购物频道等途径将产品和服务直接销售给潜在客户。

5. 网络渠道

20世纪90年代以来,随着网络经济的产生与发展,分销渠道出现了全新的形式,即网络分销渠道。它以电话、手机、电脑等互联网为媒介,以客户自助为特点将银行产品和服务直接提供给客户,主要有手机银行、电话银行、网上银行等。

6. 自动柜员机

自动柜员机(ATM)是一种客户进行自主服务的电子设备,可代替部分银行柜员网点的功能,可进行存取款、转账、余额查询等操作,自问世以来便得到迅速发展,在银行业逐渐普及。

案例6-5 民生银行推出"线上店",迎来全渠道服务新格局

为了打造线上平台优质服务窗口,拓宽服务生态边界,民生银行依托科技金融,推出"民生银行线上店"小程序,客户可在线业务预约、了解最新热销产品,参与网点热门活动,直达"民生农场"与"民生直播间",解锁线上互动新玩法。"民生银行线上店"作为网点多元化经营新形态,打破了传统物理网点的空间限制,实现了线上虚拟网点与线下物理网点

的双门店联合运营模式,构建起以用户为中心的开放金融生态新格局。

一、服务聚合,网点服务轻松享受

"民生银行线上店"首发版本以微信小程序为载体,充分发挥民生银行移动互联技术优势,实现7×24小时全天候服务。客户无需安装App,通过社交网络即可方便连接身边网点,只要动动手指,便可享受在线开卡、信用卡申请、预约取号、预约取现、预约回电、产品推荐、优质活动等甄选便捷服务。与过去相比,实现网点服务"随时随地、触手可及",极大地提升了客户体验。通过在线浏览网点与员工电子名片,可直接添加人员企业微信咨询理财疑难问题;提前预约网点排号,网点排号不用等待;专属理财规划报告,回顾过去一年的理财历程,帮助客户科学规划、合理配置实现财富增值。

二、内容聚合,热门活动与优质视频精彩纷呈

"民生银行线上店"汇聚了全国上千家网点精心策划的热门活动,客户足不出户便能在线了解最新活动资讯,解锁各类新鲜玩法。线上网点特色活动各不相同,节日回馈、有奖猜谜、知识讲座、金融沙龙等各类主题活动应有尽有,还有多种多样的美食、亲子、品鉴、户外、健康等非金融主题跨界融合,客户可以在线一键参与,轻松玩转线上店,玩转生活。

萌竹TV视频专区汇聚总、分、支行优质原创内容,金融知识讲堂收纳通俗易懂的知识科普类视频,帮助客户轻松掌握金融知识;产品传送门速递热门产品与资讯,客户能够及时了解最新的产品动态。

三、民生乐园,游戏直播一键达

"民生银行线上店"致力于打造轻松有趣的互动体验,内嵌"FUN"娱乐互动平台,邀请用户加入丰富多彩的民生乐园。这里有学玩两不误的星际之旅飞船游戏,开启好友财商大比拼,参与金融百科趣味问答,更有机会打开宝箱赢取大奖。除此之外,用户还可一键直达民生直播间,近距离围观节日主题活动、生活好物惠选、银行业务讲解、大咖直播撩财。

四、生态聚合,金融与非金融多元场景串联

民生银行积极拓展线上线下服务生态边界,基于客户生活场景,将银行服务和品质生活无缝衔接,满足客户多层次需求,全力打造"金融+生活"的多元服务场景。首期整合"民生农场"优质资源,对接精准扶贫项目,打造客户权益服务平台;未来将持续聚合网点周边重点商户专属优惠,覆盖美食、娱乐、便民等高频生活场景,多方位、多角度激活线上网点服务,构建生态金融。未来,"民生银行线上店"将推出更多元的活动与内容,围绕客户不同需求持续优化线上产品与服务,提升场景化、专业化、智能化、协同化能力,打造有温度有情感的网点服务。

(资料来源:https://baijiahao.baidu.com/s?id=16870392569172442305&wfr=spir=pc)

(二)商业银行间接分销渠道

商业银行间接分销渠道与其所开展的具体业务密不可分,目前普遍使用的间接渠道主要有下述几种。

1. 消费贷款渠道

商业银行向消费者实施的消费贷款通常都是借助于商家完成的,例如,汽车销售商向汽车购买者提供汽车贷款。

2. 中间业务渠道

商业银行面向广大消费者所开展的中间业务,也要借助各个商家完成。代发工资业务需要有消费者就职单位的配合,代收电费业务需有供电机构的配合,银证通业务需有证券公司的配合,等等。

3. 信用卡渠道

信用卡业务的最终消费对象是消费者,但在消费者用卡过程中必须借助于商场、酒店等消费场所。因而,商业银行信用卡渠道是一种利用中间商进行业务推广的间接分销渠道。

案例6-6 商业银行信用卡跨界交叉销售

现代商业银行竞争激烈,要拓宽信用卡客户的来源,不仅需要依靠银行自身的营销渠道,还要借助其他行业的龙头企业的力量。其他行业龙头企业能够为商业银行带来中高端的优质客户来源,而银行与这些企业的最佳、最显著的合作方式,就是推出联名信用卡。联名信用卡一方面为银行从其他行业龙头企业渠道引流优质客户,另一方面其他行业龙头企业也可以通过银行渠道引流优质客户,或者本企业的优质客户通过办理和使用联名信用卡获得本企业商户积分(如航空公司里程、五星级酒店积分、中高端超市积分等),以巩固对本企业的忠诚度。目前,商业银行联名信用卡的合作商家行业类型繁多,有互联网行业、汽车类、航空公司、酒店、旅行社、百货商场超市、电信运营商、旅游景点、媒体杂志、高等院校、体育类等。

现在,互联网营销均强调"场景化",通过特定场景吸引特定偏好的人群加入成为买家。而银行业也已引入"场景化营销"的概念,通过大量发行各种行业的联名信用卡,吸引对特定场景有偏好的潜客户办理联名信用卡,一方面可以达到快速获客的目的,另一方面这种有特殊偏好的客户将能够凭着较高的忠诚度带来持续不断、消费金额不低的刷卡消费,给银行和联名合作商户创造效益。因此,发行联名信用卡成为各大银行抢占消费场景、精准获客的最直接手段之一。

银行还与第三方征信机构(芝麻信用、京东白条等)开展合作,例如在阿里巴巴旗下的各种手机App客户端(优酷、淘票票、饿了么等)中插入网络办卡的链接,辅以各种优惠促销政策,引导用户申办该银行的信用卡,在申请办理和使用的过程中,银行与芝麻信用相互交换客户的个人信息和信用记录,以便各自确定该客户的信用评分(银行内部评分、芝麻信用分)、信用卡额度、支付宝上的蚂蚁借呗/花呗的额度。

目前,京东已经与招商银行、中信银行、光大银行、民生银行、汇丰银行、华夏银行、广州银行、上海银行等若干银行合作发行联名信用卡,这些联名信用卡都具备将消费金额自动兑换为京东钢镚(京东的一种积分)的功能,广发银行的京东小白信用卡还具备根据京东小白信用等级来奖励广发银行信用卡积分的功能。

(资料来源:https://www.fx361.com/page/2019/0114/6287680.shtml)

三、影响商业银行产品分销渠道选择的因素

(一)金融产品的特性产品特性

金融产品的特性是影响分销渠道选择的最直接的因素之一,包括产品的价格、专业性、及时性、技术性、售后服务等。一般来说,单位价格较高、专业技术性强和服务要求高的产品选择直接营销渠道或较短的间接营销渠道为宜;反之,对那些价格较低、技术服务要求不高的大众银行产品如信用卡、消费结算代收费用等中间业务可选择较长的间接分销渠道,或设置多个机构进行广泛分销。

(二)市场因素和客户特征

市场范围大小,客户的集中度、人数、地理分布、购买频率和年均购买数量等,以及同业竞争者产品的分销渠道策略,都会影响到分售渠道的选择。

(三)自身的实力

商业银行规模大小、资金能力、信用能力、管理能力、销售能力、提供的服务等,都会影响其分销渠道的选择。信息技术的发展也可促使商业银行更多地通过ATM、电话银行、网络银行等来提供金融服务,从而扩展分销渠道。

案例6-7 互联网金融背景下商业银行网点经营转型

随着手机银行、移动支付、直销银行业务的大力推广,支付结算更加方便快捷。在此趋势下,商业银行必须在创造利润和客户经营管理等方面倾注更多精力,逐步将网点转变为营销中心,充分发挥团队的作用,积极寻找客户、深入了解客户需求、维护和留住客户,从而拉动存款增长、线上线下销售各种金融产品,有针对性地开展定制化、专业化增值服务,实现从简单的功能性营业网点向综合多元型网点的转变。商业银行通过打造新的营销场景和模式,与物理网点形成补充,为客户提供智能化、全方位的金融服务,从而提升客户综合服务能力,提高客户满意度和对商业银行的信任感。

一、网点转型的总体思路

（1）网点转型属于全方位的转型，此种转型涉及的不仅是网点，还与银行综合转型相关，如战略、科技资源、线上渠道等方面，属于服务、定位、思维、渠道等综合化的转型。

（2）网点转型是持续性的转型。商业银行网点众多，转型过程中会面临很多意想不到的问题，应做好总体规划，设立长远和短期目标，结合不同地区实际情况和业务特点逐步展开、层次推进、适当调整。

（3）网点转型必须以客户为中心，不断提升服务品质。在拓展新客户的同时，留住老客户，深入了解客户需求，及时向总分行业务管理部门反馈对银行业务系统建设和金融产品的意见和建议，在合规经营、有效防范风险的前提下满足客户业务需求、提供相应服务，不断提高客户对银行的信任感。

二、网点转型应把握的方向

（1）加强网点建设。根据各地区实际情况完成低效网点撤并；开设专业化或特色化网点；推进现有网点向智能化、轻型化、集约化转型。

（2）明确银行渠道建设定位。将"以客户为中心"经营理念落实到渠道建设中，打造和融入智能移动互联网时代的渠道服务体系，不断提升综合服务能力。

（3）丰富服务客户的模式。将原有"面对面"隔离式服务，变为"肩并肩"互动式交流服务，逐步实现集引导、服务、营销、操作"四位一体"的服务模式。建立线上跨界专家客户服务队伍，实现远程实时互动，帮助网点人员解决客户问题、满足客户需求。

三、重新规划网点布局和发展方向

（1）根据城市整体建设规划来进行网点的布局和选择。结合居民企业数量、收入消费水平、理财观念等方面因素进行布局。

（2）对网点进行分类管理，结合网点的地域特质与经济环境来准确定位网点的发展方向。重点建立差别化银行网点建设，在专项地区开展专项服务，集中人力来抓重点业务，提高网点办公效率。

（3）打造以客户为中心的网点运营模式。做好科学的市场调研，进行客户群体的细分和差异化服务。推进线上、线下渠道多样化创新，关注面向企业的金融科技应用，特别是企业端的资金结算业务。

四、实现网点转型与信息化、智能化建设相结合

（1）商业银行要坚定推动互联网技术应用的信念，全力加大智能化网点改造力度，以共建、共享为理念，以智能化、移动化、场景化、互联互通为渠道建设标准，加快打造和融入智能移动互联网时代的渠道服务体系。

（2）以线上渠道建设为优先，提升移动端自助银行、直销银行、同业合作及异业合作

等线上渠道的获客能力,同时将线下渠道打造成为承接和服务线上渠道客户的沟通交流与业务洽谈的合作平台。

(3) 增设网上业务预约和业务预填功能、实现线上预约申请开户、工商数据系统代填、印章电子化等流程优化。提供凭借手机存取款、整钱零钱一起存来逐步增加人工智能服务替代人工完成烦琐工序,让更多的工作人员走出柜台来根据客户的差异化提供精准服务。

五、提升客户服务体验

(1) 以客户体验和客户交易量作为检验经营效果的重要标准,及时、主动倾听客户声音,对客户反馈及时响应、逐层监督、逐步完善业务系统功能。

(2) 以线下业务为支点,实现线上线下融合,使得客户能够随时体验到银行服务,业务流程能够自动化地对客户需求进行响应,缩短办理业务时间。

(3) 商业银行在提供常规金融产品和服务之外,如果能够新增客户个性化定制服务、通过大数据分析来对客户的具体情况展开差异化服务,使客户感受到贴心和惊喜,来提高客户的满意度,增强对商业银行的信任感和忠诚度。

六、加强人员管理,打造业务能力强、团结协作的专业团队

(1) 加强网点人员培训,促进网点员工转变意识,实现人员管理转型。柜员应努力学习金融业务知识,提高综合业务水平,将工作重点转向如何做好产品营销、开发和维护客户关系、加强团队协作等方面。

(2) 选拔聘用勇于担当、敢于负责、业务能力突出、善于拓展市场、具有丰富实践经验和良好团队管理能力的网点负责人,带领团队开展业务。

(3) 完善网点绩效考核机制,对不同岗位和层级的员工进行差异化考核,与工资奖金挂钩,激励和督促员工不断激发工作潜力、争创佳绩。

[资料来源:王雨婷.互联网金融时代商业银行网点经营转型研究[J].中国集体经济,2021(7).]

四、商业银行产品分销策略分析

作为服务性企业,商业银行分销渠道在很大程度上有别于实体商品的分销渠道。随着计算机、通信、网络等新技术在金融业的广泛应用,商业银行分销渠道总体上呈现多元化的特点(见图6-1)。

在图6-1所示的商业银行所有分销渠道中,传统分销渠道就是提供大量柜面服务的分行、支行和办事处,也称作营业网点或物理网点。其他渠道则包含提供商业银行服务的一系列技术和系统,如网络银行、电话银行、ATM、信用卡等,这些无一不是借助现代通信、网络技术得以实现为客户服务的功能,又常被称为虚拟网点。传统观点认为,

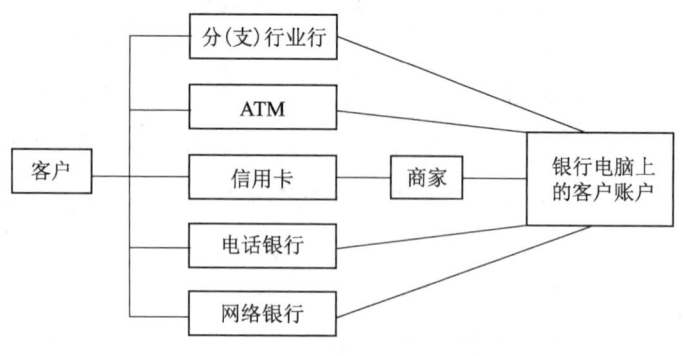

图 6-1　商业银行分销渠道

网点是商业银行市场资源的重要部分,健全的分销网络将保证整个市场上所有客户都能享受到商业银行服务,从而最大程度地实现服务产品的销售。显然,在信息时代商业银行的网点资源越来越丰富,特别是虚拟网点已成为商业银行网点资源的重要组成部分。

面对众多的网点资源,在实际工作中商业银行首先要针对不同的服务产品,选择合适的分销渠道。这是我国商业银行分销渠道策略的基本内容。当然,商业银行在选择分销渠道时,事先需要准确定位各种分销渠道的功能。例如营业网点渠道主要以客户理财、消费信贷和大额交易为主,小额代理业务则不宜成为其服务对象;ATM 以提供查询、限额下的取款、转账等服务为主;电话银行以提供转账、查询、咨询等服务为主。具体来说,我国商业银行营销渠道策略主要包括两个方面的内容:①整合、优化现有物理网点资源;②强化各类网点的营销功能,实现物理网点和虚拟网点的协同发展。

(一)整合、优化现有物理网点资源

1. 物理网点长期存在的必要性

物理网点,即传统营业网点,是商业银行通过长期积累形成的一种优势。在当前商业银行分销渠道趋于多元化的情况下,国内商业银行的传统营业网点依然是一种有价值的分销渠道,将长期继续存在,并在网点资源中占据主导地位。对此,可从以下几个方面来认识。

(1)客户特殊的需要。对于大多数客户来说,金融产品消费是一种比较重要的决策,往往需要较多的咨询、信用调查和利益比较。与其他新兴交易渠道相比,作为与客户沟通的有效渠道,营业网点具有不可替代的优势。此外,在相当长一段时期内,现金交易在整个社会经济运作中的作用无法被取代。即使在现金交易比例较低的美国,大量场合仍需要实体银行的出纳服务。我国的情况更加明显,商业银行传统营业网点的取现功能是虚拟网点所不能取代的。

(2)网络银行无法全覆盖。网络银行最明显的优势是克服了网点规模限制,可以实现全天候服务。但是网络银行优势的发挥需要客户付出相对较高的学习成本。同时,受我国各地区经济发展水平差别、客户类别等因素影响,网络银行业务难以为所有客户接受和处理所有业务。

(3) 沟通的重要渠道。对于商业银行来说,通过柜员与客户的接触产生的市场营销价值,仍是商业银行发展新业务和与客户沟通的重要渠道。在金融服务领域内,面对面接触的价值难以完全被新技术取代。因此,尽管现代通信技术发展迅速,业务处理手段日趋先进,商业银行的传统营业网点仍然是实现日常交易的有效方式。

总之,受客户观念和商业银行业务性质的影响,在相当长时期内我国商业银行的营业网点具有不可替代的作用。营业网点是我国商业银行业务获得发展的主要途径,绝大部分业务需要通过网点来实现;拥有相当规模的营业网点仍是我国商业银行实力的象征和同业竞争的需要;网点具有品牌宣传作用,我国大多数客户对商业银行的理解不在于总行、分行和支行,而是客户所感知的能给其带来各种便利服务的具体营业网点。

2. 整合、优化现有物理网点资源的主要内容

我国商业银行营业网点整合问题主要涉及两个方面的内容。

(1) 硬件改造——调整网点布局。在中国人民银行关于机构管理有关规定的允许范围内,将我国商业银行营业网点整合的总体思路概括为:按照一级法人体制和集约化经营的内在要求,遵循规模效益和缩减管理层次的原则,重点做好新建网点的选址决策,并对现有网点进行改造、新建、撤并等,使现有网点布局趋于优化,实现网点设置由数量扩张型向质量提高型转变,形成布局合理、规模经营、注重效益、运转高效、精简统一的营业网点体系。

国内商业银行新建网点的选址决策一般分为两个层次:①明确大致范围和地区;②在所选范围内确定网点的详细地址。实践中,商业银行在进行网点选址时应主要考虑地区人口特征、地区工商企业结构、地区商业银行结构、地区周边交通和环境状况等因素。在网点布局调整的实际工作中,国内商业银行更多地将涉及原有网点的改建、扩建。这是由于目前中国人民银行对商业银行网点总量实施严格控制,网点属于稀缺资源,因此商业银行对众多网点进行大量撤并既不现实,也不经济。

(2) 硬件改造——调整网点内部结构。商业银行网点内部结构调整成功与否取决于网点设计是否体现"以客户为中心"的服务理念。例如为满足客户的不同需求,在对网点内部结构进行重新规划时,国内商业银行应考虑在有条件的网点分别设置封闭式现金收付区、开放式个人理财区、自助服务区和客户休息区等,为客户留出足够的空间,既体现对客户的尊重,也便于开展个性化和综合性服务。

(3) 创新网点功能。商业银行网点功能创新首先体现在网点功能定位上。目前,我国多数商业银行网点的功能集中表现为办理结算和吸收存款,属于以交易为中心的网点

服务模式。具体来说,商业银行网点功能表现为以交易为中心,由综合柜员在柜台上向客户提供存取款、费用缴付等业务。商业银行网点对信息技术的运用主要体现在计算机替代手工操作上,竞争力主要体现在效率提高、成本控制等方面。

营业网点从办理结算和吸收存款的主要场所转变为利润中心是我国商业银行网点功能创新的出发点。基于此,我国商业银行网点功能创新的目标是实现"以服务为中心"的网点服务模式。在这种服务模式之下,除了完成基本业务之外,还要求综合柜员向客户提供综合理财建议,例如帮助客户设计理财方案、提出合理的理财建议等。同时,营业网点也可以通过信息技术与业务创新的结合,为客户提供增值服务。

案例6-8 离柜率90%时代来临 银行网点试水"咖啡馆"转型

当前银行业平均离柜率已达88.68%,银行普遍放慢新开网点步伐,更有部分网点被关停优化,似乎正验证着"银行网点是21世纪的恐龙"这一预言。拥有大量网点是"财富"还是"包袱"?截至2020年7月27日,邮储银行电子银行客户数突破3亿户,手机银行客户数2亿多户,并上线了微信银行,提供余额查询、信用卡还款等服务。

邮储银行网点渠道的趋势变化表现为:银行业22.86万个网点中,邮储银行"自营+代理"模式就近4万个。遍布城乡的网点网络带来存款、客户规模等优势,但同样面临离柜率攀升、网点资源浪费的挑战。邮储银行2019年中报披露,上半年累计压降台席5 540个,优化柜员3 384人,其中2 372人调整至网点营销团队,自主设备增加0.99万台。

在离柜率高达95%的深圳,银行业正在重新审视网点价值,部分银行正在积极申请新网点。在深圳,邮储银行联手腾讯建设首个"新零售体验中心"——邮储银行深圳湾支行,银行网点变身咖啡馆、会客厅,探索线上与线下渠道如何融合发展。"新零售体验中心"坐落在腾讯、顺丰、迅雷等企业总部环绕的深圳市南山软件产业基地。银行掌握更多的是静态时点数据,对用户动态的行为特征不了解,而这正是互联网等第三方公司的优势。邮储银行深圳分行基于对体验中心周边5公里的4.25万名用户的分析,对邮储银行深圳湾支行进行改造,将其划分为三个区域:一是金融服务体验区,既有可自助办理基础零售业务的设备,又有理财经理、客户经理提供面对面服务;二是财富管理中心,这是为初创型企业客户提供的免费路演中心,通过微信小程序可预约使用;三是咖啡厅,提供饮品和洽谈休息区。

深圳湾南山软件产业基地片区有350家企业,租金和人力成本是众多企业发展面临的问题。这种体验式的共享营业厅,免费为周边企业提供各种路演和商务会场,打开了吸引潜在客户群体的新思路。

相较于传统银行网点业务单一、门店资源浪费严重的情况,这家集银行、咖啡厅、书吧、游戏等功能于一体的网点引流效果逐步显现。2018年该支行总客户数5 420名,总资产1.8亿元。从2018年2月开业以来,上线2个月其客户增加了5倍。咖啡厅、路演中心只是银行网点的外在形态。在用户授权前提下,通过在周边商户的结算数据积累C端用户消费行为数据,进一步补足银行社交数据不足的缺陷。互联网公司凭借其对用户行为数据的分析能力,为银行选址、功能区域设置、精准营销等提供决策辅助。

(文章来源:《21世纪经济报道》,2019年8月28日)

(二)协同发展物理网点和虚拟网点

在我国商业银行营销资源的运用中,尽管目前虚拟网点处于补充性服务渠道的地位,但伴随科技进步、经济发展和人们观念的转变,商业银行虚拟网点的发展越来越快。虚拟网点分销模式的优势在于强化了商业银行服务分销的信息交流效率和客户端的信息处理效率,提高了金融服务质量和效率。但是,需要注意到网络信息技术仅仅是一种工具,对之抱有过高的估价和期望是不可取的。虚拟网点只有在与传统营业网点相结合的过程中,才能真正发挥潜力。

商业银行的传统营业网点和虚拟网点是两个相互交融的市场,它们各自有着不同的特点和作用,分别满足不同客户的不同需求。在两个市场上,商业银行业务都将得到发展并获得利润。因此,商业银行虚拟网点分销渠道和传统网点分销渠道并非冲突的概念,两者也并不完全存在替代关系,正确的做法是优化分销渠道结构,寻求在这两种分销渠道之间构筑一种互为补充又相互独立的业务发展模式,实现协同发展。

案例6-9 跨界营销,银行争相采取这样的方式抱团取暖

据不完全统计,2018年银行业金融机构离柜交易达2 781.77亿笔,同比增长6.97%;离柜交易金额达1 936.52万亿元;离柜率达88.67%,同比提高4.36个百分点。也就是说,大量的消费者不在银行或收银台前,就把钱花出去了。

传统的人员促销已经逐步转变为线上促销。现在银行在App或者公众号里告诉你,消费满一定金额或者推荐好友办卡,可以获得……各种各样的礼品。

银行业的"正常趋势"是各大银行都在加快变身、网点正在数字化转型、营销方法正在多样化展开。海贼王联名卡、周六日折扣卡……周周活动不重样、次次礼品都热门,总有一款会打动人。银行的最终目的是让金钱更健康有序地流通。

跨界营销成了银行争相采取的一种营销方式,不同行业之间的合作让对方都互利,这也是让它们积极采取这种营销的主要原因。

跨界营销主要有两种方式,一种是销售不同行业的产品,另外一种是和不同行业的企业进行合作。例如,世爵汽车联合PRADA联合打造汽车,三星联合阿玛尼出品手机,可口可乐联合魔兽世界做联合推广。这些看相关性不高的产品通过跨界营销获得双赢,增加品牌协同效应。

搜狗联合浦发银行信用卡，以"一切皆IN你所AI"为主题，打造了一场口碑与流量双收的营销佳作。银行完全可以利用跨界思维来做跨界营销，这样会帮助银行打破内部营销屏障，找到更多发展的可能性。

一、连接更多企业，共同发展进步

市场是开放的，客户也是不断流动的，每个企业都拥有自己固定的客户群体，如果将这些群体联结在一起，也会是一个不小的数量。两个企业、品牌决定合作，就会拥有对方的客户群体，对彼此的发展也是有非常大的帮助。作为跨界营销的参与双方，拥有共有的消费群及相互匹配的实力是品牌合作的根基。跨界的品牌企业间看似不相关，但是一定在某一方面拥有相通调性、价值，通过联合的手段，将共同价值转化为各自的品牌价值。通过这样的合作方式，银行就有机会连接更多的企业、更多的品牌，不再仅仅局限于金融行业，结合其他行业的优势，会更利于银行的发展。

二、"抱团合作"能更站稳市场

随着社会分工越来越细致化，用户的需求也在不断地发生着改变，而不是在每个企业之间跑来跑去。银行主要是做金融产品的，不能转行去做其他产品，但是，金融市场上的竞争也是十分激烈的，如果不能跨界营销，就需要与其他企业跨界合作。银行可以和互联网公司合作，为其提供金融方面的支持，也给银行本身带来便利。另外，银行也可以与当地的生活服务行业合作，共同打造社区生态圈。

（资料来源：https://www.sohu.com/a/388957781_120638752）

思考：

(1) 在数字化的商业时代，商业银行应该如何通过跨界金融来提升自己的竞争力？

(2) 在互联网金融的背景下，跨界金融的优劣势是什么？

本章小结

(1) 我国商业银行促销方式主要有两大类：①人员促销，包括柜台销售促销和上门促销等形式；②非人员促销，包括广告促销、营业推广和公共关系等形式。

(2) 银行分销渠道策略主要分为直接分销策略和间接分销策略；单渠道分销策略和多渠道分销策略；结合产品生命周期的分销策略；组合分销渠道策略等。

(3) 影响银行产品分销渠道选择的因素包括金融产品的特性产品特性、市场因素和顾客特征、银行自身的实力等。

本章复习思考题

(1) 商业银行的促销策略的方式有哪些？请说明其内容。

(2) 商业银行分销渠道的基本策略有哪些?

(3) 商业银行营业推广策略是什么?

(4) 请结合实际,分析商业银行的各种分销渠道的优缺点。

第七章 商业银行客户关系管理

知识目标

(1) 掌握商业银行客户关系管理的基本内容。
(2) 理解商业银行基本客户管理策略。
(3) 了解基于大数据分析的商业银行客户关系管理。

能力目标

(1) 能够从商业银行的角度，理解并运用顾客满意度和忠诚度管理策略。
(2) 培养基于大数据提高银行客户关系管理的能力。
(3) 培养商业银行大数据营销的应用技巧。

关键词

客户关系管理　客户满意度　客户忠诚度　大数据营销

知识框架

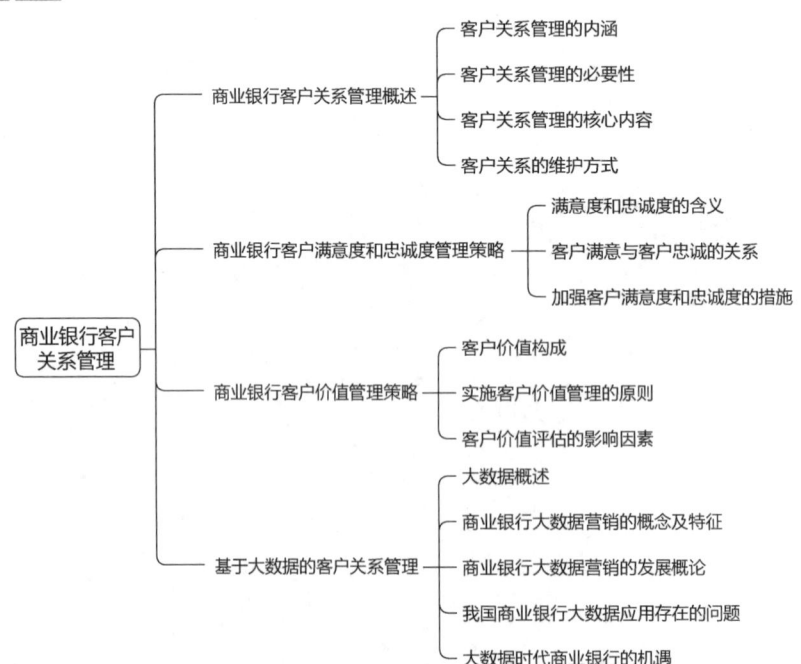

本章导言

随着中国金融业全面开放,行业竞争呈不断加剧之势。商业银行之间全方位的竞争不仅体现在金融产品创新上,还体现在内部的经营管理上,其基础和实质则是如何做到"以客户为中心",更好地为客户服务。客户关系管理的产生是市场需求和管理理念更新的需要,是商业银行管理模式更新和核心竞争力提升的需要,也是电子化浪潮和信息技术的支持背景下推动和促成的。

商业银行作为信息密集型服务行业,通过大数据分析技术,在客户画像应用、风险管控、精准营销、客户关系管理及运营优化等方面具有显著的应用成效。未来银行业将通过移动互联网降低传统渠道成本,借助大数据技术获取客户信息。随着客户投资意识逐步提高,银行理财、信贷将迎来新的发展机遇,大数据对银行客户关系的管理也将产生重要影响,能提高银行客户关系管理的效率,提高银行客户关系管理的满意度。

导入案例

案例 7-1 大数据在商业银行的应用场景

商业银行是信息密集型服务行业,互联网的全面普及加深了金融信息化的程度,手机银行、电子支付、电子货币、线上金融服务得以全面推广,基于高标准的客户服务理念、信息采集能力和风险管控意识,银行业逐渐积累了大量的客户数据资源。作为信息整合端,商业银行更要全面地了解并挖掘这部分数据信息。

大数据技术的发展及大数据时代的到来,提高了商业银行收集信息的效率,其可以按照意愿进行标准化信息传输。商业银行积极借助大数据分析及管理方法,充分发掘数据价值,提高对数据的整合能力,调整业务结构流程。近年来,在政策、市场及技术等相关因素的影响下,我国对大数据技术的运用越来越普及。相较于其他行业,目前商业银行的大数据分析较为成熟,其有效建立了企业数据仓库、信息库及数据处理平台的大数据架构,并搭建了面向不同用户的分层数据服务体系,实现了对信息的集中管理。

商业银行拥有强大的数据资源,具备对海量数据加速处理的能力及深入分析的能力。随着个性技术的进步,商业银行数据处理的速度呈爆发式增长的趋势。在 App 银行业务方面,商业银行具有显著的优势,客户基础资源雄厚。以招商银行为例,招商银行零售客户规模达到约 1.3 亿户,在锁定零售数字化转型方向的同时,积极延伸线上数据化管理渠道,截至 2019 年 12 月,招商银行 App 客户已突破 1.15 亿户。在打造金融科技银行的方向上,招商银行田惠宇行长提出网络化、数据化、智能化的"三化"路径。从网络化方面看,银行是非常复杂的经济体,工作内容非常复杂,面向内部,各项工作都要由 IT 系统承载;面向外部,招商银行要全面拥抱两张网,即面向 C 端的消费互联网和面向 B 端的产业互联网。数据化是指基于海量数据实现对客户的洞察,不断提升招商银行服务客户的能力、防范风险的能力和获取销售机会的能力,银行内部基于海量的数据,也要不断完善各方面的业务流程,持续提升运营效率。智能化一方面是数据化更高级的阶段,用更复杂的机器学习算法,深入挖掘数据价值;另一方面是通过数字网关及线上线下的数据资源,开发智能迭代平台并制定个性化的大数据算法。对于招商银行来说,智能化的核心任务是要用软件和算法来实现对人的模拟。

商业银行还具有广泛的交易基础。2019年上半年,我国电子银行总交易额达162万亿元,商业银行的电子银行业务占全行业务笔数的78.2%。传统金融交易面临信息不对称的问题,但互联网金融利用大数据技术有效地缓解了信息不对称的问题,提高了金融信息的有效性。对于以商业银行为代表的金融机构而言,大数据是其发展的核心资产,大数据技术的应用促使商业银行提高支付结算的效率和风险管控能力,并使银行账户的功能更加完善。

随着服务边界的进一步扩展,接触客户的渠道越来越多元化,商业银行掌握的数据种类及数据量急剧增加。伴随数据分析方法的进步与发展,银行业将建设更为完善的数据系统,并通过数据分析获得商机,逐步完成从交易型向数据驱动型的转变。

思考:
(1)如何理解商业银行是信息密集型服务行业?
(2)商业银行拥有哪些数据资源?大数据技术的发展对其业务发展有何影响?

第一节　商业银行客户关系管理概述

一、客户关系管理的内涵

(一)客户关系管理的概念和特征

客户关系管理(Customer Relationship Management,CRM)是企业为提高核心竞争力,达到竞争制胜、快速成长的目的,树立以客户为中心的发展战略,并在此基础上开展的包括判断、选择、争取、发展和保持客户所需要实施的全部商业过程;也是企业以客户关系为重点,通过开展系统化的客户研究,优化企业组织体系和业务流程,提高企业效率和利润水平的工作实践;更是企业在不断改进与客户关系相关的全部业务流程,最终实现电子化、自动化运营目标的过程中,所创造并使用的先进信息技术、软硬件和优化的管理方法、解决方案的总和。客户关系管理也可以理解为,通过培养企业的最终客户、分销商和合作伙伴对企业及其产品更积极的偏爱和喜好,留住他们并以此提升企业业绩的一种营销策略。从以上概念可以看出,CRM强调客户为中心,CRM不仅是一个系统,一个技术解决方案,而更加是一种管理思想,这种观念的转变终将影响 CRM 实施的全过程。

不可否认,客户关系管理对于企业来说,是先进的经营哲学和经营战略的统一体,关系营销学理论是它的理论基础,现代信息技术是它的硬件支持,企业内部组织架构以及人力资源的配置是它的组织人事基础。客户关系管理利用信息技术系统全面地收集到客户的一手信息,通过信息技术分析和专业分析深入地研究客户的心理行为及其特征,再根据以上结论,利用多样化的互动方式为客户提供个性化的产品或服务,使得客户的满意度、忠诚度及贡献度在使用产品和接受服务的过程中不断提高,目的是培养企业与客户持久、牢固的伙伴关系,最终达到企业与客户的双赢。

概括起来,客户关系管理应当有以下 3 个层次的内容:

(1) 对于企业管理来说,客户关系管理体现为一种现代经营管理理念。

(2) 客户关系管理是企业对客户进行管理的方法和策略。

(3) 客户关系管理是由信息技术、软件系统集成的应用解决方案的总和。

(二) 客户关系管理的目标

企业实施客户关系管理,就是要对企业与客户之间的各种关系进行全面管理,以实现客户资源价值的最大化,这也是客户关系管理的最终目标。客户资源是企业所有客户的总和,而客户资源的价值则取决于企业客户的整体规模、每个客户所能给企业带来的价值以及客户与企业关系的维系时间。因此,要实现客户关系管理,企业必须从以下 3 个方面着手。

(1) 增加客户数量。即通过获取新的客户、赢回流失的客户以及发展新的细分市场等来增加企业所拥有的客户的数量。虽然开发一个新客户的成本要高于挽留一个老客户的成本,但是获取新客户是企业扩大客户群、实现增长的一个重要手段。而且,任何企业都不能避免客户的流失,因此获取新客户和赢回流失客户也起到补充与稳定客户群的作用。

(2) 增加客户价值。即通过交叉销售和销售升级等方式使客户增加购买数量、购买频率与购买品种,从而使客户为企业带来更高的价值。在客户数量既定的情况下,如果能够增加每个现有客户的购买量,必然会带来客户整体价值的不断增长。

(3) 延长客户关系。即通过培养客户忠诚、保持有价值的客户、减少客户流失等手段不断延长客户生命周期,提高客户的终身价值。企业进行客户关系管理就是要把潜在客户一步步培养成为忠诚客户,使其不断重复购买企业的产品和服务,不断为企业贡献价值。

综上所述,客户关系管理的目标可以概括为 3 点:①以快速、准确、优质的服务吸引新客户和保持老客户;②以优化的业务流程减少吸引和保持客户的成本;③提高客户让渡价值从而提高客户满意度和忠诚度。简而言之,客户关系管理的核心思想就是:客户是一项重要资产,客户关怀是 CRM 的中心,客户关怀的目的是与所选客户建立长期和有效的业务关系,在与客户的每一个"接触点"上都更加接近客户、了解客户,最大限度地增加利润和利润占有率。

二、商业银行客户关系管理的必要性

(一)商业银行竞争的需要

银行业竞争日趋激烈。随着金融经济的发展,越来越多的中小股份制银行纷纷进入二、三线城市。它们以其经营的灵活性、产品的特质性、价格调节的充分性、考核机制的独特性逐步蚕食着国有商业银行的市场份额,中小股份制银行的进入使原国有商业银行的垄断地位逐渐动摇,市场份额日趋减少,客户群体(尤其是高端客户群体)流失严重。只有重视并强化客户关系管理,才可能改变被动局面,实现反戈一击,变不利为有利。

(二)满足客户多样化需求的需要

商业银行间的竞争使各银行纷纷改善产品结构、优化系统性能、提升服务水准、重视客户资源,客户则在银行间的激烈竞争中感受到了银行对其依存度逐渐提高,而客户对银行的自主选择性则更加灵活。在对多家银行的比较体验中客户的需求呈日益扩大化,除产品本身能满足客户需求、给客户带来收益外,客户还有更高的要求,即获得超值服务体验:享受一流的服务质量,环境优美、服务优质;一流的办事效率,业务处理高效快捷;被尊重和认知,高端客户不仅享有优先办理权,还要专享专业指导、业务办理客户经理全程陪同等;金融服务的延伸和扩展,即能满足客户非金融服务需求,如举办健康关爱、户外郊游活动,提供子女升学、就业、出国等方面的咨询服务等。商业银行更早、更好地满足了客户多样化的需求,客户才可能真正成为你的忠实客户。

(三)降低自身管理成本的需要

有研究结果证实,发展一名新客户的成本是维护老客户成本的几倍,因而老客户的流失将意味着银行管理成本的加大。从降低管理成本实现收益最大化的角度考虑,银行必须重视对客户尤其是存量客户的管理和维护,以防止客户流失、巩固客户关系,最终提高客户的忠诚度和贡献度。

三、客户关系管理的核心内容

(一)客户信息管理

一方面将商业银行各部门,甚至每个员工所接触的客户资料合并进行统一管理,建立一个公用的信息平台;另一方面则牵扯到商业银行客户价值评估体系的建立,即以客户对银行的利润贡献度为主要依据和标准,分析、评定不同层次客户的价值度,为其提供相应的价值服务。

(二)营销管理

客户关系营销管理通过对不同渠道和不同营销模式接触的客户进行分辨、记录和辨识,同时对银行营销活动的成效进行综合评价,促使银行实现"宏营销"到"微营销"的转变。

(三) 产品营销管理

目前,商业银行已全面转向客户经理制度,对客户经理实行多种销售渠道的管理,例如电话销售、现场销售以及佣金销售等,同时支持现场销售人员的移动通信设备及掌上电脑的接入等,使客户经理能够即时整合和反馈销售信息,并满足客户多方面的要求。

(四) 服务管理和客户关怀

诸如网络金融企业终端软件安装与技术支持,以及商业银行柜面服务内容、网点设置、收费标准的制订及管理,通过客户关系管理系统详细记录服务全程进行的情况,支持一般商业银行、自助银行、电话银行、网络银行等多种服务模式。

客户关系管理不仅将商业银行各层次管理体系进行彻底变革,同时也将带来整个银行业营销体系的重组。它的应用涉及商业银行各层机构的岗位、职能的重新定位,通过商业银行营销组织架构的重新设计最终建立起一条崭新的扁平化营销体系,这是客户关系管理商业银行应用真正的重点和难点所在。

四、客户关系的维护方式

在商业银行的运作过程中,工作人员通过各种技术手段对客户信息进行纵向分层和横向分类,进而构建立体式、多维度的客户信息储备系统。商业银行可以在此基础上,确定具有价值的潜在客户,通过为客户提供全方位的个性化服务,最大程度地挖掘客户价值,实现银行和客户的双赢。就现阶段而言,金融全球化已经成为整体趋势,国内金融行业的成熟度不断提升,商业银行之间的市场竞争日益激烈。因此,商业银行只有充分立足客户资源,不断提升客户关系维护和管理能力,才能构建在新常态下的核心竞争力,形成全方位的竞争优势,在激烈的市场竞争中实现可持续发展。具体来看,主要可以从如下几方面进行客户关系维护。

(一) 按照客户的金融产品偏好对客户关系进行维护

按照客户的金融产品偏好,进行不同的客户关系维护(见表7-1)。

表7-1 客户的金融产品偏好与客户关系维护

客户类型	维护方式		
	日常维护	特殊维护	客户关怀
存款倚重型	日常柜面存取款服务、常规沟通、日常存款产品及关联产品推介等	上门服务、专项答疑、存款量身定制、问题沟通处理、危机管理	节日庆典、生日祝福、病情看望、其他关怀
贷款倚重型	客户贷前、贷中、贷后管理及服务、常规沟通、日常贷款产品及关联产品推介等	贷款套餐、专项答疑、贷款量身定制、问题沟通处理、危机管理	

(续表)

客户类型	维护方式		
	日常维护	特殊维护	客户关怀
中间业务倚重型	日常柜面结算及咨询服务、常规沟通、日常中间业务产品及关联产品推介等	中间业务套餐、专项答疑、中间业务量身定制、问题沟通处理、危机管理	
综合均衡型	日常柜面综合服务、常规沟通、日常各种产品及关联产品推介等	上门服务、专项答疑、各种产品量身定制服务、问题沟通处理、危机管理	

（二）按照客户的购买习性对客户关系进行维护

按照客户的购买习性，进行不同的客户关系维护（见表7-2）。

表7-2 客户的购买习性与客户关系维护

客户类型	维护方式		
	日常维护	特殊维护	客户关怀
关系中心型	日常沟通、不断交流思想感情，建立良好的个人关系和单位联系	上门服务、专项答疑、量身定制服务、问题沟通处理、危机管理	节日庆典、生日祝福、病情看望、其他关怀
质量中心型	日常沟通、针对客户需要提供优质服务和创新产品	重点对质量问题沟通处理、危机管理	
价格中心型	日常柜面综合服务、常规沟通、日常及关联产品推介等	重点对价格问题沟通处理、危机管理	

（三）按照客户的营销分级对客户关系进行维护

按照客户的营销分级，进行不同的客户关系维护（见表7-3）。

表7-3 客户的购买习性与客户关系维护

客户类型	维护方式		
	日常维护	特殊维护	客户关怀
重点客户	单独柜面服务、随时沟通、全方位服务及营销等	上门服务、重点客户系统服务、及时专项答疑、量身定制服务、问题沟通处理、危机管理	节日庆典、生日祝福、病情看望、其他关怀
普通客户	大众服务	产品推介、大堂答疑、问题沟通及处理、危机管理	根据情况有选择地进行客户关怀
退出类客户	大众服务	问题沟通及处理、危机管理	根据情况有选择地进行客户关怀

案例7-2　广发银行手机银行主会场模式创新　8500＋云店为客户和基层办实事

2021年第十五届"国寿616"客户节于5月16日拉开序幕,并于6月16日迎来活动"爆点日"。作为中国人寿集团成员单位,广发银行超过8 500个"云店"与手机银行形成矩阵式客户节主会场,引起广泛关注。

广发银行坚持"以人民为中心",持续推动不断深化"一体、两翼、双引擎"线上化数字化经营转型新格局,重点打造以"云店"为核心的云系列"数智化"平台能力,创新推动一线经营管理转型升级,通过赋能一线人员,为服务和经营插上"云"翼,不断提升金融服务质效,开创性为客户和基层办好实事。

一、牵手国寿共创美好,开创"云店"服务新模式

本届客户节主题是"牵手国寿共创美好"。作为今年客户节的一大亮点,广发银行创新推出数字化赋能"云店",为广大客户和社会公众提供"在身边""非接触""个性化"的普惠服务,送上绿色金融温度。2020年,广发银行历时8个月建设、验证和修复,为广大基层人员建成线上数智化服务新阵地——"云店"。据了解,广发银行"云店"强化了客户经理线上化专业化服务能力,通过线上化工具打破了该行一线人员的服务时间和空间,打造轻量级线上"个人服务窗口",是"一对一"差异化数字化服务客户的有力抓手。全面推广半年以来,广发银行超8 500位一线人员已开通"云店"。

8 500多个充满数字化转型含金量的个性化云店,如同8 500多面旗帜,充分展示着广发银行创新发展新形象,与手机银行形成N＋1线上主阵地,将所担纲的"财富生活"主会场,通过"全民喂养国寿牛2.0"等别出心裁的新颖玩法,把财富、贷款、商城三大分会场系列的精彩活动以及专属产品带到广大客户身边。这与广发银行发现精彩App"普惠生活"及中国人寿寿险公司"康养生活"、财险公司"出行生活"和电商公司"公益生活"主会场有效联动,立体化展现该行全面数字化转型的能力与魅力。

二、金融科技赋能,引领移动金融服务模式升级

为提升服务半径和服务效能,广发银行抢抓数字化转型机会,把以营业网点为轴心的经营活动搬到线上,打破物理限制。立足手机银行平台陆续推出城市服务专区、在线营销平台等线上化经营工具。其中,城市服务专区具备快速部署地域性、特色化服务内容。截至目前,京津冀、长三角、长江经济带、黄河流域、粤港澳大湾区、东三省等国家重点区域31家分行实现"线上开店"。而在线营销平台则支持活动组织管理全流程线上化,所提供的十余种活动类型模板,每一类型的参与客群、业务场景、奖品种类、派奖方式均可实现"积木式"灵活组装。数据表明,每场线上活动至少较线下活动模式节省2人日工作量,客户参与效果也较线下同类活动成倍增长,与此同时,后台的标准化管理也为销售合规和普惠服务推广提供了有力保障。

2021年,广发银行还启动专门项目,依托云计算、大数据技术再建"云服""云销""云

析"三朵云,推动服务质效"冲上云霄"。其中,"云服"通过后台系统和在线渠道丰富一线人员专业知识体系,加强线上服务能力支持,提升服务标准化、实时化、合规化水平;"云销"支持一线客户经理呼入呼出录音、质量监测和信息采集及分析,让服务有迹可循,给销售过程中可能出现的风险加上一道防线;"云析"则是一个智能分析平台,可以对客户和一线人员声音进行自然语言语义深度分析,生成服务经营管理的智能画像,提升服务精准度。

广发银行将加速推动数字化经营转型,不断打造智能化核心能力,加速推进分支机构的线下业务组织管理、员工与客户服务互动交流等常态化经营行为的线上化迁移和数字化改造,培育具备数智化新能力的"新基层""新一线",为客户提供更优质、更快捷的全新体验。

(资料来源:东方财富网)

第二节 商业银行客户满意度和忠诚度管理策略

一、客户满意度和忠诚度的概念

(一) 客户满意度

客户满意度指标就是指在目标市场中针对所有的客户,对实际和预期的购买、消费经验的整体评价。从客户的角度来看,虽然客户体验到的服务质量可能很高,但由于客户的期望更高,两者就会形成一定的差距,因此降低了客户感知服务质量的水平。过度承诺、过早承诺,都会使改进银行服务品质的努力前功尽弃。所以,在服务营销实践中,应注意将客户期望控制在一个相对较低的水平,营销活动的余地就会大一些;同时,控制好客户的期望水平,银行就可以根据具体情况来超越客户的期望,使客户产生愉悦感,这对提高客户的忠诚度可以起到事半功倍的效果。例如,在银行营业厅里设置的取号排队系统,会明确告知客户从该时刻到享受服务开始还需要等待的客户人数。这种系统的实际采用会让客户自己调节其服务期望值,减少客户排队等待的沮丧和抱怨,减少对银行服务的不满。

(二) 客户忠诚度

商业银行客户忠诚度是指客户偏好于某银行网点的产品和服务,多次到该银行营业网点购买产品、接受服务,且这种重复行为不受其他银行营业网点营销措施和客观条件的影响。

客户满意、关系信任、转换成本、客户价值是影响客户忠诚度的主要因素。对客户忠诚度主要可以用下列指标进行衡量:①再次购买,即客户会再次接受该银行的服务和产品,不受客观环境的影响和其他竞争银行的营销方式影响;②推荐,即客户会向身边的人推荐该银行的服务和产品,其推荐行为是完全自愿无偿的,且愿意接受银行推荐的新产品、新服务。

二、客户满意与客户忠诚的关系

客户满意不代表客户忠诚,客户忠诚并不是客户满意,从某一角度分析客户满意只能作为客户忠诚的必经之路,客户忠诚并不能说明客户满意。客户满意可以认为是客户十分满意的主要平台,也能够将满意作为研究消费者的一种临界状态,发挥预警功能。

商业银行发现客户需求和购买欲望的途径是市场调查和分析,从而为客户提供其所期望的服务产品,最大程度使客户获得满意。商业银行开展工作的终极目标就是客户满意,若客户不能满意则银行的服务将无法获得利润。而商业银行积极竞争的主要途径是实现客户忠诚。客户拥有忠诚不仅会再次购买服务,形成固定的客户群体,并且还会为产品服务免费推广,以便吸引更多的客户,最大程度占有市场份额,节约销售成本。

客户满意与忠诚两者最明显的区别就是客户购买银行服务产品之后表示满意但是并不会再次购买。客户满意一般是指一次性购买相同产品或者服务的行为,而客户忠诚最少发生两次购买行为。客户对商业银行形成忠诚之后,会对同一银行的同一业务或者其他业务再次多次购买。可知,商业银行不仅为客户提供满意的服务还要加强客户对自身产品的忠诚度。

三、加强客户满意度与客户忠诚度的措施

客户满意度与忠诚度的提高并不仅仅依靠短期措施,满意度和忠诚度只能通过时间逐渐培养。这是一种将领导力与日常行动作为基础、不断累积的经营方式,同时突出积极进取的企业文化。商业银行高层形成了积极进取获得客户信任的理念,随之向企业文化中渗透,通过多年的发展不断实施调整。

(一)树立"以客户为中心的理念"

商业银行开展全部活动必须密切联系提高客户满意度这一目的,促使客户在享受银行产品和服务的过程中获得满足并且超越自身的预期。商业银行必须站在客户角度设计金融产品以及提供服务,在服务的整体过程中凸显真诚、友善、周到等特点,进一步有效提高客户忠诚度。此外商业银行在日常经营中应当结合客户的建议,并且视其为提高客户忠诚度的重要基础,加强银行和客户之间的良性互动,在银行日常经营的所有行为中贯彻落实"客户是上帝"的理念。同时,商业银行需要对终身价值的重要性清楚认识,与客户之间形成一种互惠互利的长期关系,不但从客户身上获得短期利益,还要从与客户建立的良好关系中获得长期利益。

(二)细分客户,提供个性化服务

通过对客户的深度分析,发现具有价值的客户并且提供令其满意的金融服务。商业银行获得客户资料的途径包括银行分支机构、存贷款系统、电话银行系统等,在实现全面采集数据以后,通过数据挖掘软件研究客户特点。重点表现为两个方面的分析:①客户

价值分析,科学有效地划分客户;②准确预测客户购买倾向、兴趣喜好等,方便为其提供个性化服务。同时,需要积极更新数据库系统,持续追踪客户。综合国内外的有关经验,客户改变自身行为是提升客户满意度以及增加银行收入的重要途径,银行需要汇总每天客户达成的交易明细,通过定时或者实时的方式向中央数据库系统进行更新,银行业务部门合理对购买倾向模型、利润贡献度模型等及时应用,踊跃与客户进行交流并且适时提供专业服务,最终留住客户,为商业银行增加利润。

(三) 业务流程创新

商业银行联系客户的工作,在各个职能中较为分散。要依据对创造客户价值有利的原则,对营运流程进行创新,进一步构建将客户作为核心的业务流程,以达到节省成本、提升对市场的反应速度、满足客户要求的目的。

(1) 对业务流程科学整合。①从价值链角度分析商业银行业务再造流程,依据客户的价值贡献程度对业务程序科学审视,必须清除仅提升了成本却没有贡献的服务输出;②对业务流程有效简化:在设计业务过程中,合并分离重复的多重供需,减少繁缛的环节;更改产品业务分离流程成为一篮子业务流程;利用网络数据库技术,更改串行流程为并行流程,最终提升工作效率。

(2) 设置具有多样化特点的流程。由于客户产生的多样化需求,采用普通流程无法满足各种客户的所有要求。因此,业务流程必须体现出多样性,如此才能够符合客户的个性化要求。

(四) 内部营销,提高客户感知

生产与消费金融服务是同步发生的,在服务过程中员工和顾客具有极强的互动性,员工的工作态度、工作质量对客户体验有着重要影响,在一定程度上对客户的满意度与忠诚度起到了决定作用。因此,商业银行一定要努力做好内部营销。内部营销是将员工作为内部市场,利用打造舒适的环境,通过营销思想与方法,将附加价值提供给员工,进一步对其态度与行为造成影响,帮助员工积极发展外部营销,有效加强商业银行与外部客户的联系,为银行创造价值和利润。

案例 7-3　构建移动金融业务的客户满意度评价体系

为了增强银行的持续竞争力,各商业银行需要关注用户的满意度水平。从国内外研究现状来看,国外对于用户满意度的研究起步较早,理论和模型均较为成熟。构建商业银行移动金融业务客户满意度评价体系可以采用定性指标和定量指标相结合的方法,运用问卷调查并结合市场反馈及第三方公司评价,获取用户满意度的相关反馈,从中找出移动金融业务发展过程中存在的问题,进而针对这些问题提出优化改进策略。目前较为常用的客户满意度模型有如下几种。

一、卡诺模型

赫兹伯格提出双因素理论,1979年日本人狩野纪昭在该理论的基础上,与同事合作发表《质量的保健因素和激励因素》,建立卡诺(KANO)模型,将满意与不满意标准引入质量管理领域。

卡诺模型将满意度的影响因素划分为5类,具体包括基本型(必备型)需求、期望型(意愿型)需求、魅力型(兴奋型)需求、无差异型需求、反向型(逆向型)需求。该模型以分析用户需求对用户满意度的影响为基础,对金融业务满意度研究具有一定的启发性和实践意义。

在移动金融业务发展中,银行首先要满足用户的基本型需求,例如保证移动端的安全性。其次要尽可能满足用户的期望型需求,为用户提供增值服务,使用户达到满意。最后争取满足用户的魅力型需求,建立最忠实的客户群。由于需求会因人而异、因时而异,所以移动金融业务一定要加大业务创新力度,满足用户的差异化需求。

二、美国顾客满意度指数模型

结合前人质量感知研究,美国费耐迩等人在瑞典SCSB模型的基础上,代入感知质量变量,完善了顾客满意度指数模型(ACSI)。质量感知重点考察产品或服务满足顾客的程度和企业提供的产品或服务的可靠程度。

在实际调研时,ACSI可以通过较少的样本量(120~250个)来获得一个较为准确的顾客对企业的满意度。商业银行可以通过调查问卷、客户回访等方式获取样本并加以分析。

三、SERVQUAL模型

SERVQUAL模型是美国学者帕拉苏拉曼等人于1985年在全面质量管理(Total Quality Management,TQM)理论的基础上提出的一种新的服务行业质量评价体系。该模型通过有形性、可靠性、保证性、响应性、移情性五个维度来测评服务质量。

SERVQUAL模型基于服务质量建立,服务质量对移动金融业务而言,就是要提升服务渠道多样化和在线服务智能化水平。面对互联网金融的迅速发展,商业银行需要发挥网点、用户、渠道方面的优势,以服务渠道多样化发展来顺应移动互联网金融发展趋势,丰富客户服务路径,推进移动金融业务向智能化方向转型升级。

[资料来源:刘璐.后疫情时期商业银行移动金融业务用户满意度提升研究[J].现代金融导刊.2020(9):56-59.]

第三节 商业银行客户价值管理策略

一、商业银行客户价值构成

商业银行客户价值是指某种客户关系为银行提供的价值。为更好地了解某种客户关系给银行带来的增值,银行需要考虑多种影响因素:定价、风险与回报、客户赢利能力、客户价值评估机制、客户评级、客户概况和银行财务状况等。

通常,商业银行希望了解客户并与其建立良好关系,以便销售和交叉销售产品,并监控客户的业绩表现。在先进的商业银行,动态的管理信息系统已经得到应用,及时提供有关客户给银行带来的财务贡献的信息,以便对客户评估进行支持,并且揭示银行内部哪些活动会带来利润或损失。业绩出色的银行着重强调客户当前的利润贡献,但它们也很重视客户关系的长期价值,如关键客户的价值。

二、实施客户价值管理的原则

(一)效能优先、兼顾制衡原则

效能包括两个要素:①产出;②产能。前者可以理解为商业银行经营的有效性,即经营目标——价值最大化的实现,后者是借以达到目标的资产或手段,可以理解为客户价值的实现。新型的商业银行价值追求银企双赢的结果,因此在实施价值管理的过程中,既要重视银行价值最大化,又要兼顾客户价值的增值,以提高客户的满意度和忠诚度,密切银企关系。

(二)客户价值主导原则

商业银行要把"以客户为中心"的思想贯穿经营管理的全过程中,在业务流程设计、产品开发、渠道建设、柜面服务各个环节都牢固树立"客户第一"的思想,根据客户价值差别化分配服务资源,通过提供不同的服务流程和产品组合等手段,进一步提高银行的服务水平和工作效率,最终让客户放心满意。

(三)柔性原则

在对经营管理机制改革过程中,避免"指标化""一刀切"的方式,复杂问题简单化,使操作更具有灵活性。通过柔性和创新适应市场变化。

三、商业银行客户价值评估的影响因素

(一)风险概况

商业银行最终战略目标是通过风险调整实现资本收益最大化,进而实现股东价值最大化。银行不应低估在总体定价策略中包括资本成本和风险定价的重要性。在进行评估时,必须考虑到银行的战略、定价因素以及风险偏好。

(二)长期价值、增长潜力和生命周期发展

随着合作时间的延长,客户的风险水平将会降低。这意味着,商业银行可能会降低针对其收取的利率,从而导致银行的利差也随之降低。不过,考虑到客户可以不断带来回报,同时可能向其出售更多产品和服务,客户与银行的关系越长久,其为银行带来的价值

就越高。客户对银行的价值与客户的总体财务实力一同增长,并且可能成长为银行的关键客户。

案例7-4　X银行江西支行运用客户生命周期,精准化客户维护策略

一、客户考察期:明确市场定位,细分客户层次

市场细分指的是营销主体在市场调查的基础上,立足客户需求特征、消费行为特征等方面的差异,将市场划分成若干子市场或者将消费者划分成若干消费群体的过程。X银行(江西)需要在市场细分的前提下,实施客户的分层分类管理,即:第一,按照客户行业地位和综合实力,对客户进行纵向分层,结合客户的区域分布、潜力、市场份额等多方面因素,将客户划分成三个级别,客户分层不但包括存量客户,还包括潜在的高价值客户。第二,按照客户的风险特征,对客户进行横向分类。X银行(江西)需要立足产业政策,结合客户的财务和经营状况,将客户划分成支持类、维持类、减退加固类以及风险保全类。第三,根据分层分类的结果,结合银行自身情况,对客户进行综合分级,即总行级、分行级以及支行级。

只有将客户细分工作做好,在甄选客户之后才能为新客户量身定制适合的维护策略。通过对客户考察期中对客户的识别判断,针对客户潜在期望,挑选适合客户风险偏好的产品向其进行推荐,让客户在与银行的前几次合作中感受到服务水平的专业高效。让客户认可银行,让客户感受到银行的产品和服务的吸引力。

二、客户成长期:推进产品和服务的改进和创新,建立合理的定价机制

提升客户忠诚度是客户成长期的核心任务,X银行(江西)必须在产品研发、营销创新、服务品质等方面精益求精,不断改善客户体验。只有通过这种方式,才能提升自身的核心竞争力,保持市场竞争优势。

(1)坚持客户导向的基本原则。加强产品创新。X银行(江西)应该根据市场情况,高度整合传统产品、创新产品以及组合产品,为业务开展提供持续动力。在财务层面上,客户是具有独立性的成本和利润中心,只有差异化和个性化的金融产品才能满足客户多元化需求,从而为客户带来持续的利润。针对这种情况,银行金融产品必须加强自主创新,合理预判市场趋势,深度剖析市场内在需求,以确保金融产品在未来市场上的竞争力。

(2)坚持客户利益至上的原则。建立合理的价格竞争机制。X银行(江西)应根据市场供需关系,及时推出优惠举措,对相关费用进行针对性减免,通过减少客户成本,提升对客户的吸引力。

(3)坚持资源效益最大化的原则。加速网点转型,建立网格化网点体系,全面覆盖优质客户。高端客户是X银行(江西)利润的重要来源,因此,必须全面推动网点转型,最大程度地覆盖高端客户。

三、客户稳定期：提升员工队伍素质，优化人才资源结构

加强和维护客户关系是客户稳定期的核心任务，X银行（江西）需要全面贯彻"以市场为导向"的基本原则，强调服务的特色化、多元化、品质化，以便满足各层次客户的多元化需求。对X银行（江西）而言，如果要实现上述目标，必须加强队伍建设，只有组建一支高水平的专业金融团队，才能为高端客户长期提供高质量服务，建立稳定的客户关系，增强客户黏性。

（1）坚持"数量与治理并举"的原则。不断提升员工的专业水平，增加高层次服务人员数量。就现阶段的金融市场而言，金融产品的同质化无法避免，而针对高端客户的服务质量将成为市场占有率的决定性因素。所以，X银行（江西）必须通过各种有效途径，提升员工的专业水平，加强员工的专业培训，积极引进高层次人才，以满足高度客户的服务需求，培养一批专家级的金融服务人才，为一对一营销模式的开展，建立长期合作关系提供强有力的人才保障，树立共赢的基本理念，强化客户关系的信任度。在金融市场中，高端客户的消费行为更多地取决于银行品牌形象和员工的专业能力。因此，X银行（江西）需要营造诚实守信的企业文化，塑造良好的品牌形象，为客户提供专业的金融服务，进而提升高端客户的信任感，建立更加稳固的客户关系。

（2）建立健全激励机制。加强客户经营的业务考核，提升客户经理的综合素质。首先，建立客户评价机制，通过引入现代化的信息技术，全面升级客户评价系统，通过优化客户体验，建立和客户的长期合作关系。其次，建立健全约束机制，引入平衡计分卡考核办法，扩展考核标准，完善指标体系，强化客户评价。在综合考评的基础上，建立完善的奖惩机制，通过物质和非物质的激励措施，建设稳定的、高水平的专业金融团队，为客户长期提供高质量的金融服务，从而建立稳定的客户关系。

四、客户退化期：改变被动的营销方式，提供品质化服务

在客户退化期，客户的不满意度开始提升，客户关系的稳定性开始下降，客户利润迅速减少。所以，X银行（江西）需要建立长期的管理机制，在满足客户产品需求的同时，强化和客户之间的情感联系，从而保持客户关系的稳定性，为银行带来持续利润。

银行内部全体成员应该树立"主动式营销思维"：在日益激烈的金融市场中，时刻保持危机意识。X银行（江西）必须调整管理理念，在日常经营管理中强化危机意识，做好以下几个方面：首先，构建先进的企业文化，推行与时俱进的营销理念，加速营销思想和管理理念的转型升级；其次，深化内部改革，树立统一的营销理念，加强软硬件建设，优化业务流程，整合银行内部优势资源，通过提升服务品质和专业水平，降低人际营销的不稳定性。

[资料来源：陈树亮.X银行（江西）客户关系维护策略研究[D].江西财经大学.2019.]

（三）客户关系

要想弄清楚客户的业务及其潜力，就必须与客户的所有业务部门都建立联系，这样银

行才能从其他部门,如销售和生产部门的经理那里,了解到非财务方面的信息。这样做还可提供对客户全面管理情况进行判断的机会,而不必仅仅依赖其财务部门提供的信息。从实际工作的经验来看,商业银行的高级管理团队与客户公司的关键人物建立联系,尤其是在董事会一级人员间建立联系是一种很好的做法。这样,当出现问题时,商业银行高层主管人员有足够的信心和信任来提供帮助。而且,让银行高层主管人员与客户联系还有助于其理解客户对银行的价值,并有可能为银行带来更多的业务。客户经理需要花大量时间研究客户的业务领域,并经常对客户进行业务和礼节性拜访。无论对于什么客户关系,都必须弄清楚客户对此项业务的承诺,不论是以个人持股、为银行贷款提供抵押、高级管理层的期权计划,还是分享奖金的方式。关键是提高负责客户业务的各级经理人员的忠实度,让他们愿意确保其业务能够成功,特别是要针对这些经理人员采用与业绩挂钩的激励政策。

(四) 技术支持工具

从目前的发展趋势看,我国商业银行在公司和个人业务领域的业务结构方面得到了越来越有力的技术支持,相关技术的先进便利性使得商业银行对客户价值的衡量越来越简单快捷。通过不断加强客户信息方面的投入,包括建立客户信息系统和增加这些系统可提供的客户数据量,商业银行能够对客户价值进行更准确的评估。

案例 7-5　透视招商银行财富管理旗舰板块:私行之王再进阶

在《欧洲货币》"2021年全球私人银行和财富管理评选"中,招商银行第十一次蝉联"中国区最佳私人银行"综合大奖,更重要的是,招行同时获得的5项高净值客户服务(10万~100万美元、100万~500万美元、500万~3 000万美元、3 000万~2.5亿美元、2.5亿美元以上)一等奖,以及"资本市场与咨询""社会责任""国际客户""投资管理""慈善建议""研究与资产配置建议""二代客户""企业家服务""科技-数据管理与安全""科技-创新或采用新兴技术"10项细分领域桂冠。这些细分领域,囊尽时下高净值人群财富保护与传承、税务规划、全球资产配置、家族信托、慈善公益、家族企业公司、投行服务等各种需求。招行揽下全部细分奖项,传递了一个浓重的信号——面对高净值客户更复杂、更多样的需求,招行私行早就开始构筑更专业的能力。

截至2020年年末,招商银行零售客户数达到1.58亿户(含借记卡和信用卡客户),其中,私行客户(月日均总资产在1 000万元以上的客户)接近10万户,为99 977户。招行管理零售客户总资产(AUM)余额为89 417.57亿元,管理的私行客户总资产为27 746.29亿元。也就是说,私行客户以万分之6.33的户数占比,贡献了31.03%的零售AUM。更重要的是,私行客户总资产的同比增速超过了零售全量AUM的同比增速——这说明招行最尖端客群的扩张和内生动力,仍旧强势领衔整体客户结构。

同时由于招行考核客户全量资金配置，而不是考核存款获取，保证了招行的专业客户经理很早站在客户的角度上来提供专业配置建议，而不是花精力在截留存款上。截至2020年12月末，招行私行自主开发的开放式产品平台，已在全市场甄选产品超过5 000只，累计产品规模达2.77万亿元；私人银行战略资产配置指数中的激进型模拟投资组合，自成立以来年化回报为9.73％。全权委托资产管理计划的多元资产配置相对收益策略，自成立以来存续运作账户回报100％超越业绩基准，平均年化回报超越基准4.29％。这才是真正用科学的资产配置手段，为客户打理财富。

私行领域的竞争，随着越来越多商业银行加码财富管理，硝烟渐盛。而现在，新的行业拐点出现了——例如职业经理人、IT精英等"新贵"崛起，数字化在财富管理业务渗透加剧。如果说招行凭借着较早搭建的专业化服务体系在此前的赛程中遥遥领先，那么在新的形势下，招行如何延续护城河的优势，市场颇为期待。

金融科技＋类投行开放平台＋全球化，是招行私行率先打出的组合拳。

首先，科技嵌入私行。招行于2017年明确提出"金融科技银行"定位目标，招行私人银行毫无疑问用实际行动践行了这一目标，围绕"客户＋科技"的主线，打通了线上线下服务渠道，实现了阳光私募、家族信托、全球连线等服务的全面线上化，并构建了以资产配置为核心、覆盖全生命周期的产品销售和管理系统，以及全任务、高效率的客户经理工作平台。

"云信托"是最好的科技赋能私行的例子。这一招行私行在2020年推出的新模式，不仅实现了全流程线上化，还让信息保存更为安全。第一，在文件签署环节，招行开创性地让区块链技术用在它真正该用的地方，实现了一个节点签署，多个节点同时记录。同时，在区块链节点引入了深圳市公证处，为各个节点签署的所有文件提供存证服务，从而保障了各签约机构的"互信"。这个做法意义重大，因为以往，家族信托从设立至合同签署，需要客户、信托公司、保险公司（针对保险金信托）和私行多方参与，一单家族信托的设立往往需要各方多次面谈和沟通，耗时短则数月，长则数年。而启用线上文件签署后，家族信托从线上立项到完成打款，快则用时10个工作日。"云信托"不仅可实现现金装入，还支持纯保险金信托、现金＋保险金信托多种业务类型，所有操作均仅需在"招商银行"App上进行，这对于很多客户是颠覆性的体验。而因为"云信托"的线上申请、线上设立、线上签约、线上缴款、线上投资一站式完成，这意味着私行客户所有新的金融资产管理信息能在系统中自动留存，方便客户经理以后更好地服务客户。凭借着"云信托"，2020年招行私行为客户定制并落地了近千个家族信托方案，实现了全权委托服务管理规模近一倍的增长。截至2020年10月，招行主导的家族信托市场占有率约25.7％，处于业内首位。

其次，紧跟着高净值人群越来越多元且复杂的类投行需求，招行私行基于全行资产平台以及近 10 万名私人银行客户,构建开放式综合金融服务平台。这个平台的意义在于,可以为客户匹配海量的优质商业机会,满足其综合金融和企业发展需求,帮助客户家和业一起做大。截至目前,招行已与高端制造、金融科技、互联网、医疗、消费等 200 余家行业龙头机构进行合作,可为客户打造资源的开放式入口。至今已有超过 400 个成功服务案例,包括项目投资交易、法务税务筹划、商业合作、稀缺标的投资等。

最后,全球化。招行正跟随中国高净值客户的脚步,将私人银行服务从国内延伸至境外。一方面,招行背靠集团综合牌照资源,可充分借力银行、券商、保险、信托等全牌照进行跨境金融服务,为客户真正实现全球资产配置;另一方面,招行还基于长久以来的合作关系,通过境外的合作机构满足客户在健康管理、子女教育、商旅出行等领域的非金融服务需求。

目前,招行已经在中国香港、纽约、新加坡、悉尼、伦敦、卢森堡等 6 个国际重要金融中心提供综合金融服务,这些中心与母行联动,可以为客户提供全球一体化的专业服务。

(资料来源:http://www.cmbchina.com/cmbinfo/news/newsinfo.aspx?guid=32e7f791-a7d9-424e-b5a5-b2ab6d2dce0b)

第四节　基于大数据的客户关系管理

一、大数据概述

(一) 大数据的概念

麦肯锡全球数据分析研究院是研究大数据的先驱,它给出的大数据定义是:"大数据指的是大小超出常规的数据库工具获取、存储、管理和分析能力的数据集。"但它同时强调,并不是一定要超过特定 TB 值的数据集才能称为大数据。

国际数据公司(JDC)把大数据概括为 4 个特征,即海量的数据规模(volume)、快速的数据流转和动态的数据体系(velocity)、多样的数据类型(variety)、巨大的数据价值(value)。

亚马逊的大数据科学家约翰·劳萨则给出了一个简单的定义:"大数据是任何超过了一台计算机处理能力的数据量。"

维基百科中只有短短的一句话:"巨量资料(Big Bata),或称大数据,指的是所涉及的资料量规模巨大到无法通过目前主流软件工具在合理时间内达到撷取、管理、处理并整理成为帮助企业经营决策更积极目的的资讯。"

从以上的定义可以看出,大数据除了具有"大容量"的特征之外,还具有时效性的特征。大数据是传统技术无法处理的数据,严格来说,只要时间足够长就没有无法处理的数据,因此大数据的第二个特征是时效性。大数据是难以在业务容忍时间内使用传统软件搬取、管理和处理的大尺度数据集,因此大数据的尺度是随任务时间变动的。

(二)大数据的特征

本书采用目前使用最多的"4V"模型分析大数据。"4V"特征主要体现在以下方面。

1. 规模性

规模性指的是数据巨大的数据量以及其规模的完整性。数据的存储 TB 扩大到 ZB(约 10 亿个 TB),这与数据存储和网络技术的发展密切相关。数据的加工处理技术的提高,网络宽带的成倍增加,以及社交网络技术的迅速发展,使得数据产生量和存储量成倍增长。实质上,在某种程度上来说,数据的数量级的大小并不重要,重要的是数据具有完整性。数据规模性的应用有很多,例如对每天自媒体信息进行分析,了解人们的心理状态,可以用于情感性产品的研究和开发;基于个人社交软件上成千上万条信息的分析,可以帮助人们处理现实中朋友圈的利益关系。

2. 高速性

高速性主要表现为数据流和大数据的移动性,在实践应用中体现为对数据的实时性需求。随着移动网络的发展,人们对数据的实时应用需求更加普遍,例如通过手持终端设备关注天气、交通、物流等信息。高速性要求具有时间敏感性和决策性的分析——能在第一时间抓住重要事件发生的信息。例如,当有大量的数据输入时需要排除一些无用的数据或者需要马上做出决定,或者一天之内需要审查 500 万起潜在的贸易欺诈案件或者需要分析 5 亿条实时呼叫的详细记录,以预测客户的流失率。

3. 多样性

多样性指有多种途径来源的关系型和非关系型数据,这也意味着要在海量、种类繁多的数据间发现内在关联。互联网时代,各种设备通过网络连成了一个整体,而进入以互动为特征的 Web2.0 时代,个人计算机用户不仅可以通过网络获取信息,还成为信息的制造者和传播者。在这个阶段,数据量不仅开始了爆炸式增长,数据种类也开始变得繁多。除了简单的文本外,还有传感器数据、音频、视频、日志文件、点击流以及其他任何可用的信息。例如,在客户数据库中不仅要关注名称和地址,还要关注客户所从事的职业、兴趣爱好、社会关系等。保留一切需要的、有用的信息,舍弃那些不需要的;发现那些有关联的数据,加以收集、分析、加工,使得其变为可用的信息,这就是对大数据多样性原理的利用。

4. 价值性

价值性体现的是大数据运用的真实意义所在。"互联网女皇"玛丽·梅克尔在 2012 年互联网发展趋势中,用两幅生动的图像来描述大数据:一张是整整齐齐的稻草堆,另一张是稻草中缝衣针的特写。这寓意着通过大数据技术的帮助,可以在稻草堆中找到你所需要的东西,哪怕是一枚小小的缝衣针。这两幅图揭示了大数据技术一个很重要的特点——价值性。

从某种程度上说,大数据是数据分析的前沿技术。简言之,从各种各样类型的数据中,快速获得有价值信息的能力,就是大数据技术。大数据可分成大数据技术、大数据工程、大数据科学和大数据应用等领域。目前人们谈论最多的是大数据技术和大数据应用。

(三) 中国大数据应用实践

1. 大数据在经济预警方面发挥重要作用

在2008年金融危机中,阿里平台的海量交易记录预测了经济指数的下滑。2008年年初,阿里巴巴平台上整个买家询盘数急剧下滑,预示了经济危机的来临。数以万计的中小制造商及时获得阿里巴巴的预警,为预防危机做好了准备。

2. 大数据分析成为市场营销的重要手段

与传统的市场研究方法不同,大数据的市场研究方法不再局限于抽样调查,而是基于几乎全样本空间。例如,百度拥有中国最大的消费者行为数据库,覆盖95%的中国网民,搜索市场占比达87%。百度基于最真实的用户行为数据和多维度研究工具,帮助宝洁精准定位了消费者的地域分布、兴趣爱好等信息,根据百度分析的结论,宝洁适时地调整了营销策略。

3. 大数据为金融领域的客户管理、营销管理及风险管理提供重要支撑

大数据能够解决金融领域海量数据的存储、查询优化以及声音影像等非结构化数据的处理。金融系统可以通过大数据分析平台,导入客户社交网络、电子商务、终端媒体产生的数据,从而构建客户视图。依托大数据平台可以进行客户行为跟踪、分析,进而获取用户的消费习惯、风险收益偏好等。根据用户这些特性,商业银行等金融机构能够实施风险及营销管理。

二、商业银行大数据营销的概念及特征

(一) 金融大数据的概念

进入大数据时代,互联网与金融业务深度融合,这极大地改变了商业银行生存和发展方式。数据洪流这一趋势打开了制定决策和争夺市场的新办法之门,而作为数据密集型行业,如何挖掘和分析数据并做出决策,将是未来商业银行赢得市场和竞争的利器。

数据库营销的理念最早出现在20世纪90年代。数据库营销是指公司收集有关个人的大量数据制定营销方案,从而达到提升销售量的营销策略。随着科技和电子技术的突飞猛进的发展,信息数据的产生量正以惊人的速度递增。目前,人类产生的数据总量以每两年翻一番的速度不断增加,这些数据被电脑、手机、硬盘等终端以各种各样的方式储存起来,形成了数据库。

在金融领域,各个商业银行的数据库均掌握了海量的客户资源。然而,对于这些储存

着庞大数据信息量的数据库来说,各个商业银行只是将其作为客户资料的储存地或者根据表层信息做浅显的运用,缺少对数据的挖掘和对数据未来变动能带来利润的预测。大数据分析就是基于现有数据资料,结合外部市场环境的各类数据对其进行深度挖掘和对未来数据趋势进行预测,将看似枯燥没有意义的数据转变为企业的珍贵资产的一种新行为。而当大数据技术服务于营销工作尤其是银行业的营销时,就构成了金融大数据营销。

(二)商业银行大数据营销的特征

金融领域中的数据具有典型的异构化特征,包括传统业务数据、办公信息、开发测试数据、业务运行日志、与客户进行沟通的邮件和短信、电话银行的语音记录等。金融大数据营销的核心在于让网络广告在合适的时间,通过合适的载体,以合适的方式,投给合适的人。当今金融大数据营销的力度正在不断加强,这主要体现在以下3个方面。

1. 多平台化数据采集

大数据的数据来源通常是多样化的,商业银行通过多平台化的数据采集能使其对目标客户的行为刻画更加全面和准确。这些平台包含互联网、移动互联网、广电网、智能电视、户外智能屏等。

2. 强调时效性

在网络时代,用户的消费行为和购买方式极易在短的时间内发生变化,在用户需求最高点及时进行营销非常重要。全球领先的大数据营销企业Ad-Time对此提出了时间营销策略,它可通过技术手段充分了解用户的需求,并及时响应每一个用户当前的需求,让客户在决定购买的"黄金时间"内及时收到商品广告。

3. 个性化营销

在网络时代,金融营销的理念已从"媒体导向"向"受众导向"转变,以往的营销活动须以媒体为导向,选择知名度高、浏览量大的媒体进行投放。如今,商业银行完全以受众为导向进行广告营销,因为大数据技术可让它们知晓目标受众身处何方、关注着什么位置的什么屏幕。大数据技术可以做到当不同用户关注同一媒体的相同界面时,广告内容有所不同,大数据营销实现了对用户的个性化营销。与传统广告"一半的广告费被浪费掉"相比,大数据营销让广告主的投放做到有的放矢,并可根据实时性的效果反馈,及时对投放策略进行调整。

4. 关联性

大数据营销的一个重要特点在于网民关注的广告与广告之间的关联性,由于大数据在采集过程中可快速得知目标受众目前关注的内容,以及可知晓网民此时身在何处,这些有价信息可让广告的投放过程产生前所未有的关联性,即网民所看到的上一条广告可与下一条广告进行深度互动。

三、商业银行大数据营销的发展概况

(一)商业银行大数据营销现状

数字化正在成为经济金融发展的新引擎,推动商业银行信息技术、业务发展、管理模式等加速转型升级。数据是数字化转型过程中的基础要素,提高数据管理与治理能力,实现"安全用数、高效用数、用优质数",才能更好地支持数据创新应用,实现数据价值,推动商业银行的数字化转型。

2018年,中国银行保险监督管理委员会发布《银行业金融机构数据治理指引》(以下简称《指引》),用以指导银行业金融机构加强数据治理,提高数据质量,发挥数据价值,提升经营管理能力。《指引》对商业银行的要求包括数据治理、数据管理、数据质量控制、数据价值实现和监督管理等各方面,强调数据治理体系的搭建,将数据治理纳入公司治理范畴,建立自上而下、协调一致的数据治理体系。此外,《指引》更强调通过数据治理来实现数据价值,这不仅包括利用传统计量模型制定管理策略,提升管理体系的有效性,还应当运用大数据技术,实现业务创新、产品创新和服务创新。

针对文本、语音等非结构化数据进行挖掘,从而在营销或运营等场景中提供智能化决策支持,成为商业银行数字化转型过程中的热门话题。

以建设银行为例,建设银行早在2015年大数据战略规划之际,就已着手开始了对非结构化数据分析的探索与应用。在探索过程中秉持应用驱动、基础先行等原则,不断跟踪与探索大数据及相关领域的最新技术成果,以Hadoop为基础平台,逐渐形成包含Python、Spark、TensorFlow等前沿大数据分析工具的大数据技术生态。

(二)大数据在我国商业银行中的应用

当前一种观点认为,我国商业银行对互联网的了解和应用以及对大数据概念的认识都是不足的。这种看法失之偏颇,一直以来,我国金融业十分重视对科技建设的投入,甚至在互联网企业出现以前,就建立了自己的全国性计算机网络。随着信息和互联网技术的不断进步,我国金融业正在快速向经营管理的信息化和数据化发展,已经建立起了以数据仓库为核心的经营管理数据体系,数据分析技术已经大量应用在客户评级、风险识别等方面,电子银行业务替代率超过70%,各种在线远程业务渠道和相关产品日趋丰富。

不过,在大数据时代,我国金融也确实需要继续更新观念,跟踪学习新技术、新方法。目前来看,金融在互联网应用和IT系统建设方面仍存在一些问题,例如非结构化数据采集和处理能力不足,数据应用在行为预测、市场营销方面有所欠缺,业务联动亟待提升,如线上线下业务联动、支付融资联动、资金流和信息流结合等。

在金融业务中,大数据技术最先应用在信用卡领域,不少银行利用数据分析技术,通过系统换代升级已经初步实现了智能服务,大幅度提升了客户体验和服务效率。

案例7-6 中信银行借力Greenplum玩转大数据

一、实施背景

中信银行信用卡中心是国内银行业为数不多的几家分行级信用卡专营机构之一,也是国内最具竞争力的股份制商业银行信用卡中心之一。近年来,中信银行信用卡中心的发卡量迅速增长。2008年,银行向消费者发卡约500万张,而这个数字在2010年增加了一倍。随着业务的迅猛增长,业务数据规模也线性膨胀。中信银行信用卡中心无论是在数据存储、系统维护等方面,还是在有效地利用客户数据方面,都面临着越来越大的压力。

同时,为了应对激烈的市场竞争,中信银行信用卡中心迫切需要一个可扩展、高性能的数据仓库解决方案,支持其数据分析战略,提升业务的敏捷性。通过建立以数据仓库为核心的分析平台,实现业务数据集中和整合,以支持多样化和复杂化的数据分析,例如卡、账户、客户、交易等主题的业务统计和OLAP(联机分析处理)多维分析等,提升卡中心的业务效率;通过从数据仓库提取数据,改进和推动有针对性的营销活动。

此外,中信银行信用卡中心需要一个解决方案来满足由中国人民银行、中国银行业监督管理委员会和全球监管标准巴塞尔协议提出的风险管理要求。例如,一个要求是银行保留5年的交易历史数据,以及报送最近几个月的状态信息。这些信息需要在规定日期提交。此前,中信银行信用卡中心使用磁带存储来解决。然而,从磁带中提取数据过于缓慢,无法满足银行监管机构所规定的时间限制。

二、实现方案

从2010年4月到2011年5月,中信银行信用卡中心实施了Greenplum方案,该方案是我国股份制商业银行信用卡中心中的第一个企业级的数据仓库系统,也是我国首个第三代技术的银行数据仓库系统。

Greenplum解决方案具有一个核心的、独特的功能,它采用了"无共享"的开放平台的MPP架构,此架构是为商业智能和海量数据分析处理而设计的。目前,最普遍的关系数据库管理系统(如Oracle或Microsoft SQL Server)都是利用"共享磁盘"架构来实现数据处理,会牺牲单个查询性能和并行性能。而使用Greenplum数据库提供的MPP架构,数据在多个服务器区段间会自动分区,而各分区拥有并管理整体数据的不同部分;所有的通信是通过网络互连完成,没有磁盘级共享或连接,使其成为一个"无共享"架构。Greenplum数据库提供的MPP架构为磁盘的每一个环节提供了一个专门的、独立的高带宽通道,区段间的服务器可以以一个完全并行的方式处理每个查询,并根据查询计划在段之间有效地移动数据。因此,相比普通的数据库系统,该系统提供了更高的可扩展性。

中信银行信用卡中心通过概念证明(Proof-of-Concept, PoC)比较了多个数据仓库解决方案的可行性和成本效益。PoC结果证实,与其他产品相比,Greenplum解决方案可以给中信银行信用卡中心提供最高级别的性能。同时,该解决方案与银行所使用的硬件、应用程序和数据源实现了有效集成。基于Greenplum解决方案提供的水平扩展功能,中信银行信用卡中心可以在需要的时候比较容易地添加模块化设备集群,以确保现有资源的优化,从而降低初始成本支出。据估算,Greenplum解决方案使中信银行信用卡中心在初始成本支出方面节省了上千万元。

此外,Greenplum解决方案通过把数据集中在一个统一的平台,极大地减少了系统维护的工作量。以前中信银行信用卡中心使用数据集市的方案,而不是完整的数据仓库解决方案,需要两名工作人员来维护该系统。现在通过使用新的Greenplum解决方案,只需要一个工作人员花一半的时间来维护系统。基于Greenplum解决方案在系统维护的便捷简单,中信银行信用卡中心每年减少了大约500万元的数据库维护成本,有助于减少解决方案的总拥有成本。

三、实施效果

中信银行信用卡中心实施了Greenplum数据仓库解决方案之后,实现了近似实时的商业智能和秒级营销,运营效率得到全面提升。

(一)实现商业智能和秒级营销

以中信银行信用卡中心与汉拿山烤肉的联合促进活动为例,在传统营销模式下,银行会向城市中所有客户进行一次批量宣传,然后商户苦等客户自行前来。但在实时商业智能的支持下,中信银行信用卡中心选取在汉拿山烤肉附近消费的客户,在第一时间通知客户此项优惠。例如,客户在来福士购物中心消费一笔,立即接收到一条短信:您刚消费了108元,如您再消费一笔超过91元,即可在福士购物中心5楼"汉拿山烤肉"享5折优惠1次。看完短信,客户刚刚还在犹豫是否要买一双新鞋,立即下决心刷卡付款,上5楼犒赏自己。整个过程一气呵成,大数据分析在客户最需要、最接近买单时刻奉上最给力的优惠,促成消费。整个活动客户相应踊跃,大幅度提升了客户对中信信用卡的业务、技术领先性的认可,取得了较好的市场反应和客户口碑。

Greenplum数据仓库解决方案为中信银行信用卡中心提供了统一的客户视图,借助客户统一视图。中信银行信用卡中心可以更清楚地了解其客户价值体系,能够为客户提供更有针对性和相关的营销活动。基于数据仓库,中信银行信用卡中心现在可以从交易、服务、风险、权益等多个层面分析数据。通过提供全面的客户数据,营销团队可以对客户按照低、中、高价值来进行分类,根据银行整体经营策略积极地提供相应的个性化服务。

2011年,中信银行信用卡中心通过其数据库营销平台进行了1 286个宣传活动,每个营销活动配置平均时间从2周缩短到2～3天。更重要的是,市场活动中答应客户在刷满一定金额或次数后送给他们的礼品,可以在客户刚好满足条件的那次刷卡后马上获得,实现了秒级营销,而不必像之前那样等待好几个工作日。2011年的前三个季度,中信银行信用卡中心交易量增加65%,比股份制商业银行的平均水平高14%,比我国所有银行的平均值高4%。传统的商业智能系统性能得到大幅度提高,现在中信银行信用卡中心已经可以结合实时、历史数据进行全局分析,其足以影响整个业务。例如,风险管理部门可以按账单日调整持卡人的信用额度。以前的信用额度调整只能在每月或每季度的基础上进行,而通过使用Greenplum数据库解决方案中提供的数据,风险管理部门现在可以每天评估客户的行为,并决定对客户的信用额度在同一天进行调整。使用从Greenplum数据库解决方案提取的数据,中信银行信用卡中心迄今已为客户进行了4 000万次的信用额度调整。中信卡中心催收管理团队使用了基于数据仓库的系统后,信用卡不良贷款(NPL)比率同比减少了0.76%。

(二) 整合资源,提升产能

中信银行信用卡中心电话销售中心将所有外呼营销历史整合到数据仓库,通过对大量历史数据分析后调整客户提取和营销策略,在上线后的第一个月便实现单位工时创收提升33%、笔均贷款额提升18%,目前银行正在开发针对每个产品的营销响应模型,以进一步提升产能。

由于所有客户信息现在均可以通过分中心CRM(客户关系管理)系统的专用PAD移动设备实时获取和使用。分中心的营销人员除了单纯的发卡工作外,还参与到客户服务、风险管理、增值产品/消费金融产品营销等工作,分中心团队正在由单纯的发卡团队变为一支强有力的客户经理团队。这在中信银行内部称之为"客户经理制"转型。

中信银行信用卡中心内部80%以上业务分析用户依赖的Cognos系统与数据仓库系统集成后,整体性能显著提高。Cognos系统模型刷新效率提升50%。同时因为Cognos系统可以分析更广范围的业务数据,更多用户都来使用系统,银行业务人员2011年内日访问量增加了40%,高级数据挖掘分析师的工作效率得到了极大的提高,之前需要自己在分析工具清洗、转换数据然后再建立模型,通常需要至少3个多月的时间,现在一个中等规模的模型通常只需要1个月即可完成,并且现在可以通过便捷的工具来生成、管理模型,可以让更多的用户参与到该工作中来。

四、我国商业银行大数据应用存在的问题

(一) 无法对接客户需求

商业银行在大数据时代面临一个很尴尬的局面,就是不知道客户的真实想法。国内传统商业银行有一套完整的数据仓库或者商业智能架构做数据分析,把内部企业数据进行整合之后,把数据装到数据仓库里,基于这些数据来建设商业银行各种管理应用。但是,近几年,这种传统技术暴露出诸多问题,主要存在以下几方面问题。

(1) 庞大的数据量。数据的快速增长,导致了数据加工成本增加,要求商业银行的设

备不停更新换代。很多大的商业银行可能有上百个系统,而且数据种类庞多,越来越多非结构化数据和半结构化数据要纳入管理和分析。随着互联网行业的发展,客户的行为数据以及物联网里传感器产生的数据都会成为分析的对象,这就导致传统架构无法满足新的数据形式。

(2) 时效性需求。新的经济形势下,商业银行要对很多业务需求做出更快的响应,而传统技术是批量处理的方式,无法满足高时效要求,并且数据分析结果在传统模式下不能融合到业务流程里。

(3) 业务层面的问题。长期以来,传统商业银行都是封闭的系统,并不了解客户的真实需求,只是为客户提供服务,客户的参与度非常低。商业银行的分析系统都是基于内部数据的,而这类对真正的客户行为数据在商业银行里是没有的,所以在业务层面更难满足客户需求。

(二) 存在严重数据短板

以银行零售业务转型的例子来看,商业银行有产品开发部门,并建立了很完善的数据仓库和商业智能系统。在传统数据仓库分析模式下,银行把内部数据进行整合之后,传给数据仓库,进行传统的数据分析,找出有商机的目标客户群,根据金融产品匹配用户,最后通过各种渠道进行主动营销。但这种营销模式是主观上认为客户应该会喜欢什么样的金融产品,而并非客户的真实偏好,这导致主动销售的成功率非常低,而且会因为主动销售造成很多产品理解上的纠纷。

在互联网时代,金融机构正在"生产"着庞大的数据,且越积越多,这些内部数据量巨大而复杂,传统的设备与数据分析软件已无法满足新的数据形式。在这样的背景之下,商业银行如果仍用着传统的营销方式推销金融产品,没有精准的数据营销,没有合适的产品,将会大大降低了成交效率。

随着商业银行自身数据的增多,大数据技术有利于其优化资源,可以通过大数据技术提供很好的解决方案。而且,大数据技术下的数据来源变了,以往分析基础都是企业内部的数据,经营活动或者管理活动过程中产生的数据。但是在大数据时代,互联网数据、物联网时代的机器数据,传感器产生的机器数据将成为主要的分析对象。

特别要重视互联网数据,互联网数据记录了客户的痕迹和行为,可以从中分析出客户的风险喜好、投资偏好、个性特征等,从中分析出客户可能会喜欢什么样的产品,并为客户量身定制产品开发,这样的产品才是客户真正需要的。传统的数据分析是商业银行认为客户需要什么;而互联网时代下的数据分析是真正基于客户想要什么分析出来的结果。这样的零售业务创新转型未来可能会越来越多地出现。

(三) 深陷大数据争夺战

大数据时代,商业银行要创新转型,最容易做的可能是在客户服务和主动营销方面。

在这方面商业银行面临一个问题,商业银行的客户数据只是客户的基本信息、持有金融产品的信息以及客户的交易信息三个方面的数据,却缺少最重要的信息——客户的行为数据。客户的行为数据和客户喜好、客户习惯等数据一般掌握在互联网企业手中。如果商业银行想尽快实现转型,势必要跟一些互联网企业在客户数据方面进行合作。与此形成鲜明对比的是,阿里巴巴等互联网企业,正是依靠手中掌握的客户行为数据,悄然布局金融业。

在阿里巴巴为代表的互联网企业的倒逼之下,相关商业银行正寻求突围。目前商业银行突围的路径主要有两个,第一种方式是采取跟电商或者互联网账户系统进行合作,以借助外力来补缺数据短板。如果金融机构跟电商合作的话,金融机构可以在网银上,通过自己的渠道帮电商做推广。电商也可以更好地把金融机构的服务纳入电商的商务环节里,这是互补的。在这方面,股份制银行走在最前面的,比国有大行领先。如果商业银行真正要进行用户行为分析,真正基于客户进行转型,最终还是要选择互联网企业合作。商业银行客户服务模式要转型,必须要有客户的行为数据,必须要真正了解客户的真实需求。

另一种方式是商业银行进入电商领域,以积累客户的行为数据。例如建行在 2012 年 6 月 28 日推出了名为"善融商务"的网上商城。这对于建行来说是一项极不寻常的战略决策,凸显出我国金融业的两种新情况:①在政府过度保护之下我国银行业处于一个竞争激烈的环境之中;②围绕"大数据"控制权的争夺战正在我国金融业升温,各机构都希望尽可能多地收集客户信息。

五、大数据时代银行业的机遇

大数据时代,互联网企业意图在金融领域分得一杯羹,凭借客户和流量资源,逐步向支付、融资等业务渗透,这确实对银行业造成了一定影响。但与此同时,大数据的高速发展,使银行业的客户数据、交易数据、管理数据等呈现爆炸式增长。海量数据席卷而来,海量机遇也随之而来,为商业银行业务转型和产品创新创造了条件,银行业服务及管理模式都将发生根本性改变。

(一)大数据为商业银行营销提供了全新的沟通渠道和营销手段

(1) 社交媒体的兴起给银行提供了全新的与客户接触的渠道。几乎所有银行都开通了官方社交账号,通过建立社会化的形象,拉近与客户之间的距离,并利用社交媒体的力量,取得了意想不到的营销效果。

(2) 通过打通商业银行内部数据和外部社会化的数据可以获得更为完整的客户拼图,从而进行更为精准的营销和管理。商业银行本身拥有客户的大量数据,通过对数据的分析可以获得很多信息,从而成为进行管理和营销的依据。但由于商业银行拥有的客户信息并不全面,这种分析有时候难以得出理想的结果,甚至有可能得出错误的结论。例如,某位信用卡客户月均刷卡6次,平均每次刷卡金额500元,平均每年打3次客服电话,从未有过投诉,按照传统的数据分析,该客户是一位满意度较高、流失风险较低的客户。但通过该客户的微博得到的真实情况却是该客户的工资卡和信用卡不在同一家银行,还款不方便,好几次打客服电话没接通,并多次在微博上抱怨,该客户流失风险较高。

(二)大数据滋生了新型金融业态参与市场竞争

大量的数据来源和强大的数据分析工具正催生很多新的金融业态直接瓜分银行的信贷市场。在英国,一家叫作Wonga的公司利用海量数据挖掘算法来做贷款业务,他们大量使用社交媒体和其他网络工具,将客户的信息碎片关联起来,预测客户的违约风险,为其信贷业务提供依据。在我国,阿里巴巴旗下的阿里信贷自2012年8月起全面向普通会员开放,提供无抵押、无担保的低额贷款,其依仗的正是掌握在手中的海量客户经营数据。有了这些数据,阿里巴巴可以说是对客户的资信状况了如指掌,从而最大程度地降低了信贷业务的风险。如果说像Wonga这种需要去网络上收集数据来进行放贷的公司尚不足为惧,那么像阿里巴巴这种本身拥有雄厚客户基础和海量数据资产的公司介入信贷行业,将对行业格局产生深远的影响。有专家预测,"网络融资"可能成为20年后的主流,甚至可能发展到资金供需信息直接在网上发布并匹配,供需双方直接完成资金融通。

(三)利用数据的能力日益成为银行竞争的关键

麦肯锡公司在一份研报中分析了不同行业从大数据浪潮中获利的可能,金融行业拔得头筹,这是因为金融行业利用数据来提升竞争能力具有得天独厚的条件:①金融行业天然拥有大量的客户数据和交易数据,这是一笔巨大的财富;②金融行业面临的客户群体足够大,能够得出具有指导意义的统计结论;③在"小数据"时代,金融行业已经在以信用评级模型和市场营销模型为代表的数据分析上积累了大量的实战经验,具备向"大数据"分析跨越的基础。

随着大数据时代的来临,商业银行运用科学分析手段对海量数据进行分析和挖掘,可以更好地了解客户的消费习惯和行为特征,分析优化运营流程,提高风险模型的精确度,研究和预测市场营销和公关活动的效果,从每一个经营环节中挖掘数据的价值,从而进入全新的科学分析和决策时代。在这种情况之下,利用大数据的能力将成为决定商业银行竞争力的关键因素。

(四)从长远看大数据将全面颠覆金融服务形态

从长远来看,随着数据化和网络化的全面深入发展,金融服务将向虚拟化方向发展,从而全面颠覆金融服务形态。金融服务虚拟化主要表现为3点:

(1)产品的虚拟化。资金流将越来越多地体现为数据信号的交换,电子货币等数字化金融产品的发展空间巨大。

(2) 服务的虚拟化。通过移动互联网、全息仿真技术等科技手段,商业银行可以利用完全虚拟的渠道向客户提供业务服务,现有的实体柜面可能趋于消亡。

(3) 流程的虚拟化。金融业务流程中各类单据、凭证等将以数字文件的形式出现,通过网络进行处理,从而提高处理的便利性和效率。

在这样的服务形态下,商业银行的整体运作就是一个数据的洪流,"数字金融"得以全面实现,商业银行的管理理念和运营方式也随之得以全面颠覆。

本章小结

(1) 商业银行的客户关系管理大致包含两个方面的内容:①客户的营销管理;②客户的服务管理。

(2) 大数据分析就是基于现有的数据资料,结合外部市场环境的各类数据进行深度挖掘和对未来数据趋势进行预测。当大数据技术服务银行营销时,就构成了金融大数据营销。

本章复习思考题

(1) 我们可以从哪几个方面理解金融大数据营销的概念?

(2) 举例说明金融大数据营销可以采取哪些手段。

第八章　普惠金融市场营销

知识目标

（1）熟悉普惠金融的营销对象和特点。
（2）掌握普惠金融的信贷产品模式。
（3）了解小微金融市场营销的定位和开发策略。

能力目标

（1）具有运用普惠金融营销的基本知识分析普惠金融产品的营销和定价过程的能力。
（2）具有运用小微金融的客户开发策略分析具体的金融产品的能力。

关键词

普惠金融营销　小微金融营销

知识框架

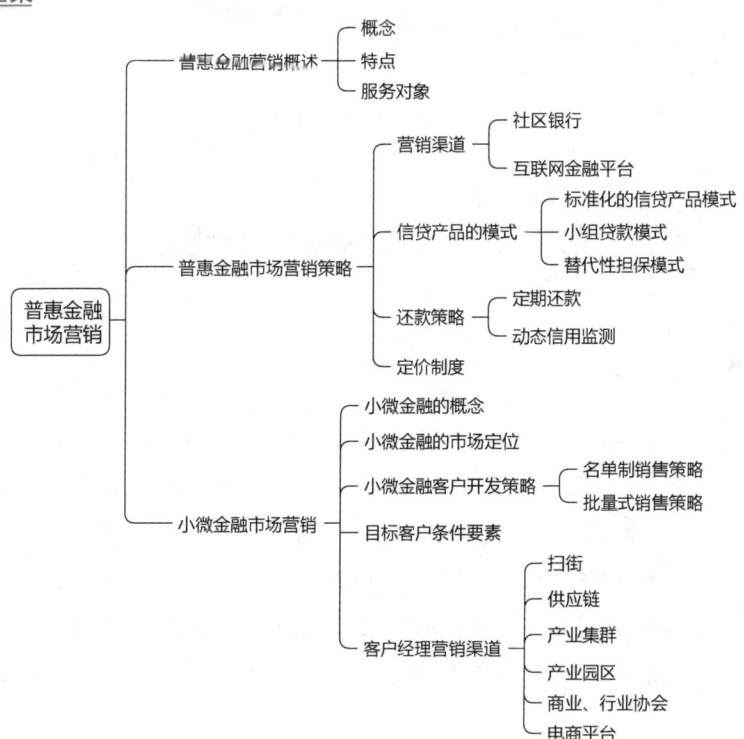

本章导言

普惠金融本着立足机会平等要求和商业可持续原则,以可负担的成本为有金融服务需求的社会各阶层和群体提供适当、有效的金融服务。小微企业、农民、城镇低收入人群、贫困人群和残疾人、老年人等特殊群体是当前我国普惠金融重点服务对象。普惠金融正在发展为综合性的金融服务,普惠金融的营销策略对普惠金融的实施效果起着至关重要的作用。

导入案例

案例8-1 "格莱珉银行"模式

挪威诺贝尔委员会将2006年诺贝尔和平奖授予孟加拉国农村银行以及该银行创始人穆罕默德·尤努斯。1976年穆罕默德·尤努斯在一个村对42名最穷的农户进行每人贷款27美元的小额信贷实验,随后逐步建立起孟加拉国乡村银行——格莱珉银行。

格莱珉银行完全是市场商业化运作模式,通过良好的企业管理实现滚动发展,2006年该行拥有2 226个分支机构,650万客户,资产质量良好,还款率高达98.89%,超过世界上任何一家成功运作的银行。23年里,尤努斯的格莱珉银行曾贷款给639万人,当中96%是女性,从而使得58%借款人及其家庭成功脱离了贫穷线。最主要的是,尤努斯做到了双赢:穷人不仅摆脱了贫困,还获得了做人的尊严,尤努斯银行也获得高额的利润,可以把贷款恩泽更多的穷人。因此,"格莱珉"模式不仅在很多欠发达的国家和地区得到推广,美国、加拿大、法国、挪威等发达国家也在借用。

(资料来源:http://www.huaxia.com/xw/gjxw/2006/12/335629.html)

第一节 普惠金融营销概述

一、普惠金融的概念

普惠金融的概念产生于2005年。联合国为了实现千年发展目标"消除极度贫困和饥饿",号召全世界金融机构为普通人服务,于是提出了普惠金融的理念。普惠金融这个概念就是把金融产品及其他服务覆盖全世界每一个人。在2006年,世界银行扶贫小组制定的普惠金融概念中,同样把普惠金融定义为能够给社会上任何一个阶层提供金融服务的金融体系,尤其是被传统商业金融服务所排斥的广大低收入群体,通过一定的制度安排向其提供能够为金融机构接受的、为服务对象所欢迎的差别化金融服务。这个模式的核心是要求金融机构能够将自身的服务覆盖到所有群体。

我国学者给普惠金融制定的定义是服务整个经济发展的大局,在政府的推动下,借助于正规金融机构的力量向社会经济发展中所有的自然人和法人提供必要的金融服务,其中重点服务对象是低收入群体以及中小微企业。这个措施的目的是推动金融体系在为社会经济发展服务的同时,实现自身的协调发展。普惠金融是小额信贷和微型信贷进一步发展的产物,超越了小额信贷和微型金融的服务范围,目的是构建一个全系统的金融服务体系。因此,普惠金融是超越小额信贷和微型金融的覆盖更加全面的金融体系。

普惠金融包括"普"与"惠"两个方面。首先,"普"是指普惠金融服务具有普遍性,体现了社会金融体系发展成果由全体人民共享的平等性,即获得金融服务是社会人应有的一种基本权利,他们能够通过这个体系均衡地参与到社会发展之中,进而完成社会共同富裕以及发展的目标。其次,"惠"是指金融体系以及制度的设计应该是惠民的,也就是金融服务的提供是一种社会福利,而非一种商业性金融。

普惠金融与传统金融模式有重大的区别,其目的是要在社会经济体之中构建一个广泛包容的规模宏大的金融系统。在这个金融系统中,每个人都能够得到理想的服务。因此,普惠金融理论认为:①获取金融服务是每一个人的权力,所有人都应该享受到均等的金融服务;②普惠金融需要有十分完善的制度支持,使得金融体系的产品供给能够和社会经济发展的需求完美匹配;③每一个社会发展的经济主体在普惠金融体系之中都能够找到适合于自己的金融服务。

二、普惠金融的特点

(一)平等性

金融作为现代社会最核心的经济要素,是一种稀缺性资源,社会个体对金融资源的占有量很大程度决定了其创造财富的能力和改善经济状况的可能性。因此,金融资源配置的公平性应通过设计一套正义的制度来保障,这关乎整个社会公平的实现。但是现实经济生活中金融资源的配置倾向于富有者,那些有融资需求却缺乏足够抵押的低收入者不能获得正规金融服务,结果必然会加剧贫富分化。针对这种不平等情况,普惠金融提倡为所有社会成员提供金融服务,而不受身份或经济条件的制约。

(二)丰富性

普惠金融机构由于自身覆盖的群体较多,针对不同的群体设计的不同类型金融产品与服务正在不断出现,从而在出现不同类型的金融服务方式。普惠金融机构服务对象的丰富性产生了服务产品的丰富性。

(三)政策性

在特定的市场环境下,政府也能够发挥适当的作用,为普惠金融的发展提供政策指导。当前信贷机构正在通过技术的渠道关注低收入群体和小微企业,普惠金融的建设制度也正在逐渐完善。

金融机构的发展正在逐渐认识到普惠金融并不是金融救济而是综合性的金融服务。普惠金融开始注重通过降低交易成本和控制信贷风险等手段提高业务的盈利性,因为适当的盈利水平是普惠金融得以持续发展的基础。对盈利性的合理追求并不违背普惠金融的初衷,反倒是对盈利性的刻意忽视会不利于普惠金融作用的发挥。因此,注重盈利性乃普惠金融对扶贫理论认识深化和发展结果。只有为大众提供丰富的金融产品,才能真正实现自身的跨越式发展。在技术的支持下,在政府的督促下,正规金融机构开始向小额信贷领域发展。这标志着普惠金融的发展正在不断走向深入。互联网金融产品的迅速发展,催生着金融活动从线下转为线上,从分散开始转为集中。这种情况更加有利于普惠金融的发展,也更有利于普惠金融构建一个平等开放的金融服务体系。

三、普惠金融的服务对象

(一)按经济主体划分

普惠金融的服务对象,按经济主体划分,包括农户、城市贫困群体、企业。

1. 农户

农户经济主体又可以分为贫困农户和普通农户。普通农户的主要信贷需求是小规模的种植业贷款需求、专业化规模化生产和工商业贷款需求以及生活开支,满足其信贷需求的主要方式有:自有资金、民间小额贷款、小额信用贷款、少量商业信贷、合作金融等。贫困农户的主要信贷需求为生活开支、小规模种植养殖贷款需求,满足其信贷需求的主要方式有:民间小额贷款、小额信贷、政府扶贫资金、政策金融等。

2. 城市贫困群体

城市贫困群体这一经济主体又可分为城市低收入人群和城市创业、失业人群。城市创业、失业人群所需信贷需求为生活开支、创业资金贷款,满足其信贷需求的主要方式有:政府创业补贴、民间小额贷款、商业性小额信贷、政策金融、合作金融等。城市低收入人群的主要信贷需求为生活开支,满足其信贷需求的主要方式有:政府补贴和救济、民间小额贷款、小额信贷、政策金融、合作金融。

3. 企业

企业经济主体又可分为小微型企业、有一定规模的中型企业、发育初期的龙头企业等几类。其中小微型企业的信贷需求用于启动市场、扩大规模,满足的主要方式为:自有资金、民间金融、风险投资、商业信贷、政策金融、小额信贷。中型企业的信贷需求则是面向市场的资源利用性生产贷款需求,通过自有资金、商业信贷、政策金融、小额信贷来满足。发育初期的龙头企业则需要信贷用于专业化技能型生产规模扩张,通过自有资金、商业信贷、政策金融、小额信贷、风险投资、政府资金的渠道来满足。

(二) 按客户贫困程度划分

社会人群按照贫困程度可以分为赤贫、极贫、贫困、脆弱的非贫困、一般收入、富裕者6类。前3类为贫困,后3类为非贫困。我们能够将金融市场内(潜在)服务对象分成3类:①可以通过正规金融途径获得服务客户,主要是经济状况良好的群体即非贫困者;②被正规金融排斥但能通过微型金融途径获得服务的客户,即极贫、贫困、脆弱的非贫困者以及一般收入者;③通过以上两种途径都无法获得金融服务,金融需求难以实现者,即赤贫者。其中,后两类被排除在正规金融体系外,乃是普惠金融体系的服务对象,包括赤贫者、极贫者、贫困者、脆弱的非贫困者、一般收入者。普惠金融的服务对象应包含社会各个阶层,但其服务的重点是目前被排除在正规金融体系外的贫困、低收入的经济主体。

第二节 普惠金融市场营销策略

一、普惠金融的营销渠道

(一) 社区银行

普惠金融机构通常会设立社区银行,盯住目标客户,以低成本的模式提供普惠金融产品和服务。"社区银行"概念源自美国,美国独立社区银行家协会(ICBA)认为,社区银行是在一定地区的社区范围内,按照市场化原则自主设立、独立运营,主要服务于中小企业和家庭客户的中小银行。社区银行致力于"小而美、小而精",力求更贴近零售客户,将社区周边的居民、中小微企业作为目标群体,主要填补被传统银行所忽视的金融服务空白点,被称为"家门口的银行"。由于社区银行仅服务于社区,其机构设置也相对单一,更加扁平化和灵活,初期投入为大中型支行成本的 1/10~1/8,配备员工一般为传统支行的 1/5。社区银行获取资金来自社区,又服务于社区,这决定了社区银行必须时刻关注社区经济发展与社区治理建设,紧密了解社区居民和企业各方面的金融需求。社区银行专职于特定区域,可以开展良好的社群营销,有良好的地缘和人缘优势,能够获得足够多的客户信息,容易同客户形成长期稳定的业务关系。因此,从社区吸收存款并为社区的客户提供贷款是社区类型金融机构的天然优势。这种优势有利于降低社区金融机构的贷款损失,提高社区金融机构的还款率。

无论是发达国家还是发展中国家,都非常重视社区银行的建设。社区金融机构的发展同样地要有足够的规模优势,必须要有大量的社区支行,有广泛的客户群体,通过更为严格的调查和步骤分解,才能在人缘和地缘优势的基础上形成一个完善的商业性金融模式。

1. 社区银行与社区经济的关系

社区银行与社区经济发展相得益彰,能激活社区经济细胞,打通社区金融服务"最后一公里"。

(1) 打造社区场景金融,让金融服务触手可及。新形势下,社区经济酝酿了巨大的消费市场,基于社区消费客群的稳定性,社区商业业态呈现出专业化、细分化和定制化趋势,覆盖了包括家居生活、环境综合整治、医疗卫生健康、少年儿童教育等各类场景,为社区银行带来了多元、细分的金融场景。社区银行嵌入式金融产品服务,促使社区内消费需求向实际交易行为有效转化,推动社区经济稳健可持续发展。

(2) 共建共享,助力经济微循环发展。目前,智慧社区不断迭代升级,新型智慧化设备和微型新基础设施建设助力社区经济快速发展。社区银行可以打通、扩大社区内融资渠道,提升社区物业管理、新型智慧化设备、微型新基础设施建设和改造效率,推动传统社区门店升级和智慧社区建设,在共建社区发展过程中共享社区经济所带来的机遇和红利。

2. 社区银行与社区治理的关系

社区银行在社区治理中发挥着"源头活水"和"黏合剂"的作用。社区治理是国家治理的基本单元和重要环节。

(1) 社区银行有助于完善社区治理体系。社区银行通过走访千家万户摸清摸透社区信用,掌握了大量一手信用数据,有助于构建完整的社区信用评价体系。在依法清收不良贷款、打击恶意逃债、加大违约失信成本、净化社区信用环境等方面能发挥积极作用,惠及更多居民与中小微企业客户。

(2) 社区治理有助于社区银行顺畅发展。完善的社区治理意味着良好的社区经营环境以及综合素质较高的客群。将社区治理视为信用评价的一个维度,可以帮助社区银行更为精准地评判识别客户。依托社区治理体系和治理能力,社区银行经营展业更为快捷高效。

对于普惠金融的开展来说,社区银行的成本也相对较高。社区银行要开展普惠金融业务必须要推广金融教育,提高社区的金融宽度,覆盖所有的社区客户。移动金融设备和广告栏通常是社区金融银行发展的利器。总行制定专门性的金融营销方案,将其发放到每一个社区银行中,社区银行进行社区推广。这些成本都必须归纳到社区银行运营普惠金融的成本之中。

(二) 互联网金融平台

随着互联网的兴起,普惠金融的推广可以通过成本更低的互联网技术开展。从供给来看,通过互联网技术搭建虚拟的互联网金融平台,结合社区银行的实体网点即可实现普惠金融产品的推广和投入。普惠金融的发展还可以通过互联网手机金融数据,以更低的成本进行产品开发之前的调查,从而对特定客户提供更具有针对性的产品,采取更具有针对性的经营模式。对需求方来说，通过互联网办理金融业务能够增强客户的黏性，提高金融产品的可获得性，也降低客户办理金融业务花费的时间成本。普惠金融的发展还可以利用互联网的开放性特征，构建一个虚拟社区，挖掘小微金融客户的消费潜力。例如，开设 P2P 网络借贷平台，通过网络把借方与贷方联系起来，普惠金融机构成为一个网络借贷的中介平台，尽到信息披露责任，收取中间费用。这种新型的金融服务模式强调资金供求双方直接通过平台进行交易。P2P 网络借贷的操作鉴别，交易成本较低。对于平台来说风险相对较低。在我国有众多的 P2P 交易机构。不过很多网络借贷平台相对来说不够成熟，对于借款人的信用审查不够严格，导致大量的风险富集在客户和平台方。

案例 8-2 互联网金融时代普惠金融发展的路径选择

中国普惠金融的发展应借助互联网金融平台提高资源配置效率，增加对落后地区和小微企业的金融资源的供给，改善农村地区和中小企业普遍存在的金融排斥现象，继续提高金融的普惠程度。

（1）监管者提供稳定长效的制度供给，政策引导互联网金融向普惠方向发展。互联网金融在中国短期内得以快速发展，并对传统金融机构的服务模式构成巨大挑战。基于互联网金融的普惠特性，监管层应从政策层面引导其拓展普惠的广度和深度，通过提供税收优惠和政策便利等激励互联网金融更多地为低收入者和小微企业服务。

（2）增加基础设施供给，为普惠金融的发展提供良好的硬件基础。支付是金融的基础设施，会影响金融活动的形态。互联网金融模式下的支付方式是以移动支付为基础，是通过移动通信设备、利用无线通信技术来转移价值以清偿债权债务关系，而不依赖于传统的物理营业网点。政府通过提供公共财政支持完善这些落后地区通信基础设施的建设，为落后地区农民提供接受互联网金融服务的公共品，再通过财政补贴等方式提高农村地区移动设备的拥有率，以此为互联网金融向农村地区拓展业务打下了坚实的硬件基础。

（3）完善社会征信体系，提高信息透明度，降低普惠金融交易成本与信用违约风险。市场经济归根到底是一种契约经济，诚信乃市场经济得以顺利运行的最基本的伦理准则之一。完善现行的征信体系应借助互联网的信用大数据，同时可以借鉴西方经验，发展市场导向的征信体系建设，提高征信数据的共享程度，降低信用数据的使用成本，最终实现降低普惠金融的交易成本和违约风险的目标。

（4）重塑现代金融伦理，重视金融的价值属性。现代金融伦理的缺失导致金融服务呈现"嫌贫爱富"的选择性倾向，这加剧了社会贫富差距和两极分化现象，与现代社会所倡导的自由平等的普世价值观背道而驰，重塑公平正义的现代金融伦理价值体系彰显必要。现代金融活动在追求效率的同时应兼顾公平，金融服务应体现对弱势群体的人文关怀，金融应显示其人性的一面。

[资料来源：朱民武,曾力,何淑兰.普惠金融发展的路径思考[J].现代经济探讨,2015(1).]

二、普惠金融信贷产品的模式

(一) 标准化的信贷产品模式

普惠金融运营过程中要获得一定的资金,必须要为这部分资金支付一定的成本。无论这些资金来自债务融资还是股权投资,都存在一定的成本。在衡量产品成本时,资金获得与使用成本是必须要考虑在内的。普惠金融机构因为具有广泛的客户群体,而且具有较高的同质性。因此,普惠金融可以通过标准化的信贷产品实现规模经济效益,也就是由规模增大带来边际成本下降,提高经济效益。

案例8-3 印尼金融银行信贷工厂

印尼金融银行对典型的小型企业采用标准化的信贷模式,即"信贷工厂",以套餐组合的方法为客户提供产品和服务。这一模式的成本较差异化、个性化服务模式的成本要低廉许多。为了准确地区分客户,印尼金融银行设计了一组问题,销售员工向客户提出9个问题,就能把客户放到某个细分市场中,再针对这个细分市场的需求提供一些组合给客户,不用这个客户讲他的需求是什么。这个档案的准确度达到97%。在金融产品设计方面,金融产品一般来说有以下5个主要的步骤,即产品用户调查、产品业务开发、产品运营批准、产品运营支出、产品售后服务。印尼金融银行将这些步骤进行详细的分解,细化成为20多个小的标准化程序,并且设计关键的绩效指标予以管理,提高了运营效率的同时,也降低了普惠金融的运营成本。

(二) 小组贷款模式

小组贷款是为了保证本金的安全以及降低违约率。借款者在进行贷款之前必须同其他贷款者构成一个合格的贷款小组,小组其他成员承担贷款的连带责任,对贷款活动进行联合担保。小组贷款的制度安排通常有以下两种模式:

(1) 小组为借款人承担连带责任和停止贷款威胁模式。在这种模式中,借款人不能提供传统抵押物,借款人必须要选择同伴组成一个小组,小组成员要相互担保还款责任,也就是连带责任,其他小组成员的贷款机会则取决于其他小组的还贷表现。如果小组中任何一个成员,不能及时还贷或者恶意拖欠,小组就被视为集体违约,失去借款的机会。小组成员之间具有地缘和人缘的优势,相互了解,如果借款人的信用不佳,则没有人愿意和借款人组成一个小组。

(2) 小组内次序贷款模式。小组成员不能同时取得贷款,而是先把贷款发放给小组的一个成员或者几个成员,只有他们及时还款,其他成员才可以及时贷款。如果小组成员违约,那么其他成员就得不到贷款。小组内成员必须要为自身的贷款权力负责,全力督促小组成员及时还款。这样的制度安排起到了还款的及时强化作用。

(三) 替代性担保模式

普惠金融一般来说不是针对那些能够提供传统抵押担保的客户群体,但是并不是说没有担保的问题。普惠金融机构一般要寻求其他替代担保措施,例如"小组共同基金""强制储蓄"等。一般商业银行不愿意接受的或者不受法律保护的动产,也可以成为普惠金融的担保物品。自助小组存入基金,用这些基金向小组提供无抵押贷款。贷款额度一般来说是基金的1～4倍。强制储蓄是指金融机构要求贷款者在存款账户中始终保持一定数额的资金,相当于现金担保。

除了上述的金融产品之外,许多普惠金融机构还支持社会机构把普惠金融的一部分产品纳入自身的使命或者目标之中,或者向客户提供普惠金融体系培训,向他们提供市场信息、健康教育信息、初级卫生信息等。这些被称为信贷附加方法。提供信贷附加服务有利于提高借款人的还款能力,增强他们对未来的信心,并间接提高他们的贷款偿还能力。

三、普惠金融信贷产品还款策略

(一) 定期还款制度模式

借款人在取得贷款以后,必须按照一定的期限和额度归还贷款,类似于等额本息还款。微型金融机构通常会向借款者制订还款计划,要求借款人定期向自己的账户存放一定的现金,保证还款能够顺利进行。定期还款的制度要求借款人有稳定的现金收入,降低了贷款机构的信贷风险。但是这种模式适用于已经成熟稳定运行的项目。对于一些仍旧没有实现稳定项目的弱势群体来说,这种模式并不适用。同时定期还款制度还具有早期预警功能。贷款机构工作人员定期和客户会面,创造了对客户的直接监督机会,使得信贷工作人员对于贷款的违约可能性进行直接的监督,尽早规避贷款违约风险。

(二) 动态信用监测模式

这种模式也称为递增贷款或者分布贷款,指借贷以小额度的贷款开始,如果借款人能够正常归还贷款,那么其贷款额度就会随着时间的推进不断增长。递增贷款额度实际上也是对借款人的动态激励,与停贷威胁的惩罚机制是联系在一起的。对于借款人来说,保持未来的借款机会是一项正常的动态激励制度,而增加贷款提高停贷威胁的作用,贷款的增加将提高借款人未来借款机会的价值,借款人对未来借款的预期以及借款人的机会成本威胁。当然,动态信用监测机制也有助于金融机构和客户之间建立长期的合作关系。

四、普惠金融的定价制度

利率是金融产品的价格,利率能否覆盖成本并且带来稳定的收益,是普惠金融可持续发展的关键因素。传统认为,弱势领域之所以被金融排斥,主要是因为他们无法负担金融产品的高昂价格,必须要被保护,避免受到高利率的剥削。例如印度孟买郊外的小镇塔拉维,穷人为贷款支付高价,与其近邻孟买的高收入区德赛路的贷款成本相比,竟然高达富人支付同样贷款服务的5~25倍,在塔拉维居住的穷人支付的高利贷利率高达600%~1 000%。当地银行的贷款利率为25%,尽管25%的利率仍旧较高,但是,对于那些穷人来说,能够把利率从600%下降到25%已经是不可思议的,人们把这一现象称之为"塔拉维的贫困惩罚"。许多寻租者关注的是商业银行利率和当地市场利率之间的差值。通过进入这个系统就能够获得这份利润。因此,政府出于政治或者文化的压力,通常要制定利率上限,对弱势领域进行保护。

但是实践表明,政府的利率管制也会产生负面效应,使得许多普惠金融机构陷入不可持续的境地。例如,从20世纪50年代到70年代,很多发展中国家通过建立发展银行为弱势群体提供低息贷款,但是这些项目的开展的并不理想,不良贷款率较高。这些项目最终大面积失败。原因可以归结为以下几个方面:①金融机构的运作成本很高,但是贷款的利率又被限制在很低,导致金融机构亏损严重;②一部分穷人抱着政府会颁布特赦的侥幸心理,认为这些项目最终会以失败告终,政府会宣布这些项目免除贷款;③由于利率较低,为许多寻租者提供了牟利空间,一些寻租者借助于自身所拥有的关系,把大部分贷款借出,转手以较高的价格贷给其他人,这些贷款并未真正到达穷人手中。

普惠金融机构如果仅仅依靠政府补贴而生存,那是难以持续的。一旦政府停止补贴(或者补贴额度有限),普惠金融机构就无法覆盖自身的经营成本,这意味着为小微客户的服务难以为继了。事实上,在设有利率上限的国家,普惠金融机构发展缓慢,甚至逐渐退出市场,而且对小微客户的信贷支持效果不好,弱势群体几乎无法得到资金。从这点上看,利率上限的设置最终只能伤害小微客户。

较低的利率很有可能将真正需要贷款的穷人从普惠金融体系中挤出,普惠金融机构出现大规模亏损,贫困人群并没有得到利润,社会福利转向了那些既得利益者。因此,对于穷人的利息保护实际上是对穷人和机构的危害。介于高利贷和传统银行利率之间的市场利率虽然相对来说价格较高,但是对于穷人来说仍旧能够承受,寻租者因为没有利润空间不会主动寻租,而普惠金融机构则能够在一定程度上实现自身运营的可持续。因此,市场利率对于穷人和普惠金融体系来说,是更加合适的一个价格。以印度尼西亚人民银行下属的乡村信贷部为例,在20世纪70年代,印度尼西亚银行依据国家的要求对稻米的基础农作物生产者提供了补贴性的小额贷款,结果导致小额贷款机构年年亏损,最终导致这个机构陷入发展困境,印度尼西亚政府在1983年对这个低息贷款政策进行改革,放松金融管制的同时也取消贷款补贴,尝试新的贷款管理模式。在次年,印度尼西亚人民银行下属的乡村信贷部开始独立运行,利率是市场利率。这个部门投入3年就实现了收支平衡,5年就实现了盈利,并且保持了高还款率,最终成为印度尼西亚最大的小额信贷机构。乡村信贷部最终成功地从福利主义信贷政策转型成为制度主义的商业金融机构。在保持普惠主义的同时,达到了乡村信贷机构的可持续发展,成功的关键是激发商业银行的存贷款业务的积极性,吸引存款,保障了还款的质量。

第三节　小微金融市场营销

一、小微金融的概念

小微金融是指专门向小型和微型企业及中低收入阶层提供小额度的可持续的金融产品和服务的活动。它有两个特点:①以小微型企业以及贫困或中低收入群体为特定目标客户;②由于客户有特殊性,所以它会有适合这样一些特定目标阶层客户的金融产品和服务。小微经济体主要是指小微个体农户、小微企业和个体户农户,为他们服务的金融体系就是小微金融,或者叫草根金融。

二、小微金融的市场定位

(一) 小微金融市场定位的概念

金融市场定位是指根据客户需求,设计和确定银行的市场形象,并决定向客户提供何种信贷产品和金融服务的行为过程。合理恰当的定位不仅可以使银行及信贷产品为更多的客户接受和认同,而且可以使银行能充分利用本身的优势和资源,在市场中形成持久的竞争优势。市场定位包括产品定位、品牌形象定位、竞争定位、客户定位等多个方面。

1. 产品定位

产品定位是指根据客户的需要和客户对产品某种属性的重视程度设计出区别于竞争对手的具有鲜明个性的产品,让产品在未来客户的心中找到一个恰当的位置。小微金融产品定位主要是根据小微经济体的具体特征确定市场定位,可以从多方面反映出来,如产品是否无须提供抵押物也可获得融资额、产品分期还款合理的周期等。

2. 品牌形象定位

品牌形象定位是指通过塑造和设计小微贷款专营机构的经营理念、标志、外观、建筑户外广告等手段在客户心目中留下与众不同的形象,独特的定位能够起到立竿见影的识别作用。例如,山西省某市农商银行针对小微企业的市场定位,设计了"贷出晋彩"小微专营业务品牌,建立"指日可贷有我在,无限晋彩任您来"的经营理念,通过设计形成独特的标志,通过广泛的广告、网络、媒体等宣传让该品牌。

3. 竞争定位

竞争定位是指银行机构确定自己与同行业其他金融机构的市场位置。例如,专业银行资金实力雄厚,是金融市场上的佼佼者,目标市场普遍定位于那些规模大的市场,而农信机构资金实力薄弱,具有较强的地域性,就要避免与竞争激烈的大规模市场竞争,应因地制宜、因财而定,以巩固和发展农村金融阵地、立足本地为最佳选择。

(二)小微金融市场细分

小微金融市场定位分析的核心是市场细分,市场细分的基础是客户需求的差异性,而使客户需求产生差异性的原因是多种多样的。银行金融机构一般按照客户所在区域、产业、规模等对小微贷款的市场进行细分。

1. 按区域细分

按照区域对市场进行划分是市场细分最常采用的标准,主要考虑客户所在地区的市场密度、交通便利程度、经济发达程度以及整体需求总量等方面的差异。不同区域下的客户对于同一类产品往往具有不同的需求与偏好,他们对金融机构采取的营销策略与措施会有不同的反应。例如,城市与乡村、发达地区与落后地区、以工业为主的地区和商业氛围浓厚的地区,其客户需求和偏好有较大的区别。在经济发达,人口稠密的地区,会有许多有实力的企业或私人兴建物业出租;而在经济欠发达、以农业为主、人口稀少的地区即使有人愿意投入大量的资金兴建物业也没有市场。此时,在这两个地域同时推行以租金收入为还款来源的信贷产品,市场的需求量会大相径庭。因此,银行机构在进行市场细分时,要根据客户的区域环境设计出不同的服务产品和营销策略,同时还要善于不断开发、创新具有本机构特色的产品和服务,以区别于竞争对手。

2. 按产业细分

在经济发展过程中,不同产业的经营效果和发展态势随着国际宏观经济形势和产业政策的变化而变化。商业银行作为社会资金流入流出的再分配机构之一,其发展不仅与企业相关,同时也受到国家产业政策变动的影响,因此对市场活动的参与必须根据国民经济产业划分的标准对市场进行细分。同时依据国家产业政策的导向,分析产业发展态势,确定目标客户群和优质客户。例如,某地区的陶瓷行业曾兴旺一时,由于近年来该地区政府越来越重视环境保护和城市建设,因此将该类具有污染性的企业列为强制性的迁移目标。此时,银行机构必须进行产业细分,对小微贷款的投放必须遵循当地政府的相关政策而行,否则会得不偿失。

3. 按规模细分

中小企业的认定标准主要包括营业收入、从业人数、资产总额等。通常情况下对企业规模的认定采取综合标准,即同时考虑上述标准中的几个标准。根据2011年工业和信息化部、国家统计局、国家发改委和财政部四部门共同制定的《中小企业划型标准规定》以及国家统计局制定的《统计上大中小微型企业划分办法(2017)》,将中小企业划分为中型、小型和微型3种类型。随着市场竞争的日趋激烈,蓬勃发展的中小企业对银行的融资需求不断增加。商业银行贷款专营机构应针对小微企业的期限短、额度小、需求急、周转快这些特点,不断创新信贷产品,完善信贷管理制度,以适应小微企业的融资需求。

案例8-4 中国银行股份有限公司个体工商户、小微企业主复工贷业务方案

为做好疫情防控金融服务,支持企业和个体工商户复工复产,依据《关于做好疫情防控期间个人贷款支持和保障工作的通知》(中银消金〔2020〕2号)、《中国银行股份有限公司个人经营贷款管理办法》(中银发〔2019〕372号),特推出复工贷产品。

一、业务概述

个体工商户、小微企业主复工贷是中国银行在新型冠状病毒肺炎疫情防控期间及疫后复工复产期间的阶段性产品,用于支持疫情防控和民生保障相关行业,支持个体工商户、小微企业主有序高效恢复生产经营所需的租金水电支付、原料采购等的贷款。

二、管理原则

(1) 精准服务:复工贷专项用于个体工商户、小微企业主复工复产所需资金需求。

(2) 期限控制:复工贷是支持个体工商户、小微企业主疫情后复工的特色产品,仅适用疫情期及疫情后复工期。

(3) 简洁快速:复工贷以小额贷款为主,对小额贷款简化审批流程,实行快速审批。

(4) 标准不降:复工贷支持有稳定经营能力,亟需复工资金的客户,需符合个人经营贷款客户准入要求。

三、贷款政策

(1) 贷款客户:个体工商户、小微企业主。

(2) 贷款用途:复产复工所需的,不超过6个月的房租,水电及备货资金。

(3) 贷款金额:①如采用个人经营贷款Ⅳ类担保(信用),A类和B类分行单户贷款不超过50万元(含),C类分行单户贷款不超过30万元(含)。对同业优质个人经营类客户,最高金额均可至50万元;②如采用个人经营贷款Ⅲ类担保(第三方名下住房、商铺抵押等),单户贷款不超过100万元(含);③如采用个人经营贷款Ⅰ类、Ⅱ类担保(住房、商铺抵押等),单户贷款不超过分行个人经营贷款审批权限。

(4) 贷款定价:执行疫情期间定价授权。对存量客户,不得高于最近一期经营贷款

定价。

（5）贷款期限：结合贷款用途，经营特点合理确定贷款期限，最长贷款期限不超过2年。

（6）还款方式：对于1年（含）以内贷款，按月（季）还本付息、按月（季）付息到期还本或到期一次性还本付息。对1年以上贷款，按月（季）付息、按月（季/半年/年）还本。

四、审批流程

（1）符合快速审批流程的条件。对申请金额不超过20万的贷款，在满足个人经营贷款基本客户准入要求的基础上，如满足以下任一条件，适用快速业务流程：①持续经营2年以上（持续经营时间判断以营业执照为准）；②我行存量客户且在我行贷款无历史逾期记录；③近2年的资金流水均高于贷款金额5倍；④近12月在我行日均金融资产超过贷款金额2倍。

（2）快速审批流程。在个人经营贷款业务流程基础上，免尽责环节。如借款人申请必备材料充分，可直接报审批人审批。申请必备材料包括：①身份证明材料；②经营证明材料（个体工商户、小微企业主营业执照）；③资金需求佐证材料，房租、水电、购货证明等（一项或多项）。对不符合快速业务流程的贷款，按个人经营贷款现有流程执行。

五、贷后管理要求

（1）加强系统贷后监控。利用G-MAP、RLMS系统的贷后监控预警功能等，重点关注贷款资金流向、资金归集、集中还贷等情况，防止市场管理方骗贷、中介包装骗贷等情况。

（2）通过现场/非现场手段了解借款人开工情况。对于当地政府允许人员活动的区域，应连续3个月现场察看客户经营场所，了解复工情况及所在市场开工率情况；对于当地政府限制外出的区域，应连续3个月通过视频、电话等手段有效核实借款人复工情况及所在市场开工率情况。对于3个月仍未开工的，应深入了解借款人、物业存在问题，及时处置业务风险。

（3）贷后管理过程要责任到人，留有相关记录和档案保存。

六、营销推广要求

为确保"复工贷"用于有需求的优质小微客群，产品推广须由一级分行、二级分行统筹负责，避免政策不当使用和过度使用。具体推广要求如下：

（1）开展优质存量小微客户营销。梳理来聚财商户、中银智慧付商户、存量房贷客户群中的小微商户情况，筛选持续经营、收入稳定的客户，开展定向营销宣传。

（2）开展"圈""链"营销。主动对接管理规范、客流稳定的专业市场、商业综合体等商圈管理方，以及本地经营稳定的核心企业，批量拓展优质商圈客户和产业链客户。

（3）开展银证合作。联动各地区工商、就业指导中心等政府部门，获取重点支持企业、行业清单,充分利用地区支持保障措施,进行定向营销宣传。

(4)开展同业优质客户挖掘。利用市场调研、贷后管理征信查询等方式,多渠道了解使用他行经营贷款的客户,充分利用产品亮点,结合定价优势,主动开展营销。

七、其他管理要求

(1)"复工贷"使用个人经营贷款产品码PLCA10发起,实行单独统计及业务管理,各分行应加强业务管理,总行将及时通知相关管理要求。

(2)本业务方案自正式下发之日起执行,停止时间由总行行视疫情发展情况另行通知。

(3)其他未尽事宜,按照《中国银行股份有限公司个人经营贷款管理办法(2019年版)》执行。

(资料来源:http://www.zjkha.gov.cn/content/31049.html)

三、小微金融客户开发策略

从小微信贷客户经理营销团队的工作流程来看,主要是采用"规划先行、批量开发名单制销售"的作业模式,将每一环节的工作成果进行标准化,保证能够执行到位、有效实施客户批量化开发。

(一)名单制销售策略

名单制销售策略,已经被大部分商业银行所采纳,但是小微金融在客户获取方式上并不能像大型企业、集团企业那样,从公开网站披露信息、上市公司年报中获取,而是需要客户经理前期调研走访,陌生拜访营销,获得小微客户的联系方式、经营地址、业务经办人等具体信息。针对细分市场中的目标客户,小微贷款客户经理应当将确定的目标客户及其背景资料记录下来,最后列成表格形式,便于查找。客户信息记录要做到及时、连续、准确、详细,尤其是不可记录错误信息。对目标客户的相关信息进行分析,然后全面制订客户培育计划、培育方案及拜访的具体步骤。客户经理应按照客户培育计划进行客户培育活动。在客户培育过程中,客户经理可根据实际情况,对培育计划进行适当调整。另外,针对小微客户"融资措施缺少、持续性效果差"这一现状,商业银行可以对小微客户资源进行整合分类,并区分客户性质采取不同政策,推出小微客户名单制管理制度,并根据相应的名单从辖内"小微客户池"吸取扶持对象。

(二)批量式销售策略

商业银行要发展小微客户批量授信业务,就要在全行层面形成战略共识,明确小微客户市场定位,明确为小微客户板块配备的信贷资源。重要的是要为小微客户批量授信明确重点拓展方向,明确小微客户批量授信业务的风险偏好与总体授信政策。商业银行经过不断地探索,探索出两种小企业批量贷款操作模式:一种是基于标准化操作的批量授信模式;另一种是基于核心第三方,基于某类聚类因素的批量授信模式。

(1) 标准化操作的批量授信模式,其代表是信贷工厂。该模式的特点主要是工厂化、标准化、专业化。工厂化就是将信贷的流程进行精细化的划分,如分为营销与受理、市场开发与方案设计、业务申报、批量审查、批量审批、异常客户处理、贷款发放、客户跟踪和维护以及贷后风险管理等各个环节,每个环节都有明确的程序和标准,并且建立详细的操作手册,这样信贷办理过程就像工厂流水线一样,每一个环节的用时都有规定,一旦进入这个流水线很快就可以知道结果。标准化的含义是将产品标准化、客户标准化、流程标准化、工作要求标准化,每一个客户的材料进入申报程序之后,就能够明确其审批通道,然后就能够批量化、工厂化地进行业务办理。专业化就是每一个环节都配备了专业人员,他们非常熟悉审查、审批和作业要点,由于在岗位上受到了专门的训练,因此这些工作人员既能够保证业务办理的效率,也能保证风险过滤的效果。总体来看,通过工厂化、专业化、标准化的设置,实现小微客户授信业务成本、收益、风险的匹配。另外,信贷工厂的核心思想是将前台的营销和后台的处理分离。在营销阶段,市场开发人员将客户的相关资料收集齐全,然后交给后台进行集中化审查与审批。从处理效果看,即使散户来到银行办理业务,在程序上、效果上也具有批量操作的功能,从而产生规模效益,最终达到提高融资的效率。而且,信贷工厂模式下,商业银行会安排专人进行过程管理、质量检查、历程控制等,这也是确保授信业务高效、合规办理的一项机制。

(2) 基于核心第三方、基于某类聚类因素的批量授信模式。这种模式是根据小微客户集聚生存的特征设计的。小微客户数量众多,但大多数围绕供应链、产业链、园区、集中市场、各类行业协会、商会、开发区、商业街、商圈、电商平台等集聚生存的。这些平台或者第三方,掌握着小微客户的资金流、现金流、物流,非常熟悉小微客户的经营情况以及业主的人品。通过与这些平台或者第三方合作,设计恰当的机制与方案,就能够确保批量授信过程中的办理效率和风险过滤。

在小微客户批量授信的实践中,上述两种授信模式不断发展创新并逐步融合。从目前的情况看,两者已经融为一体。商业银行在实践中,将聚类客户的开发、审查、审批等也进行了标准化。这样,商业银行在操作过程中,将客户大致分为散户与聚类客户,在营销阶段确定了适用的产品与方案,就进入批量授信的流水线。要发展小微客户批量授信业务,一个主要的条件就是要建立标准化的产品库,就是将适合批量授信的产品收录、分类整理,形成产品体系和目录。授信产品设计是基于品种贷款、票据、国内信用证、保函、保理业务、法人账户透支业务等进行的,对授信基本要素包括授信对象、授信期限、还款方式、抵押担保方式等进行标准化,将风险过滤、流程管控措施等转化为产品要素,最终形成一个标准化操作过程。目前,针对小微客户授信的产品创新层出不穷。小微信贷产品创新的基点从小微客户的显性特征向需求挖掘转变。小微客户专营机构主要针对小微客户生命周期、所处的产业链、担保和信用等级、还款方式等显性特征进行创新。随着小微贷款业务的发展,商业银行将更加注重需求挖掘,推出更加特色化、差异化,更加贴近企业特点的授信产品。

四、小微金融目标客户条件要素

小微贷款发放的对象主要是小微企业(主)、个体户和有稳定收入的个人,其业务核心是找到风险抓手从而严控违约风险。因此,确定好小微贷款业务的准入门槛是第一步,即对借款人的基本条件做好规定,具体可参照以下几点。

(1) 年龄适中。选择目标客户的第一步就是要调查其年龄,一般贷款客户年龄需保证在18~65周岁,且具有完全民事行为能力。若客户年龄太小,经营能力和经验相对欠缺,容易造成持续盈利能力不足;而年龄太大,又没有足够的抗风险力。因此,客户年龄必须适中,才可受理。

(2) 客户信用良好。要查看征信,即要保证客户的信用状况良好。而信用状况良好又包含两方面的内容:①资信状况良好,在银行没有恶意逾期,没有主观的不良社会和商业信用记录,自身没有赌博、酗酒等不良习惯;②信用观念强,即一旦贷款,个人还款意愿强烈,不会主观故意拖欠银行贷款。

(3) 经营合法合规。小微客户借款有两种情况,一种是为了生产经营,另一种是为了个人或家庭消费,多数都是为了生产经营。因此,选择目标客户的第三步就是要调查其经营项目是否合法合规。合法合规,就是要有齐备各种证件,如营业执照正副本以及租赁合同、合法的夫妻关系证明等。这些都是客户申请贷款的必要条件。

(4) 还款能力足够。为了消费而借款的个人客户,在第三步的调查方面就需要考察其是否有充足的还款能力,即是否在正规的工作单位上班、是否收入稳定、工资是否能按时发放等。

(5) 未来收入稳定。在确认了客户的项目合法合规并有充足的还款能力以后,选择目标客户的下步就是要考察客户的未来收入是否稳定。这就是说,受贷款期限的影响,个别贷款期限甚至达到10年以上,所以不能只观察眼前,要整体分析这个行业的未来走向,是朝阳还是夕阳产业,以此来判别其未来的收益情况,是否能保证还款。

(6) 贷款的用途真实合理。在贷款的初期,客户经理就必须先了解客户的借款用途,对于客户想贷款去做类似货币投机业务、国家禁止开发产业等,银行是不能给其发放贷款的。而且,客户经理在贷后管理中,尤其要关注客户的资金动向,保证其真实合理。

(7) 担保稳定可靠。小微贷款业务整体是遵循"重信用、轻抵押、轻质押"的担保原则,如果对客户经过前6个步骤的调查分析,仍然发现其还有某些不确定的因素,客户经理可以向客户追加担保,以避免风险。

(8) 其他方面,还可对目标客户的户籍所在地、项目经营年限、共同借款人引入条件、融资经历、负债比例等做出相应要求,从而更加细化借款申请人的准入条件。

案例 8-5　台州构建小微金融新生态的突破

小微金融是我国中小企业融资的重要平台和渠道,在支持实体经济发展中发挥了重要作用。随着小微金融产品和经营模式的创新,小微金融生态也随之发生了变化。台州作为我国小微金融发展的标杆地区,在长期发展过程中取得了重要成就,逐步形成了颇具特色的"台州模式",但在国内外金融市场的冲击下其发展也面临着巨大的压力和挑战。

一、凝聚共识:深耕小微市场,精准对接需求

(1) 聚焦小微客户群体,建立健全小微客户、三农客户的服务体系。建立台州银行、浙江泰隆商业银行、浙江民泰商业银行等专营化金融机构,重点发展小微企业客户群。如台州银行确立了服务小微企业的市场定位;泰隆银行划定了客户经理的责任范围,实施网格化管理服务;民泰银行建立了小微金融"根据地",将一个村居、一个园区、一个市场、一个行业、一个商会(协会)作为重点开发。

(2) 下沉服务重心,延伸服务网点。小微金融覆盖的重点区域大多在金融竞争不充分的乡镇、农村,台州将小微金融机构网点延伸到城乡结合部甚至郊区,进一步降低融资门槛,实现小微金融服务普惠性。

(3) "扫街"式开拓市场,注重产品贴近需求。小微金融机构通过"扫街""扫楼",深入点多面广的小微企业,掌握其对金融服务的主要需求在于贷款、日常业务结算及存款,坚持以存贷汇服务为主体,创新还款方式和担保方式,满足特色化服务需求。

二、创造契机:依托"最多跑一次"改革和数字经济,为小微金融发展插上双翼

(1) 深度融合政务平台,提高小微企业贷款效率。充分利用"浙里办""掌上办贷""金融综合服务平台"等政务平台,践行"最多补一次+限时办结"政策。

(2) 深化跑腿代办与政银联通融合,拓展小微金融服务广度。发挥"最多跑一次"改革的牵引作用,先行开展"社银联通"工程,代办工商、税务服务;同时,也将政务办理事项延伸至社银、税银等项目,实现"银行多跑路,客户少跑腿",助推小微企业开办一日办结。

(3) 加快小微金融数字化转型,推进业务与科技创新协同发展。首先,推进传统小微信贷技术与互联网技术融合。如浙江泰隆商业银行打造以"三品、三表、三三制"为特色的小企业金融服务模式,通过社区化、模型化和便利化方式,改造原有的小微信贷技术,形成了全国首个小微企业智能地图。其次,探索建立线上分行。充分运用智能化手段,推进营业网点小型化、智能化建设,优化网点配置和布局等。最后,打造小微金融智慧平台。通过引入移动互联网技术,建成移动营业厅、客户服务移动工作站、后台作业支持中心等,加强各个系统间联系。

三、提供保障:打造特色鲜明的小微金融服务新模式,增强服务能力

(1) 实行"接地气"的社区化经营模式。依托社区化营业网点、周边化营销队伍、社区化营销活动,深入社区,及时掌握小微客户需求和信息,建立朋友式的客户关系。

(2) 打造行之有效的小微企业融资模式。一方面,积极探索特色集群化融资方式。根据小微企业集群分布的特点,开展个性化服务,实行"一群一策"。另一方面,推行"融资对接+直接融资"模式。开展金融"万元助万企"、金融"三服务"、融资对接等活动,建成覆盖 60 多万家企业的融资需求信息库,并积极引导企业充分利用境内外资本市场、债券市场等进行直接融资。2019 年,台州市企业完成直接融资 383.48 亿元,同比增长 15.56%。其中,股权融资、债券融资分别为 32.89 亿元、350.59 亿元。

(3) 优化信贷风控模式。目前,浙江泰隆商业银行形成了以"三品、三表、三三制"为特色的小企业金融服务模式;台州银行探索出"三看三不看"的风控技术和"下户调查、眼见为实、自编报表、交叉检验"的信贷经验;浙江民泰商业银行形成了"看品行、算实账、同商量"的风控"九字诀"特色做法,并利用网络数据资源,运用大数据技术,建立信贷工厂等,不断优化信贷风控模式,被业界称为"台州模式"。

四、开拓空间:构建多层次、广覆盖的小微金融服务新格局,拓宽服务广度和深度

(1) 积极发挥民营专业银行主力军作用。截至目前,台州民营银行尤其是三家城商行有效发挥了支持小微企业和民营企业的主力军作用,专注为小微企业提供金融服务。

(2) 发挥大中型银行的重要补充作用。积极引导大中型银行学习小微金融技术,建立小微金融专营机构,构建专业化服务体系。

(3) 发挥其他新型金融组织推动作用。小贷公司、村镇银行、互助社等以服务小微企业、个体工商户、"三农"为主的新型金融机构,为台州实体产业发展提供了有力的融资渠道。

[资料来源:黄爱丽,李玲.构建小微金融新生态的境遇与现实路径——以台州模式为例[J].江南论坛,2021(11).]

五、小微金融客户经理营销渠道

(一)"扫街"渠道

"扫街"是一个小微金融的常态工作,是扩展范围的一种重要方式,不管有没有客户,小微客户经理都应该进行日常"扫街"工作,这是客户经理与市场的一个连接,可以帮助其随时掌握市场动态,有助于市场开发、储备客户资源。

(1) 及时梳理反馈意见。"扫街"贵在坚持,并且最好制作专门的客户反馈表,内容包括客户是否有资金需求、对贷款产品是否感兴趣、对产品有什么不满意之处等,以便全面了解客户需求。客户经理需要定期对客户反馈表进行梳理,建立资料档案,为后续开展营

销工作储备客源。这样做主要有两个方面的好处：一方面便于客户经理筛选出对贷款有兴趣的客户；另一方面可以节约时间，便于再次"扫街"时进行有针对性的宣传，同时根据市场反馈情况，及时调整产品及服务方式。

（2）了解客户行业特性，灵活选择"扫街"时间。客户经理印制产品宣传资料、宣传购物袋等物料进行发放营销，要选择在客户空闲时候对小微信贷产品和服务进行宣传。例如，对于餐饮行业的客户，一般选择在下午 4 点后进行"扫街"。客户经理在新区域首次"扫街"时每人每周可对 60 户商户进行宣传。随着"扫街"次数的增多，客户对产品的了解程度加深，再次"扫街"每周可对 10 多户商户进行宣传。对有兴趣的客户，二次进行深层次沟通，与社区、商铺的客户建立良好的社会关系。

（3）注重营销宣传细节，提高审批服务效率。客户经理通过提供优质贴心的服务，依靠客户介绍客户产生辐射连锁效应。加强贷后检查和宣传力度，在保护客户个人隐私的前提下，在放款客户的周围隔壁"扫街"，成功的案例比宣传更具有说服力。

（二）供应链渠道：服务全产业链客户

产业链上下游小微客户在整个产业链中起着至关重要的作用，核心企业要有相对稳定的原料供应商以及分销商，从而帮助企业顺利地进行生产、销售等环节。一般来讲，企业的供应商可以分为：一般供应商、有影响力的供应商、技术性/竞争性供应商以及战略性供应商。商业银行可以通过寻找当地核心企业，对小微配套企业与供应链关系企业拉动效应明显的渠道客户，与其建立长期良性合作关系，并通过借助核心渠道客户的信誉，批量开发小微客户。

另外，可以选择产业链上核心企业或第三方（如大型企业集团）愿意提供信用支持的此类客户群进行批量开发。而对于有影响力的供应商和技术性/竞争性供应商而言，则根据供应商核心企业间的合作关系，进行有针对性的供应链金融解决方案的设计。之所以选择这些企业作为目标客户，一方面，由于这些客户自身有着一定的竞争力与企业规模；另一方面，作为核心企业的战略性客户，企业对核心企业的依赖性较强。从这两方面来看，对企业的战略性客户采用供应链金融业务能够在很大程度上控制信贷风险。这种方法可以先通过在银行已有的所有业务客户中选取有实力和信誉的大型企业，然后与这些大企业接洽，以这个大企业为核心开发其上下游的小微客户。对此，商业银行除为核心企业提供融资支持服务外，还应为供应链上下游企业提供快捷的资金支持，进而为整个供应链提供金融服务支持，牢牢抓住客户。

（三）产业集群渠道

利用区域产业集群将区域中分布较为集中、发展前景较好、具有较高成长性的优质小微客户群作为批量开发的目标客户，选择合适的产品及设计具有特色的方案，通过区域内的各种渠道，进行批发开发销售。

(四)产业园区渠道

产业园区中聚集着大量的小微客户,同时也是区域经济发展.产业调整组升级的重要空间聚集形式,担负着聚集创新资源、培育新兴产业、推动城市化建设等一系列的重要使命。园区的具体形式多种多样,主要包括高新区、开发区、科技园、工业区产业基地、特色产业园、孵化器、加速器等。园区内的企业具体的资金需求分为固定资产投资的融资需求、产业技术升级的融资需求、流动资金需求。此类小微客户是商业银行开发的重点。

由于各个开发园区对企业的准入多有一定的要求,园区内的企业质量都比较高,并且企业贷款都有担保或者抵押,因此相对而言贷款的风险不高。但是不容忽视的是由于有些产业园区开发正处于起步阶段,开发企业和运营商的经验不足,加之在开发过程中面临地方政府的干预,容易出现过度追求税收、缺乏对园区系统科学的规划、吸引追求低成本和低税收的产业进驻等问题,因此商业银行在开发园区客户的过程中,要注意园区企业的选择。一般来说,重点选择企业应具备以下条件:①要选择符合政策要求并受到国家以及地方政府大力支持的产业园区,如高新技术园区、与基础建设相关的园区等;②对于一些刚刚起步的园区要重点考察,以免出现因园区管理不善而引起银行损失的现象;③对同一园区内企业要区别对待,避免与一些经营状况不好、信誉不够强的企业合作。

(五)商业、行业协会渠道

商会,既有横向的地区性商会,又有纵向的行业性商会。商会由于与小微客户广泛的业务往来,通常对其的经营情况比较了解,且该企业上下游一般也在该行业商会内。商业银行可以通过与商会的合作,以较小成本来了解小微客户的日常经营情况,全面掌握其存货的销售情况或者销售前景,同时能更好地掌握借款人的经营风险,从而更好地管控贷款风险。所以与商业协会合作是一种能够快速挖掘客户的方法。商业银行选择商会有很多技巧,首先要对商会的分类非常清楚;其次是要对商会下的客户群有深入的了解;最后是所选择的商会要有切入点,也就是商会和银行之间的合作空间要大。我国的商会大致可以分为4类,对每一类的商会,银行所采取的营销策略也要相对有变化。

(1) 以省份命名的商会,如东莞市福建企业商会、东莞市浙江企业商会、东莞市安徽企业商会等。这类商会多数由本省工商联牵头,组织本省在经营地的企业共同发起,成立时间较长、企业数量较多、行业覆盖面较广。对于此类商会,商业银行应采取的营销策略是:重点营销,各个击破,采用高层对高层的营销方法进行金融服务产品推介。另外,此类商会一般比较大,也比较有影响力,信誉良好,一般可以选择与其合作,并可适当放松会员的贷款条件。同时这类商会有较强的领导能力,如果银行能与此类商会合作,还可以让此类商会转介绍其他商会,这样成功的概率就大大增加了。

(2) 以各地市和区县命名的商会,如东莞泉州商会、东莞永嘉商会、东莞植州企业商会等。这类商会多数由当地的工商联(总商会)批准登记,会员多数为民营企业,也有部分为当地企业成立的分公司或子公司,企业涉及行业众多,但企业数量较为有限。银行对此类商会的营销策略是:有选择性地营销,采取"重点商会,重点支持"策略,对于规模较小、商会会员所处的行业风险较大的商会,银行可以放弃。

(3) 以行业命名的商会,如汽车配件业商会、五矿化工进出口商会、食品土畜进出口商会等。这类商会具有明显的行业特征,产业链结构特征明显,会员间存在协作与竞争关系。银行对此类商会营销的策略是:先选择行业,再选择商会,对国家支持的行业商会,银行可重点营销;对产能过剩、国家重点调控的行业,银行要谨慎。

(4) 以外商投资、华侨等字样命名的商会,这类在一线城市居多,鱼龙混杂,会员间的关系较为复杂,具有明显的不可预见性。商业银行对此类商会的营销技巧是:尽量少营销此类商会,可以对旗下的大企业进行授信,但是由于此类商会在政治和国内经营中,有很多不可预测的风险,因此如果要考虑和此类商会合作时,一定要对该类商会有十分详细的了解,采取有限的合作。

(六)电商平台渠道

国内提供互联网金融服务的第三方电子商务企业包括阿里巴巴、腾讯、百度、京东、苏宁等,其主要模式是电商平台掌握商家的交易数据和行为,对客户进行分析和筛选,对符合融资服务条件的客户直接授信贷款,或将其提交给合作银行,由银行做进一步的调查、判断和放款。目前,大多数电商企业采用与银行合作的模式,电商将平台数据转化为银行认可的信用额度,银行依次完成独立审批,发放贷款。这种模式有利于回避政策和资金风险,与银行合作,也能方便提供额度更高、期限更长的资金支持。此外,电商平台的信用数据还能被中国人民银行征信体系认可和使用。银行和电商的互联网融资服务合作不仅能获得利润的增长,也能使银行通过电商平台参与到客户的经营过程中,与客户建立紧密的合作关系,实时跟踪客户的交易行为和资金流向,从而更好地把控风险。目前,电商企业由于资金、人才、技术、管理、经验等方面的不足,与银行合作共同发展将是未来融资服务互联网化的主流趋势。银行方面也同样认识到了自身缺陷,已然开始转变经营思想,逐渐乐于接受电商企业的合作邀请从而创新金融服务。

案例8-6 普惠金融渠道建设趋势展望

一、传统渠道的改造模式

目前传统营销的渠道服务都应当与时俱进。相对于大客户而言,普惠客户具有小和多的特点,金融服务能力普遍偏低。因此,传统渠道不能立即退出历史舞台,而要通过不断升级提供新的服务模式。

1. 门店

银行网点是时代的产物,从网点到"门店",见证着移动互联时代的进程。强化门店的区域服务功能是必要的,可以根据周边区域小微企业的不同情况设立门店,通过门店的周边服务来占领附近市场。例如安排少儿财商活动、玉文化交流活动、中医养生讲座等,为客户和周边社区居民提供丰富的金融生活服务,打造自身的区域服务特色。门店的服务方式要转变,客户行为模式的转变使得银行线上化转型成为必然。智能化是当前网点转型的一大方向,也是网点新型化的一大助力。特别是对于普惠金融模式的门店,要不断提高科技化、自动化能力,借助人机结合,将数字化引入到服务当中,从而进行精准营销和服务。此外,门店的大小要与成本相匹配,根据周边客户作息设定灵活的营业时间,并了解他们的需求提供针对性的产品和服务。除了ATM、机器服务等自助服务之外,门店也要有一定的能力提供复杂业务的人工服务。客户的需求随着社会发展在不断地提高,客户对于银行的服务也会提出更多更复杂的要求,因而需要门店能够灵活地反应。打造有温度的智能门店是对未来门店发展的一个趋势展望。

2. 电话银行

电话营销是银行大数据营销触达客户的重要手段,以大数据为基础,以人工模式为主,打电话进行主动销售。在整个电话营销过程中,整理客户资源以及将线索分类等工作都需要花费销售人员大量的时间精力。在5G、AI、大数据等国家新型基础设施建设的助推下,智能化和个性化越来越成为银行电话服务渠道的转型新常态。外呼机器人代替传统人工电销,自动拨打电话、沟通客户,提供智能化、标准化的银行服务,且能够自动标签化分类筛选出高意向客户。人工销售只需将时间精力投入到后续的二次营销,为客户提供优质服务,挖掘客户最大潜力,并与之建立良好的长期合作关系。新型电话银行也能针对不同的客户提供个性化的服务和解答,与银行传统客服中心相比,在降低管理成本、提高服务和营销能力、提高工作效率、深化数据应用等层面均具有明显优势。

3. 客户经理

银行做有温度的金融服务与营销依靠的是客户经理。客户经理作为银行与客户间的桥梁,代表银行推广产品和提供服务,属于人的渠道。在未来,客户经理不仅仅是一对一地给客户提供服务,更是融入场景生态中,将金融服务镶嵌在客户的场景业务中。场景类客户包括零售、出行、景区、学校、医疗等,针对不同场景提供相对应的产品和服务,作为专属客户经理相伴客户成长。客户经理还要学会提供交流式业务服务,多与客户交流,多站在客户的角度去考虑问题,根据客户的客观情况,不仅仅是送去产品,在与客户交流之后更要创造新产品。在这个过程中,不断发掘客户需求,以此建立长久的合作关系。客户经理最主要的工作就是创造价值,在银行服务上要尽可能地通过客户经理这个渠道发挥人的价值,让客户真正感受到便捷、有温度、"懂我"的银行服务。

二、新兴数字化渠道模式

1. 开放银行

开放是外向的生态融合,开放银行模式将成为推动传统银行服务向银行生态圈进阶的必经之路。开放银行是面向生态的银行商业模式和金融模式数字化的重塑,不只是一个API平台,也不只是一个技术架构,是前中后台能力全面开放,走出去和引进来。开放银行的核心价值在于,关注用户在何时何地需要解决怎样的问题,将金融和非金融产品与银行服务能力组合嵌入到合作方场景中,解决终端用户的痛点问题,通过标准化的产品服务设计,支撑合作项目的快速、高效对接。对于银行来说,开放银行可以帮助银行变客户服务为用户服务,变产品服务为场景服务,变渠道获客为平台经济,变App运营为API运营。做开放式银行,不是让客户了解银行有什么,是银行要主动了解客户,根据其业务需求定制方案,签署协议。从被动服务向主动服务转变,服务的方式从有限的网点、渠道、本行手机银行,向更多客户接触的行业、场景和互联网应用转变。从每天服务客户5分钟向24小时转变,服务能力从有限时间、地点向无限扩充。

2. 场景式

在移动互联网时代,场景与生态圈是绑定用户的重要手段。用户使用的是多产品、多渠道、多平台的结合,信息在内部相互传递形成了生态圈和行为链。场景建设的核心是体验,无论采取怎样的渠道变革的路径,判断是否成功的标准和依据都是是否提升了客户的体验。多数情况下,客户与银行的联系并非仅通过某种固定的渠道,而是偏好方便快捷、体验更好的服务方式。银行开展场景式渠道建设,首先要了解场景是做什么的,客户喜欢什么,客户不喜欢什么,在渠道中明确不同客群的服务模式,包括在各种场景或服务中确定主次渠道,并且不断将这过程精细化,从大的客户分层、客户分群,直至能细化到每一个客户。银行通过平台的场景实现了获客,客户在这个过程中就会产生系列的数据,包括但不限于可以积累客户的习惯、喜好等信息。通过数据分析,可实现客户精准分群,并推送相应的营销信息,为后续经营进行铺垫。

3. App式

银行致力于不断通过科技力量降本增效,App渠道同其他电子渠道一样承担信息中介及交易银行的角色,可实现的功能齐全,对网点业务的替代率很高,缓解了线下网点接待客户、处理业务的压力,并进一步承载构建零售生态圈的希望。银行通过手机App渠道来建设零售业务生态圈,积累普惠客户,深入场景中提供创新的金融服务成为新的想象空间,而且App也有利于提供优惠服务及积累数据,对银行留存客户及后续风控均有好处。银行现有客户群中本身就有非常强大的使用App处理简单业务的需求,特别是已形成互联网习惯的年轻群体、专业市场小微企业主等。App要以"便捷、优惠"在先,产品创新紧随,不断上新,开发产品结构新颖、具有吸引力的金融产品,利用金融能力构建零售业务堡垒。

4. 平台式

银行内部除了打通各个分支行、各个业务条线之间的渠道,包括线上和线下渠道、人工和虚拟渠道,同时也在不断打通外部同生态合作伙伴之间的渠道,具备很大的想象空间和发展潜力。通过合作可以优势互补,搭建一个合作共赢的生态平台,数字技术带来的包容性发展的红利,让金融服务更好地服务实体,让更多的普通用户和小微企业从中受益。对于商业银行,应选择更多大型的、持牌的或者是有实力的第三方公司去合作。尽可能地选择月活在千万级别以上的平台开展合作,且这部分平台可以优先选择在行业中处于龙头地位的,其提供的服务能够对客户产生极大依赖性的,甚至是难以被取代的,退而求其次的才是流量百万级的高频活跃场景。龙头客户平台提供的功能往往会更加丰富,客户的活跃度较高,声誉会有保障。要发挥各自优势、集成互补、互通场景,整合平台、客户、市场、渠道和技术等资源,打通银行服务、场景权益与客户消费全链路,致力于数字经济时代下银行与第三方平台的深度合作。

5. 交互式

智能机器人是目前人工智能技术的集大成者,它包含了语音识别、自然语言理解、计算机视觉、单态和多态情绪识别、SLAM等等关键的人工智能技术方向,为人工智能的进一步升级指明了技术突破的路径。人工智能技术的飞速发展,推动了机器人在银行业多元化的场景应用。交互式机器人是一种全新的智能金融营销渠道,银行引进机器人不仅能提高银行业务处理效率,减少客户等待时间;还可以通过AI和大数据识别高端客户,给银行提供精准营销机会以及给领导提供私人助理机器人服务;同时可以提升银行品牌影响力和网点客户体验度。机器人作为职能化的厅堂管家,以客户需求为出发点,帮助银行实现轻量化作业和差异化服务,兼顾了效率、体验与安全。比如语音指导客户使用自助机具和线上渠道办理业务,快速解答客户业务咨询、理财咨询,有效减轻柜面和厅堂压力。AI机器人可以创造一个自由沉浸的科技金融消费空间,机器人带来的体验升级、口碑传播等多重价值将使得银行的流量和品牌效应明显增大。

[资料来源:赵惠娆,李海荣,沈达.普惠金融数字化渠道建设的研究[J].现代金融,2021(10).]

思考:

(1) 结合案例,思考如何再传统渠道上发展普惠金融。

(2) 结合实际,讨论新兴数字化背景下普惠金融渠道应该如何发展。

■ 本章小结 ■

(1) 普惠金融是服务整个经济发展的大局,在政府的推动下,借助于正规金融机构的力量向社会经济发展中所有的自然人和法人提供必要的金融服务,其中重点服务对象是低收入群体以及中小微企业。

(2) 普惠金融的营销渠道包括社区银行、互联网金融平台。普惠金融信贷产品的模式包括标准化的信贷产品模式、小组贷款模式、替代性担保模式等。

(3) 小微金融市场定位分析的核心是市场细分,市场细分的基础是客户需求的差异性,而使客户需求产生差异性的原因是多种多样的。银行金融机构一般按照客户所在区域、产业、规模等对小微贷款的市场进行细分。

(4) 小微金融客户开发策略包括名单制销售策略、批量式销售策略。小企业批量贷款操作模式分为基于标准化操作的批量授信模式和基于核心第三方面的批授信模式。

本章复习思考题

(1) 什么是普惠金融?普惠金融的对象是什么?

(2) 简述金融的信贷产品的模式。

(3) 简述小微金融客户开发策略。

参 考 文 献

[1] G. Shostack. Breaking Free from Product Marketing[J]. Journal of Marketing,1977(4).

[2] Philip Kotler. Principles of Marketing[M]. Englewood Cliffs, NJ：Prentice-Hall,1980.

[3] 陈子清.市场营销理论与实务[M].上海：上海财经大学出版社,2018.

[4] 中国农业银行公司业务部.大市场营销：克服目标市场进入障碍的有效方法——F行对DY公司的营销案例[J].农村金融研究,2007(05)：63.

[5] 菲利普·科特勒(Philip Kotler),凯文·莱恩·凯勒(Kevin Lane Keller).营销管理精要(英文版)[M].北京：中国人民大学出版社,2018.

[6] 高孟立,吴俊杰.市场营销学[M].西安：西安电子科技大学出版社,2018.

[7] 韩宗英.商业银行市场营销[M].北京：中国金融出版社,2007.

[8] 李晖,张宏铭,李婉真.金融营销学[M].北京：清华大学出版社,2020.

[9] 李琳,赵江. 网络营销与案例分析[M].西安：西安电子科技大学出版社,2019.

[10] 南希·R.李,菲利普·科特勒著;俞利军译. 社会营销 如何改变目标人群的行为(第5版)[M].上海：格致出版社;上海人民出版社,2018.

[11] 孙军正,许华民,冯民科.银行差异化营销[M].北京：中国财富出版社,2017.

[12] 肖维娜. 花旗私人银行在华营销策略研究[D].厦门大学,2014.

[13] 徐卫东,孙军正. 互联网时代的银行营销[M].北京：煤炭工业出版社,2018.

[14] 张传良.村镇银行经营管理与风险控制研究[M].长春：吉林大学出版社,2019.

[15] 张嘉坤. Y银行ZK分行金融精准扶贫贷款的营销案例研究[D].郑州大学,2019.

[16] 中国银行研究院全球银行业研究课题组."十四五"银行业开启发展新格局——中国银行全球银行业展望报告(2021年第二季度)[J].国际金融,2021(04)：64-70.

[17] 中国金融培训中心.信贷营销与客户关系管理[M].国际金融专业人士协会,2015.

[18] 徐玫.银行营销实务及案例[M].重庆：重庆大学出版社,2016.

［19］姜明宇.普惠金融发展研究［M］.长春：吉林人民出版社，2019.

［20］潘海英.我国商业银行营销管理研究［M］.武汉：武汉大学出版社，2010.

［21］黄庆华等.小微金融改革服务实体经济研究：银行例证［J］.宏观经济研究，2018（7）.